CARINA HEER
Wahre Rebellinnen

Das Buch

Mit dem, was Frauen angeblich alles nicht können, dürfen und wollen sollen, mit Binsenweisheiten darüber, wie sie vermeintlich denken, fühlen und wirklich sind, wurden schon Unmengen an Büchern gefüllt. Höchste Zeit, den Spieß einmal umzudrehen! In diesem Buch geht es um Frauen, die damals wie heute die Welt auf den Kopf stellten – und über die sich die Welt den Kopf zerbricht. Rebellinnen, die es wagten, besonders draufgängerisch und rücksichtslos zu sein, besonders begabt und erfolgreich, besonders mutig und beeindruckend. Dabei sind die gewitzte Bankräuberin Gisela Werler, die draufgängerische Piratin Mary Read, die überraschend erfolglose Spionin Mata Hari, die scharfsinnige Mathematikerin Emmy Nöther, die leidenschaftliche Aktivistin Malala Yousafzai, Grace O'Malley, Marlene Dietrich, Tonya Harding, Anna Maria von Schürmann, Golda Meir, Sappho, Zheng Shi, Josephine Baker, Bonnie Parker, Charlotte Corday, Hrotsvit, Anna Margaretha Zwanziger, Olympe de Gouge, Adeles Spitzeder, Maria Ward, Ethelfleda, Nellie Bly, Malinche, Caritas Pirckheimer und und und ... 100 Frauen aus allen Zeiten und Ländern, die wir kennenlernen oder neu entdecken sollten.

Die Autorin

Carina Heer, geboren 1985, ist Autorin und Lektorin. Die promovierte Literaturwissenschaftlerin und Bestsellerautorin hat sich als zweite von vier Schwestern und Mutter zweier Töchter immer wieder die Frage gestellt, was starke Frauen ausmacht. Sie stieß dabei auf zahlreiche beeindruckende, furchteinflößende und faszinierende Persönlichkeiten, von denen sie 100 in diesem Buch versammelt. Carina Heer lebt und arbeitet bei Bamberg.

Carina Heer
Wahre Rebellinnen

100 Frauen, die die Welt
auf den Kopf stellten

GOLDMANN

Die Originalausgabe erschien 2018 unter dem Titel *Teufelsweiber* bei Benevento.

Sollte diese Publikation Links auf Webseiten Dritter enthalten, so übernehmen wir für deren Inhalte keine Haftung, da wir uns diese nicht zu eigen machen, sondern lediglich auf deren Stand zum Zeitpunkt der Erstveröffentlichung verweisen.

Verlagsgruppe Random House FSC® N001967

1. Auflage
der Taschenbuchausgabe April 2020
by Wilhelm Goldmann Verlag, München,
in der Verlagsgruppe Random House GmbH,
Neumarkter Straße 28, 81673 München
Copyright © der deutschen Erstausgabe 2018
by Benevento Verlag bei Benevento Publishing Salzburg – München,
eine Marke der Red Bull Media House GmbH, Wals bei Salzburg
Umschlaggestaltung: UNO Werbeagentur, München,
Umschlagmotiv: FinePic®, München
KF · Herstellung: KW
Satz: KompetenzCenter, Mönchengladbach
Druck und Einband: GGP Media GmbH, Pößneck
Printed in Germany
978-3-442-14244-6
www.goldmann-verlag.de

Besuchen Sie den Goldmann Verlag im Netz

Inhalt

Inhalt	5
Über Frauen	11
Vorwort zur Taschenbuchausgabe	15

Reizende Rebellinnen

Beate Uhse	21
Die badende Susanna	25
Julie d'Aubigny	29
Kleopatra	33
Josephine Baker	39
Anne Boleyn	44
Lola Montez	49
Malinche	54
Sarah Bernhardt	58
Rosemarie Nitribitt	64

Geheim(nisvoll)e Rebellinnen

Päpstin Johanna	69
Victoria	74
Mata Hari	79

James Barry	84
Maria Magdalena	88
Katharina von Medici	91
Agnodike	96
Elisabeth von Österreich-Ungarn	99
Semiramis	104
Hatschepsut	107
Lucrezia Borgia	111
Elisabeth I.	115

Abenteuerlustige Rebellinnen

Bertha Benz	121
Tomoe Gozen	125
Alexandrine Tinné	128
Artemisia I.	132
Amelia Earhart	135
Leni Riefenstahl	138
Calamity Jane	142
Melissa McCarthy	145
Lozen	149
Artemisia Gentileschi	152
Isadora Duncan	156
Argula von Grumbach	159
Nina Hagen	163
Teresa von Ávila	167
Nellie Bly	171

Rebellinnen der Macht

Katharina II.	179
Zenobia von Palmyra	184

Inhaltsverzeichnis 7

Margarethe I.	187
Himiko	191
Madame de Pompadour	194
Amalasuntha	198
Margaret Thatcher	201
Agrippina die Jüngere	207
Golda Meir.	210
Elisabeth II.	213
Cosima Wagner.	217
Messalina	221
Ethelfleda	226

Ruchlose Rebellinnen

Gisela Werler	231
Elisabeth Báthory	235
Adele Spitzeder	239
Mary Read	243
Ulrike Meinhof	248
Bonnie Parker	253
Irma Grese	256
Zheng Shi	259
Anna Margaretha Zwanziger	262
Tonya Harding	268
Walpurga Hausmännin	271
Marianne Bachmeier	275
Susanna Fazekas	278

Rebellinnen des Geistes

Christine de Pizan	283
Marie Curie	286

Hypatia	290
Hedy Lamarr	294
Juliana von Norwich	298
Germaine de Staël	301
Emmy Noether	306
Sappho	311
Anna Maria von Schürmann	315
Hrotsvit	320
Maria Goeppert-Mayer	323
Olympe de Gouges	327
Wangari Maathai	331
Maria Ward	334
Simone de Beauvoir	338
Caritas Pirckheimer	342
Hannah Arendt	346
Hildegard von Bingen	350

Rebellinnen des Widerstands

Sofja Lwowna Perowskaja	357
Marlene Dietrich	361
Emmeline Pankhurst	365
Charlotte Corday	369
Dihya	373
Grace O'Malley	377
Harriet Beecher Stowe	381
Rigoberta Menchú	385
Xanthippe	389
Sophie Scholl	392
Phoolan Devi	396
Bertha von Suttner	401

Inhaltsverzeichnis

    Boudicca 406
    Waris Dirie. 410
    Teuta. 413
    Jane Addams 416
    Johanna von Orléans 420
    Rosa Luxemburg. 424
    Malala Yousafzai. 428

Quellen und Tipps 431

100 wahre Rebellinnen von A – Z 445

Über Frauen

»Aller Fortschritt geht vom Manne aus. Deshalb hängt das Weib vielfach wie ein Bleigewicht an ihm; sie verhindert manche Unruhe und vorwitzige Neuerung, sie hemmt aber auch den Edlen, denn sie vermag das Gute vom Bösen nicht zu unterscheiden und unterwirft schlechtweg alles der Sitte und ›dem Sagen der Leute‹.« Julius Möbius | **Der wesentliche Wert der Frau liegt in ihrer Gebärfähigkeit und in ihrem hauswirtschaftlichen Nutzen.« Thomas von Aquin** | »Ein intelligentes Mädchen wird sich immer bemühen, weniger zu wissen als der Mann, mit dem es sich gerade unterhält.« Hildegard Knef | **»Es gibt drei Arten von Frauen: die schönen, die intelli-**

genten und die Mehrheit.« Rainer Werner Fassbinder | »Vorsicht vor einem Weibe, welches logisches Denken offenbart! Denn Logik und das Weib sind so heterogen, dass es Unnatur ist, wenn sie zusammen auftreten.« Johannes Cotta | »Mit den Mädchen muss man schlafen, wozu sind sie sonst da!« Kurt Tucholsky | **»Schwachheit, dein Name ist Weib!«** William Shakespeare | »Was die gelehrten Frauen betrifft: So brauchen sie ihre Bücher etwa so wie ihre Uhr, nämlich sie zu tragen, damit gesehen werde, dass sie eine haben, ob sie zwar gemeiniglich still steht oder nicht nach der Sonne gestellt ist.« Immanuel Kant | »Wer eine gute, verständige und schöne Frau sucht, sucht nicht eine, sondern drei.« Oscar Wilde | »Für das Wohlbefinden einer Frau sind bewundernde Männerblicke wichtiger als Kalorien und Medikamente.« Françoise Sagan | »Die Frau ist ein menschliches Wesen, das sich anzieht, schwatzt und sich auszieht.« Voltaire | *»Ich kann nicht verstehen,* *dass eine Frau das Haus verlassen kann, ohne sich hübsch gemacht zu haben.«* Coco Chanel | »Die Milde ziemt dem Weibe, dem Manne ziemt die Rache.« Friedrich von Bodenstedt | **»Das Weib soll sich nicht im Reden üben. Denn das wäre arg.« Demokrit**

Braucht es mehr der Worte, um zu erklären, weshalb ich dieses Buch geschrieben habe?

Vorwort zur Taschenbuchausgabe

Mit dem, was Frauen angeblich nicht können, dürfen, wollen sollen, mit Binsenweisheiten darüber, wie sie vermeintlich wirklich sind, denken, fühlen, ließen sich ganze Bücher füllen – und wurden es ja auch.

Drehen wir den Spieß doch einfach um, mit einem Buch darüber, zu welch mutigen, schrecklichen, Furcht einflößenden, faszinierenden, schaurigen, egoistischen, erhebenden, beeindruckenden Dingen Frauen fähig waren – und sind. Mit Geschichten über Frauen, die die Welt auf den Kopf stellten, über die sich die Welt den Kopf zerbrach. Frauen, an denen die Welt irregeworden ist. Wahre Rebellinnen eben.

Dabei geht es gar nicht darum, zu werten oder zu sagen: »Das sind aber tolle Frauen!«, »Mensch, ich hoffe, dass meine Töchter mal so werden«, auch wenn das auf so mutige Frauen wie die Pilotin Amelia Earhart oder die Philosophin Hypatia durchaus zutrifft. Viele der Frauen in diesem Buch, wie die Blutgräfin Elisabeth Báthory oder die »Hyäne von Auschwitz«, Irma Grese, sind vielmehr erschreckende, Furcht einflößende, geradezu surreal teuflische Figuren. Andere wiederum sind schlichtweg Beispiele dafür, dass nicht nur Männer das

Zeug zum Anlagebetrüger, Piraten oder Bandenräuber haben. Denn Frausein heißt nicht, das stille Veilchen im Moose oder die stolze Rose zu sein, sondern auch einmal eine Distel oder ein Löwenzahn – oder gleich ein bunter Blumenstrauß.

Vor allem aber handelt es sich bei den Frauen in diesem Buch um eine Auswahl, eine sehr subjektive und in gewissem Sinne auch willkürliche Auswahl. Warum habe ich mich nicht für das Original, die große französische Giftmischerin Marie-Madeleine de Brinvilliers, entschieden, sondern für ihr deutsches Pendant Anna Margaretha Zwanziger? Vielleicht, weil mich ihr unmotivierter, egoistischer Menschenhass mehr interessiert als de Brinvilliers Geldgier. Warum habe ich über die Piratin Mary Read geschrieben und nicht über die genauso draufgängerische Anne Bonny? Einfach weil es Mary noch einen Tick wilder getrieben hat. Warum habe ich Eva Braun, die so nah an Adolf Hitler dran war wie keine andere, in diesem Buch weggelassen, dafür aber Leni Riefenstahl aufgenommen? Möglicherweise weil Leni für mich die facettenreichere und damit die spannendere ist. Und manchmal habe ich auch über Frauen geschrieben, die auf den ersten Blick wie wahre Rebellinnen, ruchlose Verführerinnen und Giftmischerinnen und Teufelsweiber wirkten, dann im Grunde aber gar keine waren wie die schöne Susanna, Lucrezia Borgia oder die vermeintliche Hexe Walpurga Hausmännin.

So bunt diese Auswahl auch sein mag, auf Wunsch zahlreicher Leser der Hardcoverausgabe habe ich die 100 Rebellinnen für die Taschenbuchausgabe nun in sieben Gruppen eingeteilt. Wer möchte, kann sich also aussuchen, ob er sich zunächst den reizenden, den ruchlosen oder geheimen Rebellinnen, den Abenteurerinnen, den Rebellinnen des Geistes,

Vorwort zur Taschenbuchausgabe

der Macht oder des Widerstands zuwenden möchte. Diese Kategorien sind natürlich Hilfskonstruktionen, die Orientierung geben, Lust machen und Neugierde erwecken sollen. Und vor allem sind sie auch im übertragenen Sinne – und manchmal sogar ziemlich ironisch – zu verstehen. Über die korrekte Einsortierung der 100 Rebellinnen in diese Kategorien ließe sich vermutlich ganze Nächte lang durchdiskutieren (was die Lektorin und ich auch getan haben). Denn was war Hedy Lamarr nun wirklich – grandiose Wissenschaftlerin und Vordenkerin oder aufreizende Schönheit? Und an Frauen wie Mata Hari und Olympe de Gouges scheiden sich sowieso die Geister.

Auf eine Chronologie innerhalb der Gruppen habe ich jedoch weiterhin verzichtet – hier war es mir in erster Linie ein Anliegen, eine abwechslungsreiche, dramaturgisch spannende Anordnung zu finden.

Vor allem aber bin ich bei meinem Schreiben danach gegangen, über welche Frau ich gern nachgedacht habe, welche mich dabei erschreckt, fasziniert, herausgefordert, abgestoßen, empört, angezogen oder mir manchmal einfach nur Spaß gemacht hat. Denn dafür ist dieses Buch ja da: Es soll unterhalten.

Ich hoffe, das habe ich geschafft.

Carina Heer
Im Frühjahr 2020

Reizende Rebellinnen

Beate Uhse
Die Aufklärerin der Nation

Selbst wenn Beate Köstlin nicht beschlossen hätte, in der zweiten Hälfte des 20. Jahrhunderts zur »Orgasmuse« der Bundesrepublik zu werden, hätte sie es vermutlich allein mit ihrem Leben bis 1945 unter die beeindruckendsten Frauen des Jahrhunderts geschafft. Mit gerade einmal 17 Jahren beschließt die burschikose, auf einem Gut in Ostpreußen aufgewachsene Beate, dass in ihrem Leben Träume Wirklichkeit werden sollen. Nachdem sie für kurze Zeit als Au-pair in Großbritannien gearbeitet und auf dem Gut ihrer Eltern eine Hauswirtschaftsausbildung gemacht hat, meldet sie sich in Berlin für die Pilotenausbildung an. Sie ist 1937 eine von 60 Flugschülern, die den Flugschein erwerben – und die einzige Frau.

Nun steht Beate der Himmel offen. Während sie – weiterhin als einzige Frau – an Kunstflugwettbewerben teilnimmt, beginnt sie ein Praktikum bei einem Flugzeugbauer, später wechselt sie zu einer Flugzeugreparaturfirma. Ihre Aufgaben: neue Flugzeuge einfliegen, reparierte Flugzeuge überführen. Weil das für Beate nicht genug Nervenkitzel ist, beginnt sie, für die UFA als Stuntpilotin zu arbeiten. Wenn im Film scheinbar führerlose Flugzeuge durch den Himmel rauschen, kauert die klein gewachsene Beate sich auf dem Pilotensessel noch ein bisschen mehr zusammen und wird so für die Kamera quasi unsichtbar.

Allgemein ist mit Kriegsbeginn, denn so weit sind wir inzwischen, Beates Leben noch einen Tick aufregender geworden. 1939 hat sie ihren ehemaligen Fluglehrer Hans-Jürgen Uhse geheiratet. Aus der Ehe geht ein Sohn hervor. Doch Beate fliegt weiter, nun auch für die Luftwaffe, unter anderem die legendäre Messerschmidt. Dass Beate nur zu Testzwecken fliegt, wissen die alliierten Jäger nicht. Ihrem Beschuss kann Beate jedoch immer wieder entkommen. Weniger Glück hat Hans-Jürgen, der 1944 bei einem Alarmstart tragisch verunglückt – mit gerade einmal 24 Jahren ist Beate Witwe. Derweil dringen die Russen immer weiter nach Westen vor. Im April 1945, wenige Tage nach dem Beginn der Schlacht um Berlin, macht sich Beate in einem der letzten Flugzeuge der Stadt auf und davon, mit dabei: ihr Sohn, das Kindermädchen und diverse andere Flüchtlinge. Gemeinsam fliegen sie in den Sonnenuntergang.

Happy End.

Doch das Leben geht weiter, und nachdem das nackte Überleben gesichert ist, bietet die Nachkriegszeit für viele Frauen ganz neue Herausforderungen: Wie schaffe ich es, mir in diesen schwierigen Zeiten kein Kind anhängen zu lassen? Kondome gibt es kaum, die Pille ist noch nicht erfunden. Da fällt Beate, die nicht nur Gutsbesitzer-, sondern auch Ärztinnentochter ist und inzwischen in Flensburg lebt, ein, was ihre Mutter ihr über den weiblichen Zyklus erzählt hat. Durch »Tagezählen« lässt sich mehr oder weniger sicher berechnen, an welchen Tagen frau fruchtbar ist – das Ganze ist benannt nach dem Österreicher Knaus und dem Japaner Ogino, auch bekannt unter dem Namen »Knaus-Ogino-Methode«.

In ihrer *Schrift X* legt sie die wichtigsten Fakten dar. Für fünf Pfund Butter lässt sie die ersten Exemplare und Tausende von Werbezetteln drucken. Der Preis der Broschüre: ein Bruchteil dessen einer Zigarette. Allein 1947 verschickt Beate 32 000 Exemplare – der Uhse'sche Versandhandel ist geboren. Der Rest ist Geschichte. Zum Angebot kommen nach und nach Kondome, Unterwäsche, pharmazeutische Produkte dazu. Beate heiratet erneut, verbindet ihren Namen mit dem ihres Mannes (Rotermund – eigentlich auch ein toller Name für einen Erotikhandel, aber geschäftlich bleibt es beim bewährten »Uhse«) und lässt sich irgendwann wieder – ziemlich schmutzig – scheiden.

In der Zwischenzeit erscheint 1952 der erste Katalog – natürlich streng auf ein verheiratetes Publikum ausgerichtet: »Stimmt in unserer Ehe alles?«, fragt eine besorgte junge Frau auf dem Cover. 1962 folgt das erste Ladengeschäft, das »Institut für Ehehygiene« aka der erste Sexshop der Welt, wo die Deutschen lernen, dass Sexualhygiene nicht etwa heißt, dass er *ihn* wäscht, bevor sie *ihn* in den Mund nimmt, sondern alles Wissenswerte über Verhütung sowie sexuell übertragbare Krankheiten erfahren. Das Geschäft wird zur Weihnachtszeit eröffnet, sodass wenigstens keine Schaufenster eingeworfen werden. Trotzdem wird Beate Rotermund-Uhse über die Jahre zur meistverklagten Frau Deutschlands. Zum Beispiel wegen Anstiftung zur Unzucht. Denn in einer Ehe, die ja bekanntlich zum Kindermachen da ist, braucht es schließlich keine Kondome. Beate gewinnt die meisten Prozesse.

1975 dann der Wendepunkt: Die zuvor strengen Beschränkungen im Hinblick auf die Verbreitung von Pornografie werden aufgehoben, und das ehemalige Insitut für Ehehygiene beginnt, fröhlich auf dem neuen Markt mitzumischen. Die Sexualaufklärerin der Nation wird nun gerade von Frauen und Feministinnen für ihre »frauenverachtenden« Produkte angefeindet. Der Geschäftsentwicklung tut das keinen Abbruch. Als die Mauer fällt, schickt die Firma mobile Ladengeschäfte in den Osten. 1999 geht es an die Börse.

Den Sturzflug ihres Imperiums, das die Digitalisierung verschlafen hat und gerade bei den Frauen sein Schmuddelimage nie so wirklich losgeworden ist, inklusive Bruchlandung und Insolvenz in Deutschland und den Niederlanden 2017 und 2018 muss sie nicht mehr miterleben. Im Juli 2001 stirbt Beate Rotermund-Uhse.

Die badende Susanna
Verführerische Unschuld

Ein Teufelsweib wird man schnell – zumindest in den Augen der Männerwelt. Und da braucht es gar keinen Bund mit dem Teufel. Es reicht schon aus, besonders draufgängerisch, rücksichtslos oder allgemein besonders begabt und erfolgreich zu sein – also außer in den typisch weiblichen Künsten wie Sprachen, Häkeln und, äh, Zuhören oder so.

Manchmal reicht es aber auch einfach, den Falschen – oder die Falschen – von der Bettkante zu stoßen. So geschehen der jungen Susanna aus Babylon. Sie können ihre Geschichte mit allen saftigen Details in der Bibel nachlesen. Buch Daniel, Kapitel 13. Die Lutherbibel brauchen Sie aber gar nicht erst aufzuschlagen. Das Kapitel wurde von Luther zwar als lesenswert, aber nicht dem Kanon der Schrift zugehörig eingestuft. Schade. Wer also in die Geschichte von Susanna eintauchen will, der muss zur katholischen Einheitsübersetzung greifen – die Katholiken hatten ja schon immer eine Vorliebe für die saftigeren Geschichten. Und da heißt es nun also so schön:

»In Babylon wohnte ein Mann mit Namen Jojakim. Er hatte Susanna [...] zur Frau; sie war sehr schön und gottesfürchtig. [...] Jojakim war sehr reich; er besaß einen Garten nahe bei seinem Haus. Die Juden pflegten bei ihm zusammenzukommen, weil er der Angesehenste von allen war. Als Richter amtierten in jenem Jahr zwei Älteste aus dem Volk, von denen galt, was der Herr gesagt hat: Ungerechtigkeit ging von Babylon aus, von den Ältesten, von den Richtern, die als Leiter des Volkes galten. Sie hielten sich regelmäßig im Haus Jojakims auf, und alle, die eine Rechtssache hatten, kamen zu ihnen. Hatten sich nun die Leute um die Mittagszeit wieder entfernt, dann kam Susanna und ging im Garten ihres Mannes spazieren. Die beiden Ältesten sahen sie täglich kommen und umhergehen; da regte sich in ihnen die Begierde nach ihr.«

Der erfahrene Leser ahnt schon, was gleich passiert. Die geilen Greise stellen natürlich der keuschen Susanna nach. Sie verstecken sich im Garten und lassen sich von ihren Dienern mit ihr einschließen, als Susanna diese fortschickt, um in aller Ruhe ein Bad zu nehmen. Kaum ist die Schöne nackt, treten die beiden aus ihrem Versteck und fordern sie dreist auf, ihnen zu Diensten zu sein, ansonsten wollen sie behaupten, sie in flagranti mit einem jungen Mann erwischt zu haben. Ein klarer Fall von Pest und Cholera. Susanna entscheidet sich stattdessen dafür, einfach zu schreien.

Die Greise schreien mit. Das Volk eilt herbei. Es kommt zur Verhandlung, auf Aussage der beiden Männer hin wird Susanna zum Tode verurteilt. Sie ruft zu Gott, doch der hilft nicht – vorerst. Denn als Susanna hingerichtet werden soll, wird der Prophet Daniel in der Menge vom Heiligen Geist erfasst und beginnt, sich für Susanna auszusprechen. Er fordert, dass die beiden verleumderischen Alten getrennt von-

Die badende Susanna 27

einander verhört werden. Der eine behauptet nun, sie hätten Susanna unter einem Mastixbaum erwischt, der andere, es sei eine Eiche gewesen. Jetzt geht es den beiden Alten an den Kragen. Susanna und ihre ganze Verwandtschaft danken Gott.

Die schöne Susanna ist also durchaus keine ruchlose Verführerin, auch wenn die beiden Triebtäter sie gerne dazu gemacht hätten. Eher zufällig wird sie zur zentralen Figur einer besonderen Geschichte: Erstens erwirbt der Prophet Daniel sich durch die ganze Affäre einen hervorragenden Ruf und großes Ansehen beim Volk. Zweitens schreibt der Fall Rechtsgeschichte, weil damit erstmals der Grundsatz der unabhängigen Zeugenbefragung anschaulich illustriert wird. Und zuletzt bietet Susanna beim Bade über die Jahrhunderte hinweg reichlich Material für einige große Werke der Kunstgeschichte. Und nicht etwa nur, weil Susanna als schöne Nackerte den Voyeurismus der Zuschauer befriedigt hätte – auf Albrecht Altdorfers Bild von 1526 »Susanna und die beiden Alten« sieht man zum Beispiel eine bekleidete Susanna, die lediglich ihre nackten Füße in eine Wasserschüssel taucht – beobachtet von den beiden Alten, die lüstern hinter ihr im Gebüsch lauern.

Weniger hehr, doch genauso wahr, die weitere Lehre, die sich aus der Geschichte ziehen lässt: Sex und Crime verkaufen sich gut – auch wenn die Moral, die hier mitverkauft werden soll, die Mittel ja ein bisschen heiligt. Äußerst traurig ist außerdem die Tatsache, dass der reinen Susanna, die sich ja anscheinend vorher nie etwas hat zuschulden kommen lassen, kein Mensch glaubt. Der vermeintliche Gehörnte naturgemäß nicht – aber auch die Eltern nicht. Nur Daniel. Dem hören sie zu. Einem Mann. War ja klar.

Offen bleibt die Frage, ob Susannas guter Ruf die Chose wirklich unbeschadet überstanden hat. »Hilkija und seine Frau priesen Gott wegen ihrer Tochter Susanna, ebenso ihr Mann Jojakim und alle Verwandten, weil sich zeigte, dass sie nichts Schändliches getan hatte«, so heißt es im Bibeltext weiter – aber irgendetwas bleibt ja immer hängen. Und analog zum Victim blaming der Gegenwart stellt sich schon die Frage: Warum badete Susanna einfach so in ihrem Garten? Hätte es ein normaler Zuber in ihrem abgeschlossenen Zimmer nicht auch getan? Hat sie die beiden Alten auf diese Weise nicht vielleicht sogar herausgefordert? Konnten die beiden vielleicht gar nicht anders? Schließlich zieht ja auch niemand einen kurzen Rock an, wenn er nicht vergewaltigt werden will! Oder?

Julie d'Aubigny
Wie es ihr gefällt

Man hat es ja durchaus nicht leicht als Vater einer schönen Tochter. Natürlich, man könnte sie in einem Turm einsperren, damit niemand sie zu Gesicht bekommt, aber so einen Turm muss man auch erst einmal haben. Alternativ bleibt das Kloster, aber dass das keine wirklich sichere Methode ist, werden Sie im Laufe dieser Geschichte noch sehen.

Gaston d'Aubigny ist Sekretär des Großstallmeisters von Louis XIV, des Comte d'Armagnac. Als solcher ist er für den Tanz-, Zeichen-, Lese- und Fechtunterricht der königlichen Pagen verantwortlich und damit auch selbst ein großer Fechtmeister. Wahrscheinlich kommt er deshalb zu dem Schluss, dass er 1. alle Fähigkeiten mitbringt, um die Ehre seiner Tochter selbst angemessen zu verteidigen, und dass er 2. seine Tochter einfach gemeinsam mit den Pagen unterrichten wird, um ihr mit der Fechtkunst die Fähigkeit mit auf den Weg zu geben, sich gegen alle unsittlichen Anträge selbst zu wehren. Nebenbei bringt Gaston seiner Tochter auch alles andere bei, was er so kann. Was da wäre: trinken, spielen, in einem Faustkampf seinen Mann stehen.

Alles richtig gemacht also, möchte man Gaston da zurufen, hätte die 14-jährige Julie nicht beschlossen, eigentlich gar nichts gegen unsittliche Anträge zu haben und eine Affäre mit dem Mann anzufangen, dem gegenüber Gaston als Einzigem nicht die Ehre seiner Tochter verteidigen kann: seinem Chef, dem Comte d'Armagnac. Der sorgt bald dafür, dass die schöne Julie auch anständig verheiratet wird, und setzt ihren Mann gleich noch auf ein Schiff gen Übersee zum Steuereintreiben. Jetzt ist Julie also eine ehrbare verheiratete Frau und kann es noch viel wilder treiben.

Schon bald hat sie allerdings genug vom Großstallmeister und brennt mit einem Fechtvirtuosen durch, der aufgrund eines illegalen Duells die Stadt verlassen muss. Auf dem Weg gen Süden, Richtung Marseille, bringt er ihr alles bei, was Julie übers Fechten schon längst weiß. Fortan decken die beiden ihre Reisekosten durch Schaukämpfe. Julie singt – in Männerkleidung, doch eindeutig als Frau erkennbar – Spottlieder, um tapfere Zuschauer zum Kampf herauszufordern, und schlägt diese dann haushoch. Als ein schlechter Verlierer behauptet, sie sei doch gar keine Frau, sondern ein verkleideter Musketier, entblößt Julie ihre Brüste und setzt der Diskussion so einfach wie effektiv ein Ende.

In Marseille angekommen, gibt Julie ihrem Fechtmeister den Laufpass und beginnt an der Oper von Marseille zu singen, vermutlich nachdem ein »Talentscout« sie mit ihren Spottliedern gehört hat. Gleichzeitig beginnt Julie eine Affäre mit einer jungen Frau. Als deren Eltern Wind davon bekommen, stecken diese ihre Tochter ins Kloster, aber was bei männlichen Liebhabern funktionieren mag, das hält Julie nicht ab. Als Postulantin, das ist eine Vorstufe zur Novizin, erhält sie Einlass ins Kloster. Wie gut, dass kurz darauf eine ältere Nonne stirbt. Julie legt deren Leiche ins Bett ihrer

Julie d'Aubigny

Geliebten und zündet das Kloster an, um ihre Flucht zu vertuschen. Man kann Julie ja so einiges nachsagen, aber an Kreativität und Dreistigkeit mangelt es ihr definitiv nicht. Drei Monate verbringen die beiden miteinander, dann schickt Julie ihre Geliebte zurück zu ihren Eltern. In Abwesenheit wird Julie – als Mann, die Wahrheit will man den Eltern zuliebe nicht öffentlich machen – zum Tode verurteilt.

Da taucht Julie lieber unter und schlägt sich fortan als Sängerin durch, wobei es erneut zu dem einen oder anderen Duell kommt. Einem Edelmann durchbohrt sie dabei die Schulter. Als sie am nächsten Morgen das schlechte Gewissen drückt und sie zu ihm geht, um sich zu entschuldigen, landen die beiden im Bett – und zwar für die nächsten drei Wochen. Es ist der Beginn einer lebenslangen Freundschaft.

Schließlich verschlägt es Julie zurück nach Paris. Der Comte d'Armagnac verhilft ihr zu einem Straferlass. Ihr aktueller Liebhaber, ebenfalls ein Sänger, setzt sich dafür ein, dass auch sie an der Pariser Oper angenommen wird. 1690 debütiert sie dort und wird *der* Star der Pariser Musikszene, was nicht heißt, dass Julie, zu diesem Zeitpunkt noch nicht einmal 20 Jahre alt, es etwas ruhiger angehen lässt. Ständig hat sie Affären mit Kollegen oder Kolleginnen oder sucht Händel, aus denen sie üblicherweise siegreich hervorgeht. Auf einem Ball knutscht Julie mit einer stadtbekannten Schönheit – gleich drei Galane fordern sie daraufhin zum Duell, Julie besiegt sie alle drei. Dumm nur, dass es in Paris ein offizielles Duellverbot gibt. Mit dem Hinweis darauf, dass dieses Verbot ja nur für Männer gelte, zieht sich Julie aus der Affäre und macht sich davon nach Brüssel, wo sie wie üblich singt und kurzzeitig die Geliebte von Maximilian II. Emanuel von Bayern wird.

Zurück in Paris singt Julie wieder an der Oper, Medea, Dido, und wieder einmal hält die Liebe Einzug in Julies Herz. Mehrere Jahre lebt sie mit Madame la Marquise de Florensac. Als diese stirbt, ist Julie untröstlich und hängt ihre Opernkarriere an den Nagel. Sie zieht sich in ein Kloster zurück, womit wir wieder am Anfang dieser Geschichte wären und außerdem bei der Lehre, welche die Väter schöner, draufgängerischer Töchter aus dieser Geschichte ziehen können: Spart euch die schlaflosen Nächte! Es bringt ja doch nichts.

Kleopatra
Die Macht der Liebe, die Liebe zur Macht

Wenn Sie Ihren *Asterix* ordentlich gelesen haben, dann wissen Sie schon einiges über die »Regina meretrix«, die Königin Hure, wie sie von Plinius dem Älteren auch genannt wurde. In *Asterix und Kleopatra* konstatiert Asterix nämlich: »Sie hat wohl einen schwierigen Charakter, aber eine hübsche Nase.« Und der Druide Miraculix bestätigt: »Eine sehr schöne Nase.« Wobei das mit der äußerlichen Schönheit wohl so eine Sache war. So schreibt Plutarch: »Ihre Schönheit an sich fand wohl ihresgleichen.« Doch ihr Charakter ist auf jeden Fall etwas Besonderes, denn Plutarch fährt fort: »In der Unterhaltung übte sie dagegen eine unwiderstehliche Anziehung aus. Der Zauber ihrer Rede, die geistige Anmut ihres ganzen Wesens verliehen ihren Reizen einen Stachel, der sich tief in die Seele eindrückte.«

Dabei – nur kurz zur Einordnung – ist Kleopatra keine von den »klassischen« Pharaonen wie Tutanchamun und die anderen, die man gemeinhin so aus dem Alten Ägypten kennt. Obwohl sie offiziell den Titel »Pharao« führt, ist sie vielmehr eine Königin des ägyptischen Ptolemäerreichs. Die Ptolemäer sind eigentlich makedonischer Herkunft. Nach dem Tod Alexanders des Großen streiten seine Generäle um sein Erbe, und Ptolemaios I. eignet sich kurzerhand das fruchtbare Nilland an. Es ist also eine Herrschaft von außen. Die Ptolemäer sprechen kein Ägyptisch. Kleopatra ist hier die große Ausnahme, als uneheliches Kind einer vermutlich adeligen Ägypterin ist sie die Erste aus dieser Reihe auf dem Thron, die auch Ägyptisch spricht – neben einer Vielzahl anderer Sprachen. Die Ptolemäer herrschen von Alexandria aus, der legendären, von Alexander dem Großen gegründeten Stadt. Ihnen fehlt der Rückhalt des Volks, weshalb sie sich in machtpolitischer Abhängigkeit von Rom befinden. Die will bezahlt werden – deshalb wird das Land ausgepresst, so weit es nur geht. Als es deshalb zum Aufstand kommt und Kleopatras Vater Ptolemaios XII. davongejagt wird, holt er sich römische Hilfe, um sich wieder auf den Thon hieven zu lassen. Mit dabei ist übrigens ein tatkräftiger junger Römer: Marcus Antonius. Diesen Namen können Sie sich schon mal merken.

Als es mit Kleopatras Vater zu Ende geht, bestimmt er seine junge Tochter zur Nachfolgerin. Allerdings soll sie gemeinsam mit ihrem Bruder herrschen, den sie, so läuft das damals eben, heiratet. Die Herrschaft der beiden wird von Ptolemaios unter den besonderen Schutz Roms gestellt.

Zu Beginn ihrer Herrschaft gelingt es Kleopatra, ihren Bruder aus allen Regierungsgeschäften herauszuhalten. Doch seine Berater gieren nach Macht, und schon bald ist es Kleopatra, die das Land verlassen muss. Das ruft Julius Caesar auf den Plan – schließlich steht die Herrschaft nach Ptolemaios' Testament unter der schützenden Hand Roms. Bevor die beiden Geschwister mit ihren Armeen gegeneinander in den Kampf ziehen können, fordert er beide auf, zu einem Schiedsspruch zu ihm zu kommen. Doch Kleopatras Bruder versperrt ihr den Weg. Nur durch eine List ist es ihr möglich, zu Caesar zu kommen.

In einen Teppich eingewickelt – manche Quellen sprechen von einem Bettsack – lässt sie sich in einem kleinen Boot in die Nähe des Palasts bringen und zu Caesar tragen. Die Überraschung ist ganz auf ihrer Seite, als sie ihm plötzlich vor die Füße rollt. Die wagemutige Aktion beeindruckt Caesar. Darüber hinaus gefällt ihm die schöne Ägypterin, die ihn außerdem noch überzeugen kann, dass eine Geliebte auf dem ägyptischen Thron ein besserer Kooperationspartner ist als ihr von seinen Beratern gelenkter Bruder.

Zwischen den Geschwistern kommt es zum Alexandrinischen Krieg. Kleopatras Bruder stirbt. Sie heiratet den nächsten Bruder und wird nun mit ihm an seiner Seite mehr oder weniger Alleinherrscherin über Ägypten – und Caesars Geliebte, der eigentlich ebenfalls verheiratet ist.

Ist Kleopatra nun eine Hure? Wohl eher ist sie eine Frau, der jedes Mittel zum Machterhalt recht ist. Dass sie, wie böse Zungen behaupten, sogar bei ihren Sklaven durchgereicht wird, erscheint wenig wahrscheinlich. Kleopatra weiß vielmehr ganz genau, mit wem und zu welchem Zweck sie sich verbindet und Nachkommen zeugt. Eigentlich ganz schön schlau. Wenn Frauen im Geschlechterkampf schon mit dem Handicap des Gebärens leben müssen, dann können sie dieses wenigstens zu ihrem Vorteil nutzen. Gemeinsam haben sie und Caesar einen Sohn – Caesarion. Sie besucht Caesar immer wieder in Rom, wird viel umschmeichelt und viel gehasst. Vermutlich hat sie sogar Einfluss auf sein Machtstreben, das ihm später zum Verhängnis wird. Sie, die nicht einmal gemeinsam mit ihrem Bruder herrschen konnte, hat kein Verständnis für die republikanische Staatsform.

Als Caesar ermordet wird, flieht Kleopatra eiligst nach Ägypten. Kurz darauf stirbt ihr Bruder. Hat Kleopatra ihn, wie böse Zungen behaupten, vergiftet? Um nicht allein auf dem Thron zu sitzen, erwählt Kleopatra ihren Sohn zum Mitregenten – ein Arrangement, auf das herrschende Frauen nahezu überall auf der Welt und zu allen Zeiten zurückgegriffen haben.

Während Kleopatra in Ägypten gegen Hungersnöte und Seuchen kämpft, tobt in Rom und im Römischen Reich der Kampf um Caesars Nachfolge. Octavian, der Erbe Caesars, und Marcus Antonius bilden nun gemeinsam mit dem politisch unbedeutenden Lepidus ein Triumvirat. Sie kämpfen in einem Bürgerkrieg gegen die Caesarenmörder. Nach dem Sieg des Triumvirats sucht sich Marcus Antonius den reichen Orient als Territorium aus und will schon bald die sagenhafte Kleopatra kennenlernen – oder vielmehr wiedersehen? Angeblich hat sie schon vor vielen Jahren, als er ihrem Vater zu Hilfe gekommen ist, einen starken Eindruck auf ihn gemacht.

Wenn er ihr nicht schon vorher verfallen war, dann jetzt, denn Kleopatra liefert ihm das volle »Verruchte-Königin-Programm«: Auf einer vergoldeten Galeere mit Purpursegeln, mit als Nymphen verkleideten Mädchen und Lustknaben kommt sie ihm entgegen. Sie selbst trägt nicht mehr als ein paar Perlenschnüre – als Reinkarnation der Isis. Wie passend, dass sich Marcus Antonius selbst als Dionysos bezeichnet. Was jetzt geschieht ist Geschichte. Die beiden verlieben sich, bekommen drei Kinder, er schenkt ihr Ländereien und

Kleopatra

Reiche, die er extra für sie erobert. In Rom macht Octavian derweil Stimmung gegen die beiden. Eigentlich will er Marcus Antonius loswerden – es ist aber viel einfacher und erheblich zielführender, sich auf Kleopatra als äußere Feindin zu stürzen.

Das dekadente Leben der beiden wird zum Klatschthema Nummer eins in Rom. Bei einer Wette um die teuerste Speise soll Kleopatra eine Perle in Essig aufgelöst haben. Marcus Antonius will angeblich Alexandria zur Hauptstadt des Reiches machen. Rom soll in die Bedeutungslosigkeit versinken. Schon bald kommt es zum Krieg. Bei einer Seeschlacht macht sich Kleopatra plötzlich mit ihren Schiffen auf und davon. Marcus Antonius folgt ihr auf dem Fuße. Hat sie ihn im Stich gelassen, oder hat er, großer Liebender, der er ist, ihr den Rücken für die Flucht freigehalten?

Als Octavian nach Alexandria kommt, verschanzt sich Kleopatra in einem Tempel. Marcus Antonius kommt zu Ohren, Kleopatra habe sich umgebracht, also stürzt er sich in sein Schwert, er wird durchs Fenster in den Tempel gehoben und stirbt in den Armen Kleopatras. Diese tritt alsbald Octavian entgegen. Ob verführerisch oder verzweifelt ist unklar – die Quellen widersprechen sich. Als sie merkt, dass sie hier nichts mehr zu gewinnen hat, beschließt Kleopatra zu sterben. Obwohl sie als Gefangene Octavians streng bewacht wird, gelingt es ihr, Selbstmord zu begehen. Vermutlich, das konnten schon Zeitgenossen nicht klären, mithilfe von giftigen Schlangen oder aber mit Schlangengift, in das sie ihre Haarnadeln taucht, ehe sie sich selbst damit sticht.

Man kann ja über Kleopatra so einiges sagen, aber sie ist von einer Willensstärke, die einem fast schon ein bisschen

Angst machen kann. Und das sage ich als Frau! Kein Wunder, dass die männliche Geschichtsschreibung ihr Bestes tat, um diese beindruckende Frau zu dämonisieren ...

Josephine Baker
Ciquita Madame

Erinnern Sie sich an Josephine Baker, die amerikanisch-französische Tänzerin, die in den Goldenen Zwanzigern den Charleston und den Hot Jazz nach Europa brachte? Etwa die nackte Schwarze mit dem Bananenröckchen? Ja, genau die. Bis zu ihrem Durchbruch in Europa ist es jedoch ein weiter Weg für Josephine – und er endet hier auch noch lange nicht.

Freda Josephine McDonald, wie Baker ursprünglich heißt, wird am 3. Juni 1906 in St. Louis, Missouri, als Tochter einer schwarzen Wäscherin und eines jüdischen Schlagzeugers geboren. »Ich hatte keine Strümpfe, ich fror, und ich tanzte, um warm zu werden«, wird Josephine später sagen, in ihrer von Marcel Sauvage aufgezeichneten Biografie von 1927 – sie hat deren mehrere geschrieben. Denn Baker hat viel zu erzählen. Mit acht Jahren bricht sie die Schule ab, um als Dienstmädchen die Familie finanziell zu unterstützen. Dass Baker 1917 die Rassenunruhen von St. Louis miterlebt, bei denen fast 100 Menschen sterben, wird sie zeit ihres Lebens zu einer Kämpferin für Gleichheit und gegen Rassismus machen. Das geht auf den ersten Blick nur schwer mit der Tatsache zusammen, dass Josephine zehn Jahre später wie ein Äffchen rückwärts von einem Baum klettern und mit einem Bananenröckchen über europäische Bühnen tanzen wird. Doch Josephines Mittel der Wahl sind ihr Humor und die Ironie. Sie mokiert sich über ihre Zuschauer: »Die Fantasie der Weißen hat es wirklich in sich, wenn's um Schwarze geht«, sagt sie einer anderen Biografin, Phyllis Rose, zufolge. Ob die Ironie beim Publikum überhaupt ankommt oder sie diese Fantasien auf diese Art nicht gar noch bestärkt, bleibt dahingestellt. Ich lehne mich mal aus dem Fenster und behaupte, dass Josephines aufklärerischer Impetus zum Absinth inhalierenden Pariser Publikum nicht wirklich durchdrang. Aber ich hoffe natürlich das Gegenteil!

Bevor es jedoch nach Frankreich geht, hat Josephine noch einige Jahre in den USA zu verbringen. An die Schule kehrt sie nur kurz wieder zurück, dann wird sie von ihrer Mutter mit 13 Jahren zwangsverheiratet. Die Ehe hält nur wenige Wochen. Zur selben Zeit tritt sie erstmals als Komparsin im Theater von St. Louis auf. Nur kurze Zeit später tourt sie mit diversen Gruppen durch die Lande und begeistert durch ihr komödiantisches Talent. 1921 – mit 15 – heiratet Josephine erneut: Willie Baker, dessen Namen sie auch nach der Scheidung, nur wenige Jahre später, behält. Von ihrem Erfolg mit der reisenden Gruppe beflügelt, geht Josephine nach New York. Sie glänzt nicht durch Hauptrollen, wird jedoch als kleine Lustige mit dem aberwitzig schnell wackelnden Hinterteil am Ende der Revue ein echter Publikumsliebling. Bootylicious!

1925 schließlich tritt sie mit *La Revue Nègre* in Paris am Théâtre des Champs-Élysées auf. Die Franzosen sind begeistert. Allgemein lassen diese sich gerade vom amerikanischen Jazz und der Gier nach allem Exotischen hinreißen, aber das,

Josephine Baker

was die »Negerrevue« bietet, eröffnet eine ganz neue Dimension. Mit ihrem Partner Joe Alex liefert Josephine einen Pas de deux, der an Erotik seinesgleichen sucht. Es ist überflüssig zu berichten, dass die beiden kaum mehr als ein paar Federn am Leib tragen.

Die Revue reist weiter, und Josephine erobert Berlin im Sturm. Berlin wiederum schmeichelt sich ganz tief in Josephines Herz. Die Menschen erscheinen ihr noch liebenswerter als in Paris – lacht da das mürrische deutsche Herz nicht kurz ungläubig auf? –, und sie denkt tatsächlich darüber nach zu bleiben. Doch *La Revue Nègre* erhöht ihre Gage, und Josephine zieht weiter.

1926 schließlich kehrt Josephine nach Paris zurück und eröffnet ihr eigenes Haus Chez Josephine, tritt aber auch andernorts weiter fleißig auf, so zum Beispiel in *La Folie du jour* in den Folies Bergère, wo sie auch zum ersten Mal die berühmten 16 Plüschbananen an ihrem Röckchen schwingt. In dieser Zeit gehört sie zu den bestbezahlten Künstlern Europas, große (Heiratsanträge noch und nöcher) und exquisite (Pablo Picasso, Ernest Hemingway …) Fangemeinde inklusive. Dennoch spürt Josephine immer wieder Gegenwind. Als sie in Wien auftritt, werden Messen gelesen, um die von ihr begangenen Verstöße gegen die Moral wiedergutzumachen. In München kommt es 1929 gar zu einem kompletten Auftrittsverbot.

1936 reist Josephine nach Amerika, und die Enttäuschung ist groß. Sie wird als »Negerschlampe« beschimpft, zu manchen Restaurants und Hotels wird ihr der Zugang verwehrt. Sie kündigt ihre Verträge und kehrt zurück nach Frankreich, um ihre Wurzeln nach der Heirat mit einem französischen

Großindustriellen als nun offizielle Französin noch tiefer in die neue Heimat einzugraben. Sie tanzt weiter, nimmt Schallplatten auf und tritt in Filmen auf. Während des Zweiten Weltkriegs engagiert sie sich fürs Rote Kreuz und schmuggelt Nachrichten für die Résistance. Mal eine ganz neue Form der »Truppenbetreuung«. Später wird Josephine dafür unter anderem mit dem Orden der Französischen Ehrenlegion ausgezeichnet.

1951 wagt Baker eine weitere USA-Tournee. Diese Charakterstärke muss man auch erst mal haben – wobei sicherlich auch finanzielle Interessen eine Rolle gespielt haben. Allein für ihre Kostüme benötigt sie 45 Koffer. Sie tritt nur vor gemischtrassigem Publikum auf und schläft ausschließlich in Hotels, in denen es keine Rassentrennung gibt. Ein Verhalten, das in nicht wenigen Köpfen für Umdenken sorgt. Von der National Association for the Advancement of Colored People (NAACP) wird sie deshalb zur herausragendsten Frau des Jahres gewählt.

Seit 1947 ist Josephine mit dem französischen Orchesterleiter Jo Bouillon verheiratet. Nach und nach adoptieren die beiden zwölf Kinder unterschiedlicher Herkunft, zehn Jungs und zwei Mädchen. Davon können sich Madonna, Angelina und Co. noch eine ganz dicke Scheibe abschneiden. Gemeinsam lässt sich die »Regenbogenfamilie«, die zeigen soll, wie Menschen ganz unterschiedlicher Herkunft und Abstammung in Harmonie und gegenseitiger Achtung zusammenleben können, in einem Schloss in Frankreich nieder. Josephine zieht sich zurück. Sie will Zeit für die Familie haben. Doch das Geld ist knapp, schließlich ist ein aufwendiger Lebensstil zu finanzieren – und damit ist nicht in erster Linie Luxus ge-

Josephine Baker

meint. Zusätzlich zu den zwölf Kindern hat Josephine nämlich auch ihre Familie aus St. Louis nach Frankreich geholt. Josephine tritt also immer wieder auf, um die Familienkasse aufzubessern. Manche Dinge ändern sich wohl nie.

1963 nimmt Josephine am Marsch auf Washington teil, der Großdemonstration für die Rechte Schwarzer, auf der Martin Luther King seine legendäre Rede »I have a dream« hält. Josephine preist die vielen Freiheiten, die sie in Frankreich hat – und prangert die Einschränkungen an, die es in den USA immer noch gibt. Sie fordert zum Kampf auf, aber durch Bildung – mit dem Stift, nicht mit der Waffe. Worte, die Josephine auch heute noch – 50 Jahre später – auf den Demonstrationen gegen Rassismus in zahlreichen US-amerikanischen Städten sprechen könnte. Ist das nun herrlich zeitlos oder einfach nur schrecklich traurig?

Es ist einer der großen Momente in Josephines Leben – finanziell geht es ihr jedoch sehr schlecht. 1969 wird ihr Schloss zwangsgeräumt. Schließlich springt Fürst Rainier ein und bietet ihr ein Haus in Monaco an, in dem sie den Rest ihres Lebens verbringt. Doch Josephine zieht sich durchaus nicht aufs Altenteil zurück, sondern bleibt weiter aktiv. 1973 erhält sie bei einem Auftritt in der Carnegie Hall in New York stehende Ovationen, die sie zu Tränen rühren. 1975, im Jahr ihres fünfzigsten Pariser Bühnenjubiläums, stirbt Josephine an einer Hirnblutung.

Anne Boleyn
Die Schöne und das Biest

Sie ist klug, gebildet, witzig, sarkastisch gar, dazu wunderschön mit schwarzem Haar, berückend dunklen Augen und einem langen schlanken Hals, der sich nicht nur verführerisch biegen kann, sondern auch ihre Enthauptung später besonders leicht machen wird, wie sie noch am Tag vor ihrer Hinrichtung mit dem ihr ganz eigenen Humor geäußert haben soll.

Als Anne Boleyn 1521 als Hofdame von Katharina von Aragon, der ersten Frau von Heinrich VIII., an den englischen Hof kommt, ist sie bereits eine Frau von Welt – trotz ihres jungen Alters, wobei nie abschließend geklärt wurde, ob sie nun 1501 oder 1507 geboren ist. Was im Grunde auch egal ist, weil eine Frau ja sowieso nie älter wird als 39. Pech für Anne – sie wird nicht einmal Mitte 30. Ihr Vater ist ein Diplomat, der dafür gesorgt hat, dass der hübschen, klugen Anne an verschiedenen europäischen Höfen auf dem Kontinent der Feinschliff verpasst wurde. So ist ihr musikalisches Talent am Hof von Margarete von Österreich, der damals die besten Musiker Europas anzog, erkannt und gefördert worden. Entsprechend exotisch und aufregend ist ihr Auftreten, als sie an den englischen Hof zurückkehrt, um nun einen passenden Mann zu

Anne Boleyn

finden. Ihre Kleider sind europäisch tief ausgeschnitten. Ihre Haube zeigt viel mehr Haar, als es damals bei den Engländerinnen üblich ist. Ein veritabler Skandal!

Schon bald verliebt sie sich in den Earl of Northumberland, Henry Percy – eine Romanze, die kurz darauf durch Annes Vater oder gar Heinrich persönlich beendet wird. Die genauen Gründe für die Trennung sind in der Forschung nicht bekannt. Spätestens ab 1526 hat Anne Heinrich den Kopf verdreht. Er schreibt ihr glühende Liebesbriefe. Sie gibt sich zurückhaltend und unnahbar, beantwortet seine Briefe nur sehr nachlässig. Seine Geliebte will sie nicht werden. Sie weiß, wie mit fallengelassenen Mätressen umgegangen wird. Ihre Schwester war selbst zwei Jahre lang die Geliebte Heinrichs. Anne hat keine Lust, zu einem weiteren seiner Wegwerfartikel zu werden. Wenn Heinrich sie haben will, dann soll er sie zur Frau nehmen.

Annes Weigerung werden ihr später viele als maßlosen Ehrgeiz auslegen. Vielleicht aber ist ihr unnahbares Verhalten tatsächlich keine List, sondern echte Zurückhaltung? Will sie den König möglicherweise wirklich nicht und verlässt sich darauf, dass Heinrich sich nie mit der Kirche anlegen wird?

Egal, was Annes Motive sind: Heinrich kennt schon bald keine Zurückhaltung mehr. Er versucht, seine Ehe annullieren zu lassen. Schließlich hat er mit Katharina die Frau seines verstorbenen Bruders geheiratet. Und das darf man nicht. Steht schließlich in der Bibel. Blöd nur, dass Heinrich das damals mehr oder weniger wurscht war und er sich dafür extra die Erlaubnis vom Papst geholt hat. Da sind Heinrichs neu entdeckte Skrupel nicht so wirklich glaubwürdig. Dennoch sagt der Papst nicht gleich nein zur Annullierung, bittet allerdings zur Verhandlung nach Rom. Doch Heinrich ist ungeduldig. Denn obwohl er mit Katharina noch die offiziellen Auftritte absolviert, hat er Anne bereits zur De-facto-Königin gemacht. Gemeinsam sind sie nach Frankreich gereist, Katharina musste dafür extra die Kronjuwelen herausgeben. Und dort scheint Anne sich nicht mehr so geziert zu haben. Sie ist schwanger, und für Heinrich, der endlich den langersehnten Thronfolger in den Händen halten will – und zwar als legitimes Kind –, wird die Zeit knapp. Er lässt sich kurzerhand von den Bischöfen von England zum Oberhaupt der Englischen Kirche erklären und sagt sich somit mehr oder weniger von Rom los. So entsteht, als Nebenprodukt seiner Beziehungsprobleme, die Anglikanische Kirche als von der römisch-katholischen unabhängige Institution. Heinrich heiratet Anne und lässt die Ehe mit Katharina von seinen Vasallen für nichtig erklären.

Fast schon ein bisschen romantisch, oder? So against all odds? Das Ganze wäre eine mehr oder weniger zuckersüße Geschichte von der großen Liebe, die alles überwindet, wenn wir hier aufhören würden zu erzählen. Doch einmal mehr hat die Realität kein Gespür für ein ordentliches Happy End, denn Anne bekommt keinen Sohn, sondern nur Elisabeth, die ihre ganz eigene, nicht minder aufregende Geschichte scheiben wird. Es folgen zwei weitere Schwangerschaften, die mit Totgeburten enden. Während eine Syphiliserkrankung von Heinrich als Ursache eher unwahrscheinlich erscheint, gehen manche Forscher von einer Rhesusfaktorunverträglichkeit aus, die erst bei der zweiten Schwangerschaft für Komplikationen sorgt.

Langsam wird Anne nervös. Sehr nervös. Sarkastisch, kap-

Anne Boleyn

riziös und spröde – für eine umworbene Geliebte mögen das hervorragende Eigenschaften sein, als Ehefrau sind andere Qualitäten gefragt. Doch Anne behält ihre giftige Art bei, sie ist eifersüchtig, fast hysterisch, spürt vermutlich, dass ihr die Felle davonschwimmen. Denn in der Tat beginnt Heinrich sich nach einer anderen Thronfolgergebärmaschine umzuschauen und überlegt, wie er Anne loswerden kann. Einfach scheiden lassen kann er sich auch als Oberhaupt der Kirche von England nicht, er braucht dafür einen guten Grund. Doch bei Heinrichs Kreativität in solchen Dingen ist der schnell geliefert. 1536 wird Anne wegen mehrfachen Ehebruchs, Inzests mit ihrem Bruder und Hochverrats angeklagt. An übelwollenden Zeugenaussagen gegen Anne herrscht kein Mangel. So amüsant eine spitze Zunge manchmal sein kann: Wenn es darum geht, sich Freunde zu machen, erweist sie sich leider als stumpfes Werkzeug.

Anne wird zum Tode verurteilt, mit ihr ihre fünf vermeintlichen Liebhaber. Angeblich unter jenen, die das Urteil sprechen: Henry Percy, Annes erste Liebe. Er bricht noch im Gerichtssaal zusammen und stirbt wenige Monate später. Die »Liebhaber« werden am 17. Mai 1536 hingerichtet – Anne zwei Tage später. Ihre Ehe muss zuvor noch annulliert werden. Und jetzt eine Frage für alle Spitzfindigen: Wie kann Anne eigentlich eine Ehe brechen, die gar nicht wirklich existiert hat? Na, das hätte doch schon mal jemandem auffallen müssen. Aber selbst wenn – dem lieben Heinrich hätte ich das vermutlich auch nicht ins Gesicht gesagt ...

Ihre letzten Worte nutzt Anne keinesfalls, um ihre Schuld einzugestehen, ein böses Wort gegen ihren Verflossenen kommt ihr allerdings auch nicht über die Lippen. Wo ist

Annes legendäre spitze Zunge da? Hat ihr im letzten Moment der Biss gefehlt? Möglicherweise. Vielleicht dachte hier aber eine kluge, vorausschauende Frau bereits daran, wie sie einer anderen Frau den Weg auf den Thron ebnen könnte: ihrer Tochter, der späteren Königin Elisabeth I.

Lola Montez

»Hätt ich doch nie und nimmer dich gesehen!«
König Ludwig I.

Man kann nicht behaupten, dass man derartige Geschichten nicht schon zur Genüge kennen würde. Alter Mann (ja, das ist man 1846 mit 60 Jahren) verliebt sich in junge Lolita, die passenderweise sogar Lola heißt – genauer: Maria de los Dolores Porrys y Montez – und erlebt mit ihr seinen zweiten Frühling: »Ich kann mich mit dem Vesuv vergleichen, der für erloschen galt, bis er plötzlich ausbrach. Ich glaubte, ich könne nie mehr der Liebe Leidenschaft fühlen, hielt mein Herz für ausgebrannt. Aber nicht wie ein Mann mit vierzig Jahren, wie ein Jüngling von zwanzig, ja *comme un amoureux de quinze ans*, faßte mich Leidenschaft wie nie zuvor. Eßlust und Schlaf verlor ich zum Teil, fiebrig heiß wallte mein Blut.« Das Blut wallt so lange heiß, bis der verliebte Alte alles verliert.

Das Ganze wäre – abgesehen von den zwölf Millionen Euro, die die Affäre umgerechnet gekostet hat – nicht der Rede wert, handelte es sich bei dem leidenschaftlich verliebten 15-Jährigen, pardon, 60-Jährigen nicht um einen König, nämlich König Ludwig I. von Bayern, der hier an seinen Freund Heinrich Freiherr von der Tann schreibt, und wäre durch die Geschichte nicht eine regelrechte Staatskrise ausgelöst worden.

Sicherlich hätte das Königreich Bayern ohne die Sache mit der Lola den unruhigen März 1848 ganz anders durchgestanden. Die Bayern sind ja nicht gerade als besonders aufmüpfig bekannt. So aber revoltierten nicht nur progressive Kräfte gegen die Obrigkeit, sondern auch konservative Kreise. Und all das nur wegen der feschen Lola.

Wer aber ist die glutäugige spanische Schönheit, die den Betrachter in der Tat in Bann zieht, wie man sich in der Schönheitengalerie von Ludwig im Schloss Nymphenburg selbst überzeugen kann? Nun ja, eine Spanierin ist sie schon mal nicht. Lola Montez wird am 17. Februar 1821 unter dem Namen Elizabeth Rosanna Gilbert als Tochter eines schottischen Offiziers und einer irischen Landadeligen geboren und wächst in Kalkutta auf. Mit 16 heiratet sie einen 13 Jahre älteren Offizier, pikanterweise einen Verehrer ihrer Mutter, um einer arrangierten Heirat zu entgehen. Nur kurze Zeit lebt sie mit ihrem Mann in Indien, bevor die Ehe wieder aufgelöst wird.

1842 befindet Elizabeth sich in London, lernt die spanische Sprache und Tänze und bricht wenig später zu einer kurzen Spanienreise auf, um an ihrem Können noch zu feilen. 1843 kehrt sie als besagte Maria de los... nach London zurück. Obwohl ihre tänzerischen Fähigkeiten wohl eher mittelmäßig sind, beeindruckt Lola Montez durch ihre faszinierende Ausstrahlung. Entsprechend erfolgreich verläuft ihr Debüt, doch schon bald wird Lola als Hochstaplerin entlarvt. Sie dementiert, zieht es letztendlich aber vor, schleunigst ihre Koffer zu packen.

Fortan tingelt Lola durch Europa und sorgt immer wieder für Skandale. Die Reitpeitsche sitzt ihr locker (das feurige spanische Temperament!), und ein Zwischenfall in Preußen verhilft ihr gar in die Zeitungen, sogar im Ausland: Bei einer Parade für den Staatsgast Nikolaus I. gerät sie, wohl eher zufällig, in die Sperrzone und züchtigt Ordnungskräfte, die sie des Platzes verweisen wollen, mit ihrer Reitgerte. Und auch ihre Sitten sind eher locker. Baden-Baden muss sie verlassen, weil sie im Park einem Mann ihr Bein auf die Schulter gelegt hat, um ihre Gelenkigkeit unter Beweis zu stellen.

Doch das kann Lola Montez in keiner Weise ausbremsen. Sie tanzt vor Friedrich Wilhelm IV. von Preußen und Zar Nikolaus I. Zu ihren Bewunderern gehören Alexandre Dumas – der Jüngere und der Ältere – und Franz Liszt. Als in Paris einer ihrer Liebhaber in einem Duell erschossen wird, geht Lola mit Liszt nach München, wo sie nur wenige Tage später eine Audienz bei König Ludwig erhält, um eine Auftrittsgenehmigung zu erwirken, die hat man ihr nämlich bisher vorenthalten. Ludwig ist ein alter Schürzenjäger und zweifelt prompt an der Echtheit ihrer Oberweite. Er wird eines Besseren belehrt. Lola schneidet mit einer Schere ihr Korsett auf und darf jetzt auch in München tanzen. #metoo

Und wie Lola Montez tanzt! Legendär: ihr Spinnentanz – nach damaligen Maßstäben voller Erotik. Generation Porno kann da natürlich nur noch müde lächeln. Mit sehr vielen Röcken bekleidet steht Lola auf der Bühne und entdeckt – huch – eine Spinne, die sich aber sofort wieder zwischen den vielen Röcken verkriecht. Was hilft's also? Lola muss einen Rock nach dem anderen ausziehen und nach der Spinne absuchen, bis sie nur noch in fleischfarbener Unterwäsche dasteht. Da steht nicht nur der olle Ludwig Kopf, der die »tollgewordene Hündin«, die »verbuhlte Seiltänzerin«, die »Pariser

Bordellhure« – so betitelt der Architekt Leo von Klenze, ein enger Vertrauter Ludwigs, die wilde »Spanierin« in seinen Notizen – umgehend zu seiner Geliebten macht. Nach seinen Besuchen in ihrer Wohnung, die der König ihr natürlich finanziert, kann München fortan die Uhr stellen.

Der Rest ist Geschichte: Ludwig will Lola gesellschaftsfähig machen und sie deshalb in den erblichen Adelsstand erheben, dafür aber muss ihr zunächst von der Gemeinde München das Indigenat zuerkannt werden, was diese aber tunlichst unterlässt. Es kommt zum Eklat zwischen Ludwig und den Behörden beziehungsweise dem Staatsrat. Regierungen werden entlassen, neu eingesetzt, wieder entlassen. Lola legt sich eine Garde aus Burschenschaftlern zu und sorgt so auch in der Studentenschaft für Streitigkeiten. Derweil zieht sie peitschend durch die Münchner Innenstadt, wo der Unmut wächst. Anfang Februar 1848 muss Lola gar vor wütenden Studenten in die Theatinerkirche am Odeonsplatz flüchten. Als Reaktion darauf will Ludwig die Uni schließen – es würde bedeuten, dass alle Studenten sofort die Stadt verlassen müssten. Das bringt das Fass zum Überlaufen. Nun erheben sich auch Gastwirte, Hoteliers und Kneipiers, die von den Studenten leben, und Ludwig zieht seine Entscheidung schweren Herzens zurück. Stattdessen ist es nun seine geliebte Lola, die die Stadt verlassen muss. Ludwig selbst dankt am 20. März 1848 ab und überlässt den Thron seinem Sohn.

Montez tingelt fortan durch die Weltgeschichte und pumpt Ludwig immer wieder an. Einer ihrer Liebhaber erpresst ihn gar mit Briefen, die Ludwig ihr geschrieben hat. Ob »muy querida Lolitta«, wie der König sie zärtlich nannte, tatsächlich nichts von diesem gemeinen Treiben weiß?

Lola Montez

1852 landet Lola am Broadway, wo sie in *Lola Montez in Bavaria* auftritt. Nach einer Tour durch Australien lebt sie weiterhin in den USA und Großbritannien, bis sie 1860 im Alter von 39 Jahren an den Folgen einer Lungenentzündung stirbt. Sie liegt begraben auf dem Greenwood-Friedhof in Brooklyn, New York. Der Name auf dem Grabstein: Eliza Gilbert.

Ob die schöne Lola damit ein Vorbild für junge Mädchen ist? Sicherlich nicht. Das dürfte zumindest der arme »sehr, sehr geliebte Louis« so sehen, der fassungslos schrieb:

Hätt' ich doch nie und nimmer dich gesehen!
Für die gegeben ich mein letztes Blut.
Durchdrangest mich mit namenlosen Wehen,
Du meines Lebens glühendste Liebesglut!

Mit Untreu hast Du meine Treu vergolten,
Du wollt'st mein Geld, du wolltest meine Macht,
Die Du bewirket, dass mir alle grollten,
Verwandeltest das Dasein mir in Nacht.

Es war bereits mein Innerstes gebrochen,
Gekränkt, verletzt, mich ekelte die Welt,
Als sich Empörung ruchlos ausgesprochen,
Als Treubruch zu dem Undank sich gesellt.

Der Jahre langer Traum ist nun verschwunden,
In einer Öde bin ich jetzt erwacht,
Vorüber ist, was ich gefühlt, empfunden,
Doch um die Krone bleibe ich gebracht.

Malinche
Die Feinde meiner Feinde ...

Haben Sie schon einmal Urlaub an einem Ort gemacht, an dem Sie von der Landessprache nicht den leisesten Schimmer hatten? Nun, so in etwa muss es dem spanischen Konquistador Hernán Cortés ergehen, als er 1519 in Mittelamerika an Land geht. Davon, dass Cortés' Landpartie so gar nichts mit Urlaub, sondern ausschließlich mit Blut und Gold zu tun hat, mal ganz abgesehen. Zwar hat er einen Priester dabei, der nach einem Schiffbruch von Maya gesund gepflegt wurde und daher deren Sprache spricht, aber schon bald stellt sich heraus, dass die Mexika, wie sich die dort herrschenden Azteken nennen, sowie die von ihnen unterjochten Völker gar kein Maya sprechen, sondern nur Nahuatl. 500 Mann hat Cortés dabei – bei Weitem nicht genug, um die Mexika im Alleingang zu unterwerfen. Also braucht er fähige Übersetzer, um Allianzen zu schmieden.

Wie es der Zufall will, ist Cortés am 15. März 1519 von Ureinwohnern als Zeichen der Unterwerfung neben reichen Kostbarkeiten auch eine wunderschöne Sklavin geschenkt worden. Diese hat er, nachdem sie gemeinsam mit ihren Mitgefangenen im Schnelldurchgang missioniert und getauft worden ist, an einen verdienten Offizier weitergereicht. Schon bald erkennt Cortés jedoch, dass Doña Marina, so lautet der spanische Taufname der Indianerin, die eigentlich Malintzin heißt, nicht nur Maya spricht, also die Sprache jenes Volkes, das sie versklavt hat, sondern auch Nahuatl. In ihrer Kindheit am Golf von Mexiko ist sie mit dieser Sprache aufgewachsen – eine glückliche Zeit, bevor sie nach dem Tod ihres Vaters von ihrer eigenen Mutter an die Maya als Sklavin verkauft worden ist. Fortan fungiert Doña Marina als Cortéz' persönliche Übersetzerin. Sie verbringt so viel Zeit mit ihm, dass die indianische Bezeichnung für ihn, »Malinche«, im Volksmund auch zu ihrem Namen wird. Zu Beginn übersetzt sie nur auf Maya, der spanischsprachige Priester übernimmt den Rest. Doch schon bald spricht Malinche so gut Spanisch, dass Cortés auf die Doppelübersetzung verzichten kann.

Aber Malinche übersetzt nicht nur, sie steht Cortés auch beratend zur Seite, erklärt ihm die Mentalität der Ureinwohner und formuliert dessen Anliegen für sie so, dass sie verständlich und nachvollziehbar sind. Eine echte Diplomatin also. Im Oktober 1519 rettet sie ihm und seinen Leuten gar das Leben, als eine Einheimische Malinche vor einem Angriff bei Cholula warnt. Sie solle sich in der Zeit verstecken und dann später deren Sohn heiraten. Doch Malinches Loyalitäten liegen anders, weshalb sie in Mexiko zum Teil auch heute noch als Verräterin gebrandmarkt wird. Aber wem wäre diese versklavte, verschleppte, ihr ganzes Leben gequälte Frau etwas schuldig, wenn nicht Cortés, der ihr endlich einen Platz im Leben, Ansehen, ja vielleicht so etwas wie Glück verschafft hat? Malinche verrät die Frau an Cortés, der daraufhin im Massaker von Cholula fast die gesamte Oberschicht der Stadt niedermetzeln lässt. Vor allem aber hilft Malinche ihm, Verbündete unter den von den Mexika unterdrückten Tlaxcalteken zu sammeln und die Mentalität der Azteken zu durchschauen, um so annähernd kampflos die Herrschaft über die 200 000 Einwohner zählende Hauptstadt der Azteken, Tenochtitlán, und die von ihnen beherrschten Gebiete zu erringen. Mehrere Monate kann Cortés fast ungehindert deren Goldvorräte plündern.

Als es dann endlich zu einem Aufstand der Azteken gegen die Spanier kommt, zeigt sich, wie wichtig Malinche Cortés gewesen sein muss, dessen Geliebte sie inzwischen geworden ist. Während zahlreiche Soldaten bei der Flucht aus der auf dem Wasser gebauten Stadt ertrinken (auch weil sie mit ihren schweren Rüstungen und den Taschen voll Gold nicht schwimmen können – selbst schuld also), gelangt Malinche in einer bestens gesicherten Vorhut mehr oder weniger unbelangt aus der Stadt heraus.

Später wird Cortés zurückkehren, um Tenochtitlán nach langer Belagerung – einen fairen Kampf, Mann gegen Mann, wie ihn die Azteken gewöhnt sind, gewährt er seinen Feinden nicht – dem Erdboden gleichzumachen. Malinche verliert in dieser Zeit immer mehr an Bedeutung. Zwar folgt sie Cortés 1524 noch auf eine Expedition nach Honduras, doch nachdem er sie mit einem seiner Offiziere verheiratet hat (der bei der Trauung angeblich betrunken ist, ein echter Jungmädchentraum also), verliert sich ihre Spur. Vermutlich stirbt sie an einer der von den Spaniern eingeschleppten Krankheiten. Den gemeinsamen Sohn, den Malinche in den Jahren zuvor zur Welt gebracht hat, hat Cortés längst nach Spanien bringen lassen – übrigens einer der ersten Mestizen, was Malinche für viele Mexikaner, die ja zu einem großen Teil Mestizen sind, zu

Malinche

einer Art Urmutter der Nation macht – teils heftige Kritik an der Frau Mama inbegriffen.

Ein trauriges Ende für jene Frau, über die der Soldat Bernal Díaz del Castillo in seiner *Wahrhaften Geschichte der Entdeckung und Eroberung von Mexiko* schreibt: »Diese Frau war ein entscheidendes Werkzeug bei unsren Entdeckungsfahrten. Vieles haben wir unter Gottes Beistand nur mit ihrer Hilfe vollbringen können. Ohne sie hätten wir die mexikanische Sprache nicht verstanden, zahlreiche Unternehmungen hätten ohne sie einfach nicht durchgeführt werden können.«

Und trotz alledem blieb sie bei Hernán Cortés' fröhlicher Landpartie irgendwo auf der Strecke ...

Sarah Bernhardt
Der erste shootingstar

»Marguerite war bei allen ersten Vorstellungen zugegen. [...] Drei Gegenstände lagen immer vor ihr: eine Lorgnette, eine Papiertüte mit Zuckerwerk und ein Kamelienstrauß.« Ach ja, Marguerite Gautier, *Die Kameliendame von* Alexandre Dumas d. J. Für mich der erste Grund, weshalb ich Sarah Bernhardt unbedingt in diesem Buch dabeihaben wollte: Weil die Theaterschauspielerin mit ihrer Paraderolle, der zerbrechlichen, exzessiven, starken und zugleich so herrlich schwachen Marguerite aus dem großartigen Roman von Alexandre Dumas d. J., für mich eine der berührendsten Figuren der französischen Literatur verkörperte – und das bis ins hohe Alter. Als Bernhardt nicht mehr stehend spielen konnte, gab sie die Rolle der Marguerite einfach im Sitzen.

Gleichzeitig hat Sarah Bernhardt – und da wären wir auch schon beim zweiten Grund – mit zahlreichen Theaterplakaten, die sie vom aufstrebenden Jugendstilgrafiker, -maler, -illustrator Alfons Mucha gestalten ließ, einem Künstler zu bleibendem Ruhm und meinem Wohnzimmer zu einigen höchst dekorativen Motiven verholfen. Wenn das mal keine guten Gründe sind.

Doch es gibt noch bessere! Objektivere!

Zum Beispiel ist Bernhardt in Zeiten, als es Wochen dauerte, den Atlantik zu überqueren und man nicht einfach von Land zu Land hüpfen konnte, bereits ein internationaler Star. Der erste überhaupt. Sie wird damit zur Urmutter aller Angelina Jolies, Madonnas, Lady Gagas und wer heutzutage sonst noch in der Weltgeschichte unterwegs ist. Dabei ist Bernhardt überspannt, launisch, ja, sprechen wir es einfach aus: völlig durchgeknallt. Sie lebt ein Leben in einer Exzentrik, wie ihre Nachfolgerinnen es erst Jahrzehnte später wieder versuchen. Mit einer ganzen Menagerie tingelt sie durch Europa und die Welt. Als ihre Riesenschlange ihre Sofakissen verschlingt, erschießt sie diese eigenhändig. Die englische Königin Victoria und der russische Zar Alexander III. gehören zu ihren Bewunderern. Der Prince of Wales, der spätere Edward VII. und Victor Hugo zählen zu ihren Liebhabern.

Ein Schicksal, das der kleinen Marie Henriette Rosine Bernhardt sicherlich nicht an der Wiege gesungen worden ist. Sie wird am 22. Oktober 1844 in Paris als uneheliche Tochter von Julie Bernhardt geboren. Die jüdische Putzmacherin ist aus den Niederlanden nach Paris gekommen und nicht wirklich ein Kind von Traurigkeit. Reiche Liebhaber sichern ihr ein angenehmes Leben. Bis sie acht Jahre alt ist, wird Marie von Kindermädchen betreut. Danach folgen die besten Schulen. Obwohl die Mutter das Mädchen taufen lässt, ist ihr wohl klar: Mit einer reichen Heirat und dem Aufstieg in beste Kreise wird es vermutlich nichts, deshalb lässt sie sich von ihrem Liebhaber, dem Duc de Morny, einem Halbbruder von Napoleon III., überreden, der kleinen Marie eine Schauspielkarriere zu ermöglichen.

Durch de Mornys Beziehungen erringt Marie einen der

begehrten Ausbildungsplätze an der Comédie-Française. Ihr markantes Profil und ihre Stimme kommen sehr gut bei den Auswahljuroren an. Kein Wunder – später wird letztere gar als »golden« von sich reden machen. Für Maries Gestik, für ihre ganze – wie heute die DSDS-Jury vermutlich sagen würde – »Attitude« gilt das weniger, denn die ist mehr als nur ein bisschen übertrieben. Egal. Beziehungen muss man eben haben. Und wie gesagt dieses herrliche goldene Stimmchen! Also bleibt Marie und debütiert vier Jahre später als Iphigénie im gleichnamigen Stück von Racine, jetzt unter ihrem Künstlernamen: Sarah Bernhardt. Doch der ersehnte Erfolg bleibt aus. Als Sarah sich ein Vierteljahr später hinter den Kulissen mit einer älteren Schülerin anlegt und handgreiflich wird, fliegt sie sogar aus dem Ensemble.

Jahrelang spielt Sarah nun unbedeutende Rollen. Von einem Aufenthalt in Brüssel kehrt sie schwanger zurück. Die Mutter, die ja eigentlich Verständnis für so eine Situation haben sollte, wirft sie raus. Der Kindsvater, ein belgischer Fürst, taucht in Paris auf, als er von dem Kind erfährt. Zu einer Heirat kommt es nicht, seine Familie stellt sich quer. Dann eben allein. Sarah hat schon immer einen Weg gefunden. Das Kind läuft irgendwie mit.

Und Sarahs Durchhaltevermögen zahlt sich aus. 1868 folgt in *Kean* von Alexandre Dumas d. Ä. der große Durchbruch im Odéon-Theater. In dessen Räumlichkeiten organisiert Bernhardt im Deutsch-Französischen Krieg sogar ein Militärkrankenhaus. Jaja, Madonna, Angelina und Co. – im 19. Jahrhundert musste man nicht extra nach Afrika reisen, um sich publikumswirksam in Krisengebieten zu engagieren. Später wechselt Bernhardt wieder an die Comédie-Française. Sie spielt die Doña Sol in Victor Hugos *Hernani* und rührt den Autor selbst zu Tränen. Sie gibt in London in Shakespeares *Othello* die Desdemona und wird so auch über die Landesgrenzen hinaus bekannt. In den 1880ern gründet sie eine eigene Wandertruppe, mit der sie quer durch Europa bis nach Russland und in die USA fährt, wo sie innerhalb eines halben Jahres in 51 Städten gastiert. Doch Multitalent Sarah schauspielert nicht nur. Sie schreibt selbst Stücke, malt, ist bildhauerisch tätig und unterstützt auch andere Künstler – unter anderem den großartigen Mucha. 1894 entwirft er das Plakat für das Stück *Gismonda* – der erste Schritt auf seinem Weg zum bekanntesten Plakatkünstler der Belle Époque.

Wie die meisten Frauen hat jedoch auch eine Naturgewalt wie Sarah Bernhardt ihre Schwachstelle: die Liebe oder das, was man gemeinhin so Liebe nennen mag. Vielleicht ist es in diesem Fall auch schlichtweg Dummheit, Blindheit, Naivität oder eine Mischung aus allem. Sarah lernt Jacques Damala, Attaché an der griechischen Botschaft, kennen, den sie 1892 heiratet und mit dem sie schon bald ihr eigenes Theater gründet – Damala fühlt sich nämlich ebenfalls zum Schauspieler berufen. Sein griechischer Akzent kommt allerdings nicht wirklich gut beim Publikum an. Dass er außerdem nicht schauspielern kann, morphiumsüchtig und ein Spieler ist und sich an der Theaterkasse vergreift, tut sein Übriges. Machen starke Frauen Männer schwach, oder suchen schwache Männer starke Frauen? Diese Frage kann sicherlich auch Sarah nicht beantworten. Was sie aber weiß: Nach dem Zwischenspiel mit Damala ist sie bankrott und hat die diversen Tourneen bitter nötig, um ihre Finanzen zu sanieren.

Und auch sonst ist bei Sarah nicht alles eitel Sonnenschein:

Bei einem Sprung von den Zinnen der Engelsburg in *La Tosca* von Victorien Sardou verletzt sie sich am Knie. Der Veranstalter in Rio de Janeiro hat vergessen, wie üblich eine Matratze hinter die Bühne zu legen. Das sollte heute mal einer bei »J Lo« machen – ihr Hintern würde ihn auf Milliardenzahlungen verklagen. Sarah leidet jahrelang unter Schmerzen und muss sich 1915 das Bein unterhalb der Hüfte abnehmen lassen. Doch auch das kann sie nicht von der Bühne fernhalten. Sie spielt fortan im Sitzen und fährt sogar im Ersten Weltkrieg an die Front, zwecks Truppenbespaßung.

Nur mit uns Deutschen hat die Patriotin es nicht so. Kein einziges Mal spielt sie in Deutschland, deshalb hält sich auch die Begeisterung auf deutscher Seite in Grenzen – außerdem haben die Deutschen eine andere Lieblingsschauspielerin, der sie sich zuwenden: die italienische Schauspielerin Eleonora Duse, die alles hat, was die nüchternen Deutschen brauchen – vor allem nicht dieses schrecklich übertriebene Getue! So schreibt der Schriftsteller und Kritiker Alfred Kerr über Sarah: »Niemand vergisst für eine halbe Minute das glänzend Zurechtgelegte des Spiels. Die Frau ist gefallsüchtig bis ins Gekröse. Und sollte die Duse nicht sechzig-, sondern hundertzwanzigjährig sein, man würde noch erkennen, daß sie ein Naturspiel ist, wie man bei der Bernhardt erkennt, daß sie eine berückende Macherin ist. […] Sie mit der Duse vergleichen zu wollen – ach Gott. Bei der Duse hört man die Ewigkeit rauschen, bei der Bernhardt die Kulissen wackeln.« Doch sollen die drögen Deutschen doch denken, was sie wollen. Um hohes Kunstschaffen geht es Sarah Bernhardt, der Urmutter der Superstars, doch gar nicht. Sie weiß vor allem, was es heißt, eine »gute Show« zu liefern, und dass es um das

Gesamtpaket geht, darum, ein echter Star zu sein. Und das war Sarah Bernhardt auf jeden Fall. Vermutlich mehr als jede andere nach ihr.

Rosemarie Nitribitt
Ein Mädchen will nach oben

»Wir bauen auf!«, »Alle sollen besser leben«, »Wohlstand für alle« – die einschlägigen Slogans der Nachkriegszeit und der 1950er-Jahre kündigen es doch bereits an. Warum ist es also 1957 so ein Skandal, als die Öffentlichkeit nach der Ermordung der stadtbekannten Frankfurter Prostituierten Rosemarie Nitribitt – ihre Freier kennen sie auch unter dem Namen Rebecca Rosenbaum – erfährt, wie viel besser man als Prostituierte leben kann? Ist doch schön, dass in den 50ern tatsächlich Wohlstand für alle möglich ist? Ist es nicht das, was Ludwig Erhard versprochen hat?

1933 wird Rosemarie als uneheliches Kind in Düsseldorf geboren. Der Vater lehnt später alle Unterhaltszahlungen ab. Die Mutter wird zwei weitere Male – von verschiedenen Männern – schwanger. Die Verhältnisse, in denen Rosemarie aufwächst, sind prekär. Ihre Mutter sitzt immer wieder ein, das Mädchen kommt immer wieder ins Heim, schließlich zu einer Pflegefamilie. Mit elf Jahren wird Rosemarie von einem sieben Jahre älteren Nachbarsjungen vergewaltigt. Alle im Dorf wissen Bescheid, der Täter wird nie zur Rechenschaft gezogen. Bei Kriegsende beginnt Rosemarie sich zu prostituieren, landet wieder im Heim, flieht, prostituiert sich erneut,

Rosemarie Nitribitt

kommt ins Heim. Eine unendliche Geschichte. Mit 18 Jahren lässt Rosemarie sich vorzeitig für volljährig erklären (das ist man in den 50ern nämlich erst mit 21) und lehnt jede weitere Erziehungsmaßnahme ab. Sie zieht nach Frankfurt am Main und träumt davon, Mannequin zu werden. Im Telefonbuch wird sie diese Bezeichnung bis an ihr Lebensende führen. Ein braver Traum. Schon bald beginnt Rosemarie erneut, ihren Körper zu verkaufen.

Um ihren Marktwert zu steigern – oder geht es ihr vielmehr darum, ihre einfache Herkunft zu vergessen? –, lernt Rosemarie Englisch und Französisch, macht Benimmkurse. Von einem reichen Liebhaber bekommt sie einen Opel Kapitän geschenkt, mit dem sie ihre Freier vor Nobelhotels aufgabelt, später kauft sie einen schwarzen Mercedes 190 SL. Ein Hinweis an alle Biedermänner der beginnenden 50er-Jahre: Für das Geld hätte man so einige VW Käfer kaufen können! Ein weißer Pudel komplettiert das Bild. Ja, so kann das deutsche Wirtschaftswunder auch aussehen.

Auf Rosemaries Konto finden sich bei ihrem Tod 90 000 Mark, die sie angeblich allein in den letzten zehn Monaten verdient hat – ein Vielfaches des damaligen Durchschnittseinkommens. Vielleicht ist es das, was den Mordfall Nitribitt so hohe Wellen schlagen lässt: die Erkenntnis, dass Unmoral so pralle Früchte trägt. Sicherlich auch vorne mit dabei: das Interesse am Leben der Reichen und Schönen, schließlich sollen auch so einige Stars zu ihren Kunden gehört haben. Und nicht zuletzt halten zahlreiche Ermittlungspannen die Aufmerksamkeit der Öffentlichkeit wach und nähren Verschwörungstheorien. Als Rosemarie am 1. November mit Platzwunde am Kopf und Würgemalen am Hals in ihrer Wohnung aufgefunden wird, ist die Fußbodenheizung voll aufgedreht, sodass der Raum von Verwesungsgeruch erfüllt ist und die Ermittler die Fenster einfach aufreißen, anstatt Körper- und Raumtemperatur zu messen, was im Nachhinein eine Feststellung des Todeszeitpunkts quasi unmöglich macht. Akten gehen verloren. Lange Zeit wird nach dem Besitzer eines am Tatort gefundenen Hutes gefahndet, der sich dann als einer der Ermittler herausstellt. Dümmer als die Polizei erlaubt! Kann das wirklich Zufall sein? Oder soll hier die Täterschaft eines Prominenten, eines Politikers vertuscht werden? Hatte Rosemarie Geheimwissen, das ihr zum Verhängnis wurde?

Aber wie das immer so ist mit publikumswirksamen Mordfällen: Ein Täter muss her. Vor Gericht gestellt wird schließlich Rosemaries Hausfreund Heinz Pohlmann, der mit Geld um sich wirft, als gäbe es kein Morgen. Das passt dazu, dass vom Tatort vermutlich eine größere Menge Bargeld verschwunden ist. Pohlmann wird jedoch aus Mangel an Beweisen freigesprochen, schließlich gibt es keinen fixen Tatzeitpunkt. Das viele Geld hat Pohlmann vielleicht auch als Handelsvertreter veruntreut, weshalb er später auch verurteilt wird.

Was der brave Bürger trotz seiner nicht ganz befriedigten Sensationslust aus der Geschichte mitnehmen kann: Unmoral lohnt sich doch nicht. Also zumindest nicht auf lange Sicht. Für einen hat die Geschichte jedoch trotzdem ein kleines Happy End. Pohlmann erlebt sein persönliches Wirtschaftswunder: Mit einer Serie von Erinnerungen in einer Illustrierten macht er später viel Geld, bis er sich urplötzlich aus dem Vertrag zurückzieht – irgendjemand scheint ihm wohl mehr Geld dafür geboten zu haben, den Mund zu halten …

Geheim(nisvoll)e Rebellinnen

Päpstin Johanna
Zu schön, um wahr zu sein ...

Anfang des 9. Jahrhunderts, Ingelheim am Rhein. Die kleine Johanna wird als Tochter des Dorfpriesters und seiner sächsischen Frau Gudrun, einer Heidin, geboren. Die Kindheit: freudlos, Johanna wird mehr oder weniger vernachlässigt. Schließlich ist sie ein Mädchen. Von denen kann man ja nicht viel erwarten. Der einzige Lichtblick: ihr Bruder Matthias, der versucht, den Wissensdurst seiner kleinen Schwester zu stillen. Als er stirbt, bricht für Johanna eine Welt zusammen. Der Vater ist ebenfalls am Boden zerstört. Warum hat Gott nicht Matthias' jüngeren Bruder, den dummen Johannes, zu sich geholt? Oder noch besser: das Mädchen? Ein griechischer Gelehrter übernimmt die undankbare Aufgabe, Johannes zu unterrichten. Er erklärt sich dazu nur unter der Bedingung bereit, dass er auch die kluge Johanna unterrichten darf. Der Vater beißt in den sauren Apfel.

Als der Gelehrte zurück nach Griechenland muss, bleibt Johanna verzweifelt zurück. Der Alte vermacht ihr ein Buch, das, wie der Vater mit seiner Autorität als Dorfpriester urteilt, nur heidnisches Zeug enthält. Unter seinen grausamen Augen soll sie es selbst zerstören. Sie weigert sich und wird fast zu Tode geprügelt.

Kurz darauf taucht ein Bote aus Dorstadt auf – er soll Johanna abholen und dort in die Scola bringen. Offenbar hat der griechische Gelehrte dort von Johanna erzählt. Der Vater überzeugt den Boten, dass es sich hier bestimmt um eine Verwechslung handle. Johannes sei gemeint – nicht Johanna. Der Bruder darf gehen. Die Schwester ist todunglücklich und ergreift die Flucht. Sie findet ihren Bruder allein im Wald, der Bote ist bei einem Überfall getötet worden. Gemeinsam reisen die beiden weiter nach Dorstadt (Johanna nimmt das Ruder in die Hand – der schwache Johannes wäre dazu gar nicht fähig), wo Johannes die Scola besucht und Johanna auf dem Gut des Markgrafen Gerold aufwächst, der sie gemeinsam mit seinen Töchtern unterrichtet.

Als Johanna einige Jahre später gegen ihren Willen verheiratet werden soll, kommt es zu einem Normannenüberfall, im Zuge dessen auch Johannes getötet wird. Johanna übernimmt die Identität ihres Bruders und beginnt ein neues Leben, befreit von den Fesseln des weiblichen Daseins. Sie tritt in Fulda in ein Kloster ein und erwirbt sich dort aufgrund ihrer Gelehrsamkeit die Achtung ihrer Brüder (nicht etwa aufgrund irgendwelcher typisch weiblicher Eigenschaften wie Hilfsbereitschaft, Sanftmut oder so). Doch das Glück ist Johanna nicht hold, sie erkrankt an der Pest, und um nicht aufzufliegen, verlässt sie das Kloster und wird von Freunden gesund gepflegt. Wieder genesen, macht sie sich als dankbare Pilgerin auf den Weg nach Rom, wo sie sich aufgrund ihrer medizinischen Kenntnisse einen Ruf als hervorragende Ärztin, pardon, als hervorragender Arzt erwirbt. Sie kann sich ihrem Schicksal nicht entziehen, und schon kurz darauf wird sie durch die Irrungen und Wirrungen, die das Leben so mit sich

Päpstin Johanna

bringt, zum Leibarzt des Papstes. Der stirbt, ein neuer Papst stirbt ebenfalls ziemlich schnell. Und plötzlich ist Johanna Stellvertreter Christi auf Erden.

Doch weil Frauen sich auch in so mächtigen Positionen von der Diktatur ihrer Gefühle nicht befreien können – deshalb vermeiden wir ja auch heute noch, ihnen Führungsaufgaben zu übertragen –, wird Johanna schwanger, und zwar von ihrem alten Lehrer Gerald. Und weil es mit den Abtreibungstechniken in dieser Zeit noch nicht weit her ist (von einem Bauch, der ihr gehört, kann Johanna nur träumen), stirbt Johanna bei einer Frühgeburt – und zwar höchst dramatisch und publikumswirksam bei einer Prozession.

Und so endet der großartige Roman von Donna W. Cross, der noch so einiges zu bieten hat. Zum Beispiel eine herrliche Szene, in der der Dorfpriester seinen Sohn »Johannes« im Kloster Fulda besuchen will und einen Herzinfarkt erleidet, als er erkennt, dass es sich um die verhasste Johanna handelt. »Mulier!« – Frau! kommt ihm als Letztes über die Lippen, was witzigerweise von den herbeieilenden Priestern als Anruf der Heiligen Gottesmutter verstanden wird. Wenn die nur wüssten!

Doch wollte ich alle großartigen Szenen hier ausbreiten, dann bräuchte ich statt vier 400 Seiten – deshalb möchte ich Ihnen die Lektüre von Cross' *Die Päpstin* wärmstens empfehlen. Fakt ist: Was ich Ihnen gerade beschrieben habe, ist und bleibt eine Romanhandlung. Aber was ist nun wahr an der Legende der Päpstin Johanna?

Obwohl Donna W. Cross sich redlich Mühe gibt, ihre Geschichte auch mit Fakten zu belegen, gehen Historiker davon aus, dass die Legende nur Legende ist. Der häufig angeführte

Beleg, die *Chronik der Päpste und Kaiser* von Martin von Troppau, in der es ausdrücklich heißt »femina fuit« – er war eine Frau –, stammt erst aus dem 13. Jahrhundert. Hier taucht auch zum ersten Mal die Geschichte von der Schwangerschaft und der verunglückten Frühgeburt auf. Frühere Quellen gibt es nicht.

Dass die Straße, in der Johanna angeblich niederkam, im Mittelalter »vicus Papessa« hieß, geht Wissenschaftlern zufolge nicht auf eine Päpstin zurück, sondern bezieht sich auf eine lang dort residierende Adelsfamilie, die sogenannten Papes. Die frühere Inschrift »P.P.P.P.P.P.« an der »Päpstinnenstraße« wurde gerne übersetzt mit: »Petre, Pater Patrum, Papisse Prodito Partum« – Petrus, Vater der Väter, enthülle die Niederkunft des weiblichen Papstes. Heute gehen Historiker davon aus, dass hiermit eher ein »Pater Patrum«, das ist ein Hohepriester-Titel des Mithras-Kultes, namens »Petrus«, gemeint ist – ein weit verbreiteter Name, der eine Segnung vorgenommen hat: P.P.P. (»proprie pecunia posuit«: stellte die notwendigen Mittel zur Verfügung).

Der Gebärstuhl mit dem Loch im Boden, auf den sich angeblich seit der Johanna-Geschichte jeder Papst setzen muss, um überprüfen zu lassen, ob er denn wirklich auch alles mitbringt, was für das Papstamt notwendig ist, wird von Historikern als Aufstiegsritual gedeutet. Der Papst muss verschiedene »Stellungen« einnehmen, beginnend mit der niedrigsten: dem Toilettensitz.

Davon abgesehen liefern Historiker spannende Begründungen für die Geschichte rund um die Päpstin Johanna. Die einen sehen sie als Parodie auf den in manchen Entscheidungen eher weichen – also unmännlichen – Papst Johannes VIII.

Ende des 9. Jahrhunderts. Andere betrachten sie als Hinweis auf die Machtstellung von Marozia, der Mutter von Papst Johannes XI., und ihrer Mutter Theodora, ebenfalls 9. / 10. Jahrhundert. Außerdem hatte man anscheinend schon damals eine echte Vorliebe für saftige Geschichten. Da sind Donna W. Cross und ihr Millionenpublikum also keine Ausnahme.

Eine wahre Rebellin war Johanna damit auf alle Fälle – nur real, das war sie aller Wahrscheinlichkeit nach leider nicht. Schade.

Victoria
Mit dem Kopf durch die Wand

Man nennt sie die »Großmutter Europas«. Zu Recht. Innerhalb von 20 Jahren bringt Königin Victoria neun Kinder zur Welt, es folgen 42 Enkel und 87 Urenkel, die zum großen Teil in die verschiedenen Königshäuser Europas einheiraten, was Friedensgarant sein soll, allerdings keiner ist – Victorias Nachfahren werden noch in diversen Kriegen, so auch im Ersten Weltkrieg, wie die Berserker aufeinander losgehen. Gleichzeitig gilt Victoria in einem Zeitalter des Umbruchs, dem sie den Namen gab – dem Viktorianischen –, als eine Konstante, auf die Verlass ist. Immerhin regiert sie von ihrem 18. Lebensjahr bis zu ihrem Tod mit 81 Jahren – 2015 nur geschlagen von der noch einen Tick zäheren Elisabeth II. Was muss das nur für eine warmherzige, liebevolle und selbstlose Frau gewesen sein, die ihren Kindern, ihrer ganzen Nation so eine aufopferungsvolle Landesmutter gewesen ist?

Nun ja, ganz so ist es nicht. Mit ihren Kindern hat Victoria ziemlich wenig am Hut. Sie hasst die Zeit ihrer Schwangerschaften, die Bewegungen von Neugeborenen empfindet sie als »froschartig«, Einjährige, die ihre Finger in den Mund stecken, hält sie für schlecht erzogen. Daneben ist Victoria schon in frühester Kindheit bekannt für ihre ungebremsten Wut-

Victoria

ausbrüche, ihren Jähzorn. Wenn es darum geht, ihren Willen durchzusetzen, kennt Victoria kein Pardon. Von wegen in sich ruhende Monarchin.

Sicherlich nicht ganz unschuldig daran: ihre Mutter, die unter dem Einfluss des ränkeschmiedenden Lord Conroy so ziemlich alles in Victorias Jugend zu reglementieren versucht, um das wilde Kind in den Griff zu bekommen. Conroy hofft nämlich darauf, dass Victoria noch minderjährig ist, wenn sie Königin wird, und er dann an der Seite der Mutter stellvertretend die Herrschaft übernehmen darf. Deshalb schläft Victoria auch bis zum Tag vor ihrer Krönung mit ihrer Mutter in einem Zimmer und darf Dritte nur in Begleitung treffen. Die Treppe allein herabsteigen? Das wäre ja noch schöner!

Doch Victoria hat Glück, sie ist bereits 18, als es endlich so weit ist, und sie nutzt die Gunst der Stunde, um sich von unliebsamen Einflüssen zu befreien. Ihre Mutter wird in einen abgelegenen Teil des Palasts verbannt. Die beiden sehen sich nur noch bei offiziellen Gelegenheiten. Was politische Themen angeht, lässt Victoria sich von ihrem Premierminister Lord Melbourne beraten, der sie allerdings von einigen sehr dämlichen Aktionen nicht abhalten kann oder will. So ist Lästerschwester Victoria ganz vorne mit dabei, als es darum geht, über die vermeintliche Schwangerschaft einer Hofdame herzuziehen, die sich dann jedoch als Lebertumor herausstellt. Außerdem weigert sie sich bei einem Regierungswechsel, lieb gewonnene Hofdamen durch solche der neugewählten Tories zu ersetzen, was für eine Regierungskrise sorgt und dem Bild der Königin in der Öffentlichkeit nicht wirklich zuträglich ist.

Glücklicherweise gibt es Onkel Leopold, Prinz von Sachsen-

Coburg-Saalfeld und König der Belgier, den Bruder ihrer Mutter, der ihr schon in frühester Kindheit in allen Lebenslagen mit Rat und Tat zur Seite gestanden hat. Er empfiehlt ihr nun einen passenden Gatten, der genau diese Aufgabe weiterführen soll. Kennengelernt hat Victoria ihn bereits als Teenager im Sommer 1836. Es ist Prinz Albert von Sachsen-Coburg und Gotha. Wer etwas für *Downton Abbey* übrig hat, dem empfehle ich zu diesem Thema den herrlichen Film *Victoria, die junge Königin* von Drehbuchautor Julian Fellowes.

Victoria vergöttert ihren Albert regelrecht. Was nicht heißt, dass nicht regelmäßig die Fetzen fliegen – Beleidigungen, die üblichen Klagen à la »Ach hätte ich dich doch nie geheiratet« und Türenschlagen inklusive. Wie das so ist, wenn die Leidenschaft überhandnimmt. Manchmal kommunizieren die beiden tagelang nur schriftlich miteinander.

Vor allem in der Anfangszeit der Ehe hat Albert es nicht leicht. Eine wirklich feste Stellung am Hof hat er nicht, außerdem verbittet Victoria sich jede Einmischung in »ihre« Geschäfte. Doch mit den ersten Geburten (ab der Hochzeit ist Victoria für die nächsten Jahre gefühlt ununterbrochen schwanger; junge Liebe eben) kann sie diesen Anspruch nicht mehr halten und erkennt, was für eine Stütze ihr das Schicksal in Albert geschenkt hat. Der kümmert sich nicht nur um die Ausbildung und Erziehung der Kinder, die Victoria ziemlich wurst sind, sondern beeinflusst Victoria gerade in sozialen Fragen oder nimmt stellvertretend für sie an Sitzungen teil.

Die Jahre vergehen, Victoria überlebt diverse Attentate und so einige Premierminister. Dann der Skandal: Ihr ältester Sohn Albert Eduard beginnt eine Affäre mit einer irischen

Schauspielerin. Der sowieso nicht ganz gesunde Albert reist nach Cambridge, um dem Sohnemann den Kopf zurechtzurücken. Er erkrankt auf seiner Reise so schwer, dass er am 9. Dezember 1861 stirbt. Victoria wird ihrem Sohn nie verzeihen. Sie selbst schert sich nicht länger um Konventionen und ihre königlichen Pflichten und zieht sich vollkommen zurück. Victoria trägt – für den Rest ihres Lebens – nur noch Witwenkleidung. Um den Verstorbenen entwickelt sich ein regelrechter Kult. In seinem Sterbezimmer darf nichts verändert werden, vielmehr noch sind die Diener angehalten, das Zimmer stets so zu richten, als ob Albert jederzeit zurückkehren könnte. Victoria kommt ihren öffentlichen Aufgaben kaum mehr nach. Nur wenn ein Albertdenkmal enthüllt werden muss, ist so etwas wie Elan zu verspüren. Das Volk nimmt ihr das durchaus übel.

Viele Jahre geht das so. Ihr engster Vertrauter: John Brown, ein Reitknecht, der in seiner ruppigen, bodenständigen Art als einer der Wenigen Zugang zu Victoria findet. Es ist vermutlich überflüssig zu erwähnen, wie diese Vorliebe am Hof oder in der Öffentlichkeit wahrgenommen wird. Doch wen juckt's. Wer Victoria kritisiert, dem droht sie mit Abdankung.

In den 1870er-Jahren wird endlich ein Anflug alten Schwungs erkennbar. Die Ursache ganz banal: Eitelkeit. Die älteste Tochter Vicky wird nämlich zur designierten Deutschen Kaiserin, eine Stellung, die der ihrer Mutter überlegen wäre. Ein Ding der Unmöglichkeit. Also lässt Victoria sich 1876 zur Kaiserin von Indien ernennen – ein Titel, der nicht wirklich lange Bestand hat, sich aber toll anhört. Es folgen noch einige Regierungsjahre, in denen sich Victoria wieder vermehrt in der Öffentlichkeit zeigt und zum Fels in der

Brandung für die von der Industrialisierung auf den Kopf gestellten Nation wird. Denn so durchgeknallt und halsstarrig Victoria sein kann: Irgendwie weiß sie doch, welche zentrale Rolle – und sei sie noch so repräsentativ – sie spielt, in einer Zeit, in der die kleine, aber feine Inselmonarchie sich zum britischen Reich und Commonwealth entwickelte. Doch wie alles, was man ewig glaubte, geht auch Victorias Herrschaft irgendwann zu Ende. Victoria stirbt am 22. Januar 1901. Da helfen aller Jähzorn und ein noch so starker Wille nicht.

Mata Hari
Pussy Galores tragisches Ende

Geheimnisvolle Femme fatale? Gefährliche Doppelagentin? Vermeintliches Teufelsweib, das nur aus reiner Naivität irgendwie zwischen die Fronten geraten ist? Wahrscheinlich trifft es folgende Bemerkung aus einem Schulzeugnis jener rätselhaften Frau am besten: »Is denkelijk vertrokken« – ist vermutlich verzogen. Denn das ist Mata Hari in der Tat: ein verzogenes Mädchen, erfüllt von Selbstüberschätzung, Geltungssucht und Anspruchsdenken, die sie letztendlich ins Grab bringen werden. Und dennoch ist und bleibt die rätselhafte, die dreiste, die unfassbarbare Mata Hari eine der faszinierendsten Frauengestalten des 20. Jahrhunderts – oder sollte ich besser sagen: Margaretha Geertruida Zelle? Denn das ist der Name, unter dem Mata Hari am 7. August 1876 in Leeuwarden geboren wird.

Ihr Vater ist als Hutmacher erfolgreich zu Geld gekommen. Er lässt sich gern mit »Baron« anreden. Ein Recht, diesen Titel zu führen, hat er nicht. Die kleine Greet ist sein Augenstern. Einmal schenkt er ihr eine von Ziegen gezogene Kinderkutsche, in der Greet aussieht wie eine orientalische Prinzessin. Ein Traum – zu schön, um wahr zu sein. Der Vater verspekuliert sich. Mit dem finanziellen Ruin kommt auch das Ende der Ehe. Die Mutter stirbt, Greet kommt bei Verwandten unter, ihr Vater, der erneut heiratet, lässt sich bei ihr nicht mehr blicken. Sie wird ihm nie verzeihen.

Mit den Jahren wächst Greet zu einer großen Margaretha heran. Sie soll eine Erzieherinnenausbildung machen, schon nach kurzer Zeit wirft sie hin. Das überrascht niemanden. Normale Arbeit scheint nicht so Margarethas Ding zu sein – viel zu profan für die rätselhafte Schönheit mit den dunklen Augen. Stattdessen antwortet sie auf die Kontaktanzeige eines niederländischen Kolonialoffiziers, der eine junge, liebenswürdige Frau sucht und um die 20 Jahre älter ist als sie. Im Sommer 1895 »muss« Margaretha Campbell Rudolph John MacLeod heiraten, bereits im Januar kommt ihr Sohn Norman zur Welt.

Obwohl die Liebe so früh reiche Früchte trägt, herrscht im Hause MacLeod nicht eitel Sonnenschein. Aus finanziellen Gründen lebt das Paar bei Johns Schwester, die mit dem divenhaften Gehabe ihrer zickigen Schwägerin so gar nichts anzufangen weiß. Es kommt immer wieder zu Streitigkeiten, auch zwischen den Eheleuten, bis Margaretha ihren Mann breitschlagen kann: Er soll mit ihr nach Niederländisch-Indien reisen, genauer gesagt ins heutige Jakarta auf der Insel Java. Von diesem Ort erhofft sich die gelangweilte Margaretha Abwechslung, Aufregung, ja, endlich etwas Leben.

Leben hat Jakarta zwar in der Tat zu bieten, doch zwischen den Eheleuten kriselt es weiter, eine Tochter wird geboren, der Sohn Norman stirbt. Vergiftet von einer Dienerin, die sich für schlechte Behandlung rächen will? Oder ist es die Tat einer verflossenen Geliebten? Denn mit der Treue scheint es John nicht so genau zu nehmen. Gleichzeitig ist er sehr eifersüchtig. Als Margaretha anlässlich der Feierlichkeiten zu Königin Wilhelminas Thronbesteigung in einem Theaterstück mitspielt, kritisiert er ihr lockeres Verhalten in der Öffentlichkeit.

Als das Paar 1902 in die Niederlande zurückkehrt, kommt es zur Trennung. Schon bald erfüllt John seine Unterhaltspflicht nicht mehr, weshalb Margaretha ihr eigenes Geld verdienen muss. Sie reist nach Paris, versucht es als Aktmodell, als »Amazone« im Cirque Molier – und scheitert. Erst 1905 kommt für Margaretha der Durchbruch, als sie sich mehr oder weniger nur in Schleier hüllt und behauptet, eine javanische Prinzessin zu sein. Dann wieder erzählt Margaretha, sie sei ein Mädchen aus der indischen Oberschicht und habe schon als Kind dem Gott Shiva tanzend gedient, sei dann aber von einem britischen Soldaten entführt worden. Manchmal ist Margaretha auch einfach eine Mischung aus beidem – oder wieder etwas ganz anderes, was ihrem Erfolg keinen Abbruch tut. Wer will schon die Wahrheit, wenn die Lüge so viel unterhaltsamer ist? Zu Beginn tritt sie noch unter dem Namen Lady MacLeod auf (wie ihr Vater hat Margaretha anscheinend etwas übrig für falsche Adelstitel), schon bald legt sie sich jedoch den Namen »Mata Hari« zu – Auge des Tages, oder kurz und knapp: Sonne. Auf Javanisch hört sich das jedoch herrlich fremdländisch an. Eigentlich sollte man ja meinen, Europa hätte aus der Lola-Montez-Geschichte etwas gelernt, doch Pustekuchen! Alles, was nur nach Exotik riecht, bringt Anfang des 20. Jahrhunderts in Paris die Gemüter zum Kochen. Und wer kennt sich schon wirklich aus mit irgendwelchen indisch-javanischen Gottheitsbeschwörungsschleiertänzen? Was für die Zuschauer viel wichtiger ist: Am Ende steht diese Mata-Hari-Sonne ganz nackig da!

Es sind Jahre des Erfolgs für Mata Hari, sie tritt in Monte Carlo, in Wien, ja sogar in der Scala in Mailand auf, doch schon bald findet ihre Art zu tanzen zahlreiche Nachahmerinnen, die die Preise kaputt machen. Außerdem neigt Mata Hari zu grotesker Selbstüberschätzung, ist zum Beispiel überzeugt, ganz ohne formale Tanzausbildung eine wesentliche Bereicherung für Djagilews Ballets Russes zu sein – eine Erwartung, die bitter enttäuscht wird. Dumm nur, dass Mata Hari schon überall herumerzählt hat, sie sei der neue Stern an Djagilews Balletthimmel.

1914 nähert sich das Auge des Tages langsam, aber sicher dem Horizont. Mit Ende 30 erreicht Mata Hari das selbst für qualitativ hochwertige Stripperinnen kritische Alter. Daher ist es ihr vermutlich nur recht, als sie vom deutschen Geheimdienst als Spionin angegraben wird – ein naheliegender Gedanke, schließlich verkehrt Mata Hari angeblich noch immer mit den Reichen und Mächtigen und kann einer Uniform nicht widerstehen. Davon mal abgesehen hat Mata Hari eine Finanzspritze dringend nötig.

Was das Auge des Tages nun tatsächlich für die Deutschen erspioniert, ob Mata Hari – wie die einen behaupten – nur Klatsch und Tratsch berichtet oder ob sie wirklich durch die Weitergabe von Informationen für den Tod eines Mannes sorgt, so ganz geklärt ist das alles noch immer nicht trotz der über 250 Bücher, die bereits über Mata Hari geschrieben worden sind. Es warten immer noch Gerichtsakten darauf, gesichtet zu werden. Mata Hari helfen diese Diskussionen nicht mehr – sie stirbt am 15. Oktober 1917. Das Auge des Tages wird in Vincennes von einem zwölfköpfigen Erschießungskommando hingerichtet. Oder flüchtet sie doch mit einem russischen

Fürsten, nachdem alle Schützen danebengeschossen haben, weil Mata Hari ihren Pelz im letzten Moment gelüftet und so für ordentlich Verwirrung gesorgt hat? Ihrem Anspruchsdenken wäre das sicherlich angemessen erschienen, doch dieses Happy End ist wie so vieles an dieser Frau: zu schön, um wahr zu sein ...

James Barry
Doctor Who?

Zwischendurch mal wieder eine kleine Quizfrage. Diesmal geht es – Achtung! – um Soziologie und Geschichte und auch ein bisschen um Wissenschaftsethik. Aber keine Sorge, es wird durchaus interessant, wir arbeiten am konkreten Beispiel.

Stellen Sie sich vor, Sie sind Autor und haben einen Artikel zu schreiben über die erste Ärztin des Vereinigten Königreichs. Für wen entscheiden Sie sich?

> A: Langweilig. Würde ich sowieso nicht schreiben wollen.
> B: Für die englische Ärztin und Frauenrechtlerin Elizabeth Garrett Anderson, die sich Ende des 19. Jahrhunderts als erste Frau im Vereinigten Königreichs als Ärztin qualifizierte.
> C: Für James Barry – der schon einige Jahre vor Anderson sein ganzes Leben lang als männlicher Arzt praktizierte, aber dann doch nicht ganz so männlich war wie gedacht ...

Nun, ich gebe Ihnen etwas Zeit zum Nachdenken. Wir wollen uns in der Zwischenzeit dem aufregenden Leben der Margaret Ann Bulkey zuwenden, einer jungen, um 1790 in Cork geborenen Irin.

James Barry

Früh zeigt sich Margarets außergewöhnliche Intelligenz. Aber daraus groß etwas zu machen, ist im Kinder-Küche-Kirche-Lebensplan eines irischen Mittelklassemädchens nicht vorgesehen. Doch das Schicksal hat so einige Gemeinheiten mit Margaret vor. Sie wird von einem Onkel vergewaltigt, bringt eine Tochter zu Welt, die vermutlich später von Verwandten aufgezogen wird. Ihr Vater, ein Händler, geht Bankrott und landet im Schuldgefängnis. Margaret und ihre Mutter machen das Beste aus ihrer Situation. Sie fliehen nach London zu einem weiteren Onkel – James Barry, Maler und Mitglied der Royal Academy of Arts. Als dieser stirbt, nimmt Margaret dessen Namen an und beginnt ein Studium der Literatur und Medizin in Edinburgh. Hier kommt niemand auf die Idee, dass es sich bei dem zierlichen jungen Mann mit der hohen Stimme um eine Frau handeln könnte. Einfach zu absurd. Zu einem Medizinstudium ist das »dämliche« Geschlecht geistig doch gar nicht imstande! Stattdessen wird »James« einfach für unglaublich jung gehalten.

Eigentlich ist es Margarets Plan gewesen, nach dem erfolgreichen Abschluss mit einem Freund der Familie, dem Freiheitskämpfer General Francisco de Miranda, nach Südamerika zu reisen, um dort die medizinische Versorgung zu verbessern, doch als sie 1812 ihr Studium abschließt, ist de Miranda gerade verhaftet worden. Also beschließt Margaret, dem Militär beizutreten, wo Hygiene zu ihrem Lebensthema wird. Nach der Schlacht von Waterloo geht sie mit der Armee nach Südafrika, wo sie in Kapstadt medizinischer Inspektor wird. Als solcher ist sie nicht nur für die Einhaltung der Hygienevorschriften in den Krankenhäusern und für die medizinische Versorgung der Soldaten zuständig. Margaret kümmert sich auch um die Frauen der Soldaten, genauso wie um die Afrikaner – egal, ob frei oder versklavt. Sie verbessert die Wasserversorgung und hebt ganz allgemein den medizinischen Standard in der Kolonie. 1826 führt Margaret einen der ersten Kaiserschnitte durch, bei denen sowohl Mutter als auch Kind überleben – sicherlich nicht ganz »unschuldig« daran: Margarets geradezu pedantische Hygienevorschriften.

Trotz dieser herausragenden medizinischen Leistungen ist Margaret ihren Vorgesetzten ein Dorn im Auge. Sie ist berüchtigt für ihre Wutausbrüche, ihren Jähzorn. In einem Duell erschießt sie fast einen Kameraden, weil sich dieser über ihr Äußeres lustig gemacht hat. Ihre Bitterkeit verwundert nicht. Richtig glücklich scheint Margaret mit ihrem Dasein nicht zu sein. Angeblich findet man nach ihrem Tod in ihrem Koffer eine ganze Reihe von Modezeichnungen, herausgerissen aus Damenmagazinen. Diverse Male wird sie vors Militärgericht gestellt oder versetzt. Doch die Strafen sind im Grunde nicht der Rede wert, das Militär braucht geniale Mediziner, wie Margaret einer ist.

Nur widerwillig geht sie schließlich 1864 in Pension – kein Jahr später stirbt sie an einer Durchfallerkrankung. Angeblich lautet ihr letzter Wille, sie wolle in ihren Kleidern, ungewaschen, begraben werden. Hätte sich da auch mal das Dienstmädchen daran gehalten. Hat sie aber nicht. Also versucht sie nun, das Militär mit der »sensationellen Neuigkeit« zu erpressen. Das macht allerdings nicht mit, und so bringt die Dame »James'« wahres Geschlecht an die Öffentlichkeit.

Und da wären wir wieder ganz am Anfang, denn ohne das dreiste Dienstmädchen wäre unsere Preisfrage gar nicht möglich gewesen. Sie sehen, für wen ich mich entschieden habe. Was sagen Sie? War es die Geschichte wert?

Maria Magdalena
Apostola Apostolorum

Maria Magdalena? Gab's die wirklich?

Na klar, das ist doch die Prostituierte mit den langen Haaren, die Jesus mit den Tränen, die sie über ihre eigene Verdorbenheit vergießt, die Füße wäscht. Danach trocknet sie das Ganze mit ihrer wilden Mähne wieder ab, salbt Jesus und wird zu seiner Jüngerin.

Aber nein! Eigentlich war Maria Magdalena doch Jesu Geliebte, mit der er nicht nur ständig herumgeknutscht hat (im apokryphen Philippusevangelium steht zumindest, dass er sie oft auf den Mund geküsst hat), sondern die auch schwanger war, als Jesus gekreuzigt wurde, dann nach Frankreich flüchtete, um den Jesusspross auf die Welt zu bringen und so eine inoffizielle Jesusdynastie zu begründen. Weiß man doch seit Dan Brown!

Weder das eine noch das andere stimmt. Die Verwechslung von Maria Magdalena mit der weinenden Fußwaschenden geht in erster Linie zurück auf eine Predigt von Papst Gregor I., der im Jahr 591 die unbekannte Sünderin (ja, Sünderin! Die sexuelle Konnotation kam nämlich erst im Nachhinein dazu) mit Maria Magdalena gleichsetzte. Die allerdings begegnet Jesus vermutlich erstmals, als dieser sie anscheinend

Maria Magdalena

von einer schweren Krankheit heilt – immerhin fahren sieben Dämonen aus ihrem Körper –, nachzulesen im Lukasevangelium. Sie folgt ihm daraufhin nach. Ganz am Rande bemerkt: komplett eigenständig. Die Tatsache, dass sie nur als »Maria Magdalena«, also als »Maria aus Magdala«, einem Dorf am Westufer des See Genezareth, bezeichnet wird und nicht als »Frau von ...«, »Tochter des ...« zeigt, dass es ihr ganz eigener Entschluss ist, Jesus zu folgen, und nicht etwa familiärer Gruppenzwang.

Dabei nimmt Maria Magdalena durchaus eine herausragende Stellung in der Nachfolge Christi ein. Unter Gefahr für ihr eigenes Leben wohnt Magdalena der Kreuzigung bei und macht sich nicht heimlich davon. Ihr begegnet der auferstandene Jesus als Erste, wodurch sie zur Apostola Apostolorum wird, die als Allererste die Botschaft des Auferstandenen weiterträgt – und zwar zu den anderen Jüngern. Doch noch mehr: Schon zu Lebzeiten Jesu ist sie ihm die Liebste, aber durchaus nicht im Sinne einer Geliebten oder gar Ehefrau. Maria Magdalena ist jene, die seine Lehre, sein Denken am besten versteht. Der Kuss auf den Mund ist in jener Zeit ein Zeichen der geistigen Verbundenheit, er symbolisiert die Weitergabe des Geistes. Nichts mit Knutschen also.

Der frühen christlichen Gemeinde ist diese Lesart des Philippusevangeliums nicht weniger unlieb – schließlich geht es in dieser Zeit darum auszukaspern, wer denn nun die Deutungshoheit in der Nachfolge Christi hat. Entsprechend werden die zwei zentralen Figuren in dieser Diskussion, Petrus und Magdalena, in der Überlieferung gerne als Gegenspieler inszeniert. Sie ahnen, wer gewonnen hat. Ganz mieser Stil allerdings von Team Petrus, die Geisterfüllte, die Begnadete, die

Erbin des Lichtreichs, die Reine nach und nach so zu einer reuigen Dirne herabzuwürdigen.

Was letztendlich mit Maria Magdalena geschehen ist, weiß niemand so genau. An den unterschiedlichsten Orten werden Reliquien von ihr verehrt. Ihren Ort in der katholischen Kirche erobert sich Maria Magdalena langsam, aber sicher zurück. 2016 erhob Papst Franziskus ihren Gedenktag, den 22. Juli, in den Rang eines Festes und stellte sie somit mit den Aposteln gleich. Wurde auch Zeit.

Katharina von Medici
Der Schrecken der Protestanten

Kann man sich für Toleranz und Versöhnung zwischen den Religionen einsetzen und trotzdem Tausende von Hugenotten in der berühmt-berüchtigten Bartholomäusnacht niedermetzeln lassen? Ja, kann man, vorausgesetzt man heißt Katharina von Medici. Das macht die ehemalige »Krämerstochter« und Königin von Frankreich in ihrer scheinbaren Widersprüchlichkeit ja auch zu so einer faszinierenden Person, wobei man ehrlicherweise schon vorweg sagen muss, dass Katharina das Massaker vermutlich nicht in diesem Umfang geplant hat. Eigentlich haben ja nur die Hugenottenführer umgebracht werden sollen, doch die fanatischen Katholiken sind bei der Umsetzung etwas ... übers Ziel hinausgeschossen. Und selbst dieser Befehl stammte ja eigentlich im Grunde gar nicht von Katharina selbst, sondern von deren Sohn, auch wenn sie 1572 am königlichen Hof doch so einiges mitzureden hat.

Geboren wird Katharina am 13. April 1519 in Florenz im Palast der Medici – salopp gesagt, einer in den Adelsstand erhobenen Krämersfamilie. Schon kurz nach ihrer Geburt stirbt Katharinas wunderschöne Mutter, das Schicksal legt gleich noch eine Schippe drauf: Auch Katharinas Vater segnet bald darauf das Zeitliche. Erst übernimmt Katharinas Onkel, Papst Leo X., die Vormundschaft, als dieser stirbt, der spätere Papst Clemens VII., auch ein Onkel.

Als Papstmündel und reiche Erbin ist Katharina eine begehrte Partie und wichtige Figur im Machtgeschachere dieser Zeit, wo ihr gerne auch mal mit Tod oder wahlweise Entehrung im Bordell gedroht wird. 1533 schließlich wird Katharina mit Heinrich von Orléans verheiratet, dem jüngeren Sohn von König Franz I. von Frankreich. Der wiederum ist, obwohl nur wenige Tage älter als die 14-jährige Katharina, bereits mit der 19 Jahre älteren Diana von Poitiers verbandelt. Entsprechend schwer tut sich Katharina am französischen Hof. Dass die Ehe vorerst kinderlos bleibt, schwächt ihren Stand noch mehr – vor allem, weil Heinrich, der nach dem Tod seines älteren Bruders zum Dauphin, zum Thronfolger, aufgestiegen ist, mit diversen Geliebten durchaus – illegitime – Nachfolger zeugt.

Sie fragen sich, weshalb die Mesalliance, als die Katharina immer mehr gilt, nicht in die Wüste geschickt wird? Ihr Schwiegervater mag die Florentinerin, die seine Art von Humor teilt und den Damensattel mit nach Frankreich bringt, sodass sie bei seinen wilden Ritten mithalten kann. Außerdem setzt sich Diana von Poitiers – zur Erinnerung: das war die Geliebte ihres Mannes – persönlich für Katharina ein, allerdings nicht ganz uneigennützig. Von der glupschäugigen, untersetzten Krämerstochter hat sie weniger zu befürchten als von einer potenziellen neuen, jüngeren Ehefrau. Zudem ist Katharina bereit, für die gute Sache ihren Stolz beiseitezulassen. Sie wirft sich vor ihrem Schwiegervater in den Staub und erklärt, sich ganz seiner Güte und Lenkung auszuliefern. Das beeindruckt Franz. Er sagt: »Bleib!« Und das Vertrauen wird belohnt. Im Januar 1544 bringt Katharina ihr erstes Kind zur Welt, es folgen neun weitere in zwölf Jahren. Nicht schlecht nach den anfänglichen Startschwierigkeiten.

Während Katharina also fleißig Kinder zur Welt bringt, wird Heinrich 1547 König. Erst als er 1559 überraschend stirbt (bei einem Turnier hat sich eine Lanze durch das Visier seines Helms gebohrt – Sport ist schon im 16. Jahrhundert Mord), kommt Katharinas Zeit. Oder doch nicht ganz. Zwar wird ihr Sohn Franz II. König, Katharina aber bleibt im Hintergrund, während sich dieser von den Guises, einem französischen katholischen Herzogsgeschlecht, und von seiner katholischen Frau Maria Stuart beraten lässt (ob Katharina wohl weiß, dass Maria sie abfällig die »Florentiner Krämerin« nennt? Ihre großen birnenförmigen Perlenohrringe hätte sie ihr wohl dann bestimmt nicht geschenkt. Daran hat Maria allerdings sowieso nicht lange ihre Freude. Nachdem sie nach Franz' Tod in London den Kopf verliert, zieren die Schmuckstücke die Ohren von Elisabeth I., aber das ist eine andere Geschichte ...). Wie das Schicksal und die medizinische Versorgung es so wollen, stirbt Franz schon mit 16 an einer Ohrenentzündung. Ob ihm Maman, bekannt als »Kräuterhexe«, die für jede Krankheit ein Mittelchen in der Tasche hat, hier wohl nicht helfen konnte – oder einfach nicht wollte?

Von 1560 bis 1574 herrscht der bei seiner Krönung zehnjährige Karl IX. und damit, genauer gesagt, endlich seine liebe Frau Mutter. Die ist nun aber ganz und gar nicht grausam, sondern wunderbar pragmatisch und versöhnlich. Im damals schwärenden Streit zwischen Katholiken und Protestanten setzt Katharina sich für Verständigung und Toleranz ein. So lädt sie 1561 Theologen zum Religionsgespräch von Poissy ein und gewährt mit dem Edikt von Saint-Germain-en-Laye 1562 den Hugenotten so einige Rechte. Weil die Guises nicht mehr mitmischen dürfen, zetteln sie aus Rache ein Massaker an Protestanten, das Blutbad von Wassy, an, das sich zu diversen Hugenottenkriegen ausweitet, die allerdings – wie das bei Kriegen so üblich ist – weniger mit dem vorgeschobenen Grund, in diesem Fall der Religion, sondern vielmehr mit Machtfragen zu tun haben. Das bringt Katharina jedoch nicht von ihrem Kurs ab. Anfang der 1570er-Jahre strebt sie gar eine Hochzeit ihrer Tochter mit dem jungen Hugenottenführer Heinrich von Navarra an.

Als ein anderer Hugenottenführer, Admiral de Coligny, immer mehr Macht über Karl gewinnt und diesen zu einem aussichtslosen Krieg gegen Spanien bringen will, um so das französische Volk im Kampf gegen einen gemeinsamen Feind zu einen, beschließt Katharina, den Admiral loszuwerden. Im Kontext der Hochzeit ihrer Tochter mit Heinrich von Navarra erfolgt ein Attentat auf Admiral de Coligny – das allerdings misslingt. Um der Rache der Hugenotten zuvorzukommen, kommt es zu dem oben erwähnten, aus dem Ruder gelaufenen Massaker, die besagte Bartholomäusnacht. Eigentlich also alles ziemlich nachvollziehbar – man sollte der lieben Katharina da wirklich keinen Strick draus drehen.

Als Karl an Tuberkulose stirbt und der nächste Sohn, Heinrich III., übernimmt, bemüht Katharina sich weiter um Schadensbegrenzung. In ausdauernden Verhandlungen mit Heinrich von Navarra verhindert sie auch in den folgenden Hugenottenkriegen Schlimmeres. Eine echte Versöhnerin zwischen den Religionen also!

1589 stirbt Katharina und verpasst dadurch noch so einiges. Die Ermordung ihres Sohnes. Die Krönung von Heinrich von Navarra. Sein Toleranzedikt von Nantes vom 13. April 1598 – es ist ihr Geburtstag. Die darin gewährten Rechte erinnern im Kern an jene, die Katharina den Hugenotten schon einmal zugestanden hat. Kann das ein Zufall sein?

Agnodike
Der Arzt, dem die Frauen vertrauen

Athen, im 3. Jahrhundert vor Christus. Ein junger Mann läuft durch die Straßen der Stadt. Gerade ist er aus Alexandria zurückgekehrt, einem *der* Wissenschaftszentren der Antike. Bei seinem Lehrer, dem Arzt und Anatomen Herophilos von Chalkedon, der auch die ersten wissenschaftlichen Obduktionen der Geschichte am Menschen vorgenommen haben soll, hat der junge Mann so ziemlich alles gelernt, was es über Medizin im Allgemeinen und Gynäkologie im Speziellen zu wissen gibt.

Schon seit geraumer Zeit dürfen in seiner Heimat Athen weder Frauen noch Sklaven in der Geburtshilfe tätig sein. Das geheime Wissen der Hebammen, ihre Kenntnisse nicht nur dessen, wie sie ihren Patientinnen bei komplizierten Geburten helfen können, sondern auch ihr Wissen darüber, wie unerwünschte Kinder abgetrieben werden können oder gar das Geschlecht des Ungeborenen beeinflusst werden kann, hat den Männern Angst gemacht. Die Folge des Verbots: Frauen, die sich aus Schamhaftigkeit bei der Geburt nicht von einem Mann unterstützen lassen wollen, bleiben fast komplett ohne fach»männ«ische Hilfe auf sich allein gestellt. Entsprechend hoch ist in Athen die Sterberate bei Müttern und Neugeborenen. Der junge Mann ist nach Athen zurückgekommen, um ihnen zu helfen.

Da hört er auf einmal die Schreie einer Frau aus einem Fenster dringen. Es sind die Schmerzenslaute einer Gebärenden. Das erfahrene Ohr des jungen Mannes verrät ihm allerdings mehr: Es scheint Komplikationen zu geben. Ohne Rücksicht auf Konventionen verschafft sich der Mann Zutritt zum Zimmer der Frau. Doch so groß deren Schmerzen, ihre Angst sind, von einem Mann will und wird sie sich nicht untersuchen lassen. Da hebt der junge Mann sein Gewand. Er ist eigentlich eine Frau, Agnodike, die das Leid der Frauen in Athen nicht mehr hat mit ansehen können, sich das Haar geschnitten hat und nach Alexandria aufgebrochen ist, um alles Erdenkliche über die Geburtshilfe zu erlernen.

Agnodike hilft dem Kind gesund auf die Welt, und ihre besondere Expertise spricht sich schnell herum unter den Frauen Athens. Mit der Zeit werden die Männer misstrauisch. Frauen, die nie einen Arzt für eine Untersuchung an sich herangelassen haben, stimmen nun freimütig einer Behandlung durch Agnodike zu. Verführt der hübsche Arzt etwa die Frauen? Spielen die Frauen ihre Leiden nur vor, um dem jungen Mann näherzukommen?

Agnodike wird vor Gericht gestellt und behilft sich angesichts der Anklagen desselben Mittels wie bei ihrer ersten Patientin: Sie lüftet ihr Gewand. Weit davon entfernt, die Anklage nun fallen zu lassen, beginnt die anwesende Männerschar zu geifern. Eine Frau als Geburtshelferin! Trotz aller Verbote! Darauf gibt es nur eine Strafe: den Tod.

Doch da haben die Athener ihre Rechnung ohne ihre Frauen gemacht. Die geballte Weiblichkeit, darunter zahlreiche adelige Frauen, setzt sich für Agnodike ein. Sie lehnen sich auf, pochen auf ihr Recht auf Gesundheit, auf ihr Recht auf Überleben. Die Gesetze werden geändert. Agnodike praktiziert weiter, als erste weibliche Gynäkologin.

Ob es Agnodike wirklich gab? Ein gewisser Hyginus Mythographus, über dessen eigene Identität ebenfalls herzlich wenig bekannt ist, berichtet als Einziger in seinen *Fabulae* von Agnodike. Heißen muss das nichts, schließlich liegt in so mancher Legende ein wahrer Kern. Hoffen wir es für die Frauen von Athen.

Elisabeth von Österreich-Ungarn
Die Anti-Sissi

Was ist Ihr liebster Sissi-Moment? Als die bezaubernde Romy Schneider in *Sissi – Die junge Kaiserin* von 1956 noch im Morgenmantel zu ihrem Franzl ins Arbeitszimmer stürzt? »Franz, wir bekommen ein Kind!« Vielleicht auch, als der Arzt der an Lungenschwindsucht erkrankten Sissi, die mit dem Schlimmsten rechnet, in *Schicksalsjahre einer Kaiserin* von 1957 in freudiger Erregung mitteilt: »Majestät sind vollkommen gesund!«? Oder als es Sissi im selben Film gelingt, die Herzen der verachtend-kalten Venezianer zu erweichen, als sie unter »Viva la mamma«-Rufen ihre Tochter, die ihr auf dem Markusplatz entgegenläuft, weinend in die Arme schließt? Warten Sie, ich hole mir nur kurz ein Taschentuch …

Leider hat die lebenslustige, optimistische, ewig für das Gute kämpfende Romy-Schneider-Sissi (ein s zu viel, und wahrscheinlich war Sisi sogar eher eine Lisi, aber das L war für die Nachwelt bei Lisis Sauklaue etwas schwer zu entziffern) relativ wenig mit der Realität zu tun. Auch wenn auf den ersten Blick in den Filmen an Basisdaten sicherlich so einiges stimmt. Natürlich ist die 1837 in München geborene Elisabeth Amalie Eugenie die Tochter des Wittelsbacher Herzogs Max Joseph in Bayern und der bayrischen Prinzessin Ludovika.

Sisi wird freigeistig erzogen – aber schon hier schummelt der Film ein bisschen: Böse Stimmen behaupten nämlich vielmehr: verzogen. Wirklich still sitzen mag Sisi nicht. Sie macht lieber, worauf sie Lust hat, anstatt zu lernen. Ihr Vater lässt es ihr durchgehen. Wie im Film soll eigentlich die Schwester Néné den Franzl, den Kaiser von Österreich, heiraten. Das unverfängliche »Familientreffen« zu Kuppelzwecken in Ischl: true story. Aber während der 23-Jährige gleich für Sisi entbrennt, muss diese wohl eher etwas gedrängt werden: »Einem Kaiser gibt man keinen Korb!« Macht Sisi auch nicht, und das Unglück aka das wahre Leben nimmt seinen Lauf. Schluss also mit der süßen Romy-Sisi! Sehen wir uns stattdessen lieber die echte, die Anti-Sisi an.

Die hat nach der Heirat herzlich wenig zu lachen. Der pflichtbewusste Franzl, der seiner Sisi wirklich zugetan zu sein scheint, hat nicht viel Zeit für seine junge Braut. Sisi fühlt sich vernachlässigt. Außerdem hat sie so einige Probleme mit ihrer Schwiegermutter, Erzherzogin Sophie, der Personifizierung des spanischen Hofzeremoniells, auf dessen Einhaltung diese eindringlich pocht, und der Tatsache, dass die Erzherzogin einfach die Erziehung der Enkelkinder an sich reißt. Dass sich außerdem anscheinend der ganze Hof über Sisis bayrischen Dialekt lustig macht, ist dann nur noch das Tüpfelchen auf dem i.

All diese Belastungen schlagen Sisi auf die Seele, sie kränkelt, entwickelt vermutlich bereits jetzt eine Magersucht – der psychologische Klassiker: Wenn ich schon sonst nichts in meinem Leben in der Hand habe, dann will ich wenigstens mein Gewicht kontrollieren. Sisi unternimmt die ersten Reisen – aus gesundheitlichen Gründen. Dass sie sich so gleichzeitig den Anforderungen ihrer Stellung als Kaiserin von Österreich entziehen kann, wird sie eher noch darin bestärkt haben. Über zwei Jahre ist Sisi unterwegs, auf Korfu, Madeira. Ihre Kinder Gisela und Rudolf (eine Tochter ist im Alter von zwei Jahren verstorben) sieht sie in dieser Zeit nicht.

Als Sisi zurückkehrt, ist das schüchterne Mädchen zu einer selbstbewussten Schönheit erblüht. Das österreichische Volk, das ihr mangelndes Engagement durchaus kritisch sieht, lässt sich durch ihr bezauberndes Äußeres etwas besänftigen. Wäre Sisis Leben statt bitterer Realität ein kitschiger Film, wäre das nun der Moment, an dem Sisi ihre Macht, Gutes zu tun, erkennt und beschließt, ein tugendhafter Engel der Barmherzigkeit zu werden, ihr Leben hinter den höheren Zielen, dem Glück ihrer Kinder, dem Wohl ihres Volkes zurückzustellen und in dieser Selbstaufopferung selbst höchstes Glück zu finden. Aber das wahre Leben schreibt andere Geschichten.

Leider ist das Einzige, was Sisi an diesem Punkt zu lernen scheint: Je schöner ich bin, desto beliebter bin ich. Zwar setzt sie sich dafür ein, dass die streng militärische Erziehung ihres Sohnes gelockert wird, dann bricht sie jedoch zu neuen Reisen auf und widmet sich in erster Linie der Pflege ihres Äußeren. Fleischsaft, rohe Eier, Milchdiäten. Zeit ihres Lebens wiegt Sisi, die immerhin über 1,70 groß ist, nicht mehr als 50 Kilogramm (über die Schwangerschaften kann ich an dieser Stelle nichts sagen, aber ich befürchte das Schlimmste). Sie betätigt sich viele Stunden am Tag körperlich, lässt sich in jedem ihrer Schlösser Fitnessräume einrichten. Als sie unter anderem wegen Rückenproblemen mit dem Parforcereiten aufhören muss, sattelt sie um auf Gewaltmärsche, vermutlich ist sie die erste Joggerin der Geschichte. Hofdamen fallen dabei in Ohnmacht, ein Sicherheitsbeamter folgt der Gruppe, weil er denkt, die Damen würden von jemandem verfolgt. Auch sonst ist für Elisabeth ihr Körper von herausragender Wichtigkeit. An ihre Haut lässt sie zwar kein Parfüm (allerdings an ihr fersenlanges Haar – das ist vermutlich auch bitter notwendig, schließlich wird es nur alle drei Wochen gewaschen, dann allerdings einen ganzen Tag lang) oder Make-up, dafür aber rohes Fleisch als feuchtigkeitsspendende Maske in der Nacht.

Es verwundert, dass bei diesem Beauty-Programm überhaupt noch Zeit bleibt für irgendwas. Und doch: Elisabeth schreibt Gedichte, raucht, lässt sich (vermutlich in einer griechischen Hafenkneipe!) einen Anker auf die Schulter tätowieren und reist und reist und reist. Sie entwickelt ein Herz für die Ungarn und überredet Franzl, sich zu deren König krönen zu lassen und so dem Land etwas mehr Unabhängigkeit einzuräumen. Aus dem Kaisertum Österreich wird nun die Doppelmonarchie Österreich-Ungarn, mit zahlreichen neuen Rechten für die Länder der ungarischen Krone. Das ist aber auch schon Sisis einzige politische Handlung. Und die ist vermutlich zumindest teilweise auch dadurch motiviert, möglichst viele Menschen am Wiener Hof vor den Kopf zu stoßen. Danach dreht sich weiterhin alles um ihre und um fremde Schönheit. Nur attraktive Menschen sind in ihrer Umgebung gelitten. Dicke sind ein absolutes No-Go. Für ihre Tochter Gisela, die offensichtlich nicht so schön ist, wie die eitle Mutter sich das gewünscht hat, hat sie nur Verachtung übrig – vor allem, weil diese auch die Unverschämtheit hat, sie mit gerade einmal Mitte 30 zur Großmutter zu machen.

Und nun wird der Platz langsam knapp. Wussten Sie, dass Sisi noch ein viertes Kind hatte? Das erste, das sie selbst erziehen darf und damit ihr Liebling. Marie Valerie. Quasi als Belohnung für Franzl nach der Ungarnsache, auch wenn der seiner Gemahlin doch tatsächlich eine Geschlechtskrankheit angehängt hat? Oder dass sich ihr Sohn Rudolf später mit seiner Geliebten erschießen wird? Wobei man das Sisi nicht allein zum Vorwurf machen sollte. Natürlich, die liebevollste Mutter war sie nicht, aber ein bisschen liegt das schon in der Familie. Denken wir nur an ihren Cousin König Ludwig II., der ja auch im Starnberger See »ertrinkt«. Und auch Sisi selbst scheint keinen großen Wert auf den Erhalt ihres Lebens gelegt zu haben, als sie am 10. September 1898 ohne jeden Begleitschutz durch Genf flaniert und von dem italienischen Anarchisten Luigi Lucheni niedergestochen wird.

Sie führte das Leben einer Märchenprinzessin. Glücklich geworden ist damit niemand. Am allerwenigsten Sisi selbst, die 1886 in ihrem *Poetischen Tagebuch* schreibt:

Ich hab' geliebt, ich hab' gelebt,
Ich hab' die Welt durchzogen;
Doch nie erreicht, was ich erstrebt. –
Ich hab' und ward betrogen!

Semiramis
»Du feines Täubchen, nur herein!«
Die Zauberflöte

Wer weiß, was Aphrodite diesmal geritten hat. Die Dame hat ja für reichlich Verwirrung in der Weltgeschichte gesorgt. War nicht auch sie es, die, um einen kleinen Göttinnenschönheitswettbewerb zu gewinnen, dem Juror Paris die schöne, allerdings bereits vergebene Helena versprochen und damit den Trojanischen Krieg ausgelöst hat?

Aphrodite ist also bekannt als ränkisches, zänkisches Weib. Wodurch die Göttin Derketo es sich allerdings mit ihr verdorben hat, ist nicht ganz klar. Ich vermute jetzt einfach mal ins Blaue hinein: Vielleicht war sie zu schön? Auf jeden Fall sorgt Aphrodite dafür, dass Derketo sich in einen schönen Jüngling verliebt, der an ihren Teich zum Opfern kommt. Sie lässt sich auf ihn ein und wird schwanger. Nach der Geburt des Kindes ist Derketo ziemlich niedergeschlagen. Hat Aphrodite auch da ihre Finger im Spiel? Handelt es sich einfach um eine postnatale Depression? Liegt es daran, dass das Kind ein Mädchen ist? Oder hadert Derketo damit, sich so billig hergegeben zu haben? Jedenfalls tötet sie den Jüngling, setzt ihre Tochter an einem öden, steinigen Ort aus und geht – wie sich das in so einem Fall gehört – ins Wasser.

Semiramis

Die Tochter stirbt nicht. Sie wird von Tauben aufgezogen – daher auch der Name: »Semiramis« (Täubchen). Als die Tauben am Ende ihrer Kräfte sind, taucht der Oberhirte des Königs auf. Er ist kinderlos und kümmert sich um Semiramis. Die wird immer schöner und heiratet bald den Statthalter von Syrien, mit dem sie zwei Kinder hat. Als der mit seinem König Ninos von Ninive gegen das benachbarte Baktrien zieht, bleibt Semiramis zurück, kommt aber nach, als die Belagerung der Stadt Baktriana andauert und ihrem Göttergatten langweilig wird. Und natürlich braucht es nur das geschulte Auge einer klugen Frau, um zu erkennen, mit welcher Taktik die Stadt zu Fall gebracht werden kann. Weil aber frau Dinge am besten selbst macht, wenn sie sie erledigt haben will, führt Semiramis den Angriff auch eigenhändig durch – mit Erfolg.

Auf diesen Erfolg hätte ihr Mann sicherlich verzichten können, denn jetzt hat König Ninos ein Auge auf die schöne und herrlich kämpferische Semiramis geworfen. Als Geschenke nichts fruchten, um sie zu verführen, droht Ninos ihrem Mann: Er werde ihm die Augen ausstechen, wenn er nicht von seiner Frau lasse. Also bringt der sich um. Nun ja, auch eine Lösung. Semiramis heiratet Ninos, nach seinem Tod übernimmt sie die Amtsgeschäfte. Und jetzt wird geklotzt, nicht gekleckert. Semiramis legt Sümpfe trocken und erbaut Babylon quasi aus dem Nichts, eine Stadt, an der sogar die Bibel nicht vorbeikommt. Die hängenden Gärten von Babylon zählen zu den sieben Weltwundern der Antike.

Außerdem führt Semiramis Krieg. Sie unterwirft Persien, ganz Asien, Ägypten, Teile Libyens und kämpft in Äthiopien und Indien. Gefällt ihr ein Soldat, wird er zu ihr gerufen. Hat sie genug von ihm, wird er ermordet. Jetzt könnte Semiramis sich die nächsten 30 Jahre einen faulen Lenz machen, doch ein Orakel hat ihr verraten, dass ihr Sohn, der Angst hat, nie an die Macht zu kommen, sie umbringen will. Also dankt sie kurz zuvor ab, verwandelt sich in eine Taube und fliegt in den Himmel davon.

Sie haben sicherlich schon gemerkt, dass bei dieser Geschichte so einige Fakten nicht stimmen können. Und tatsächlich handelt es sich auch hier um eine Legende. Ob es tatsächlich eine »historische« Semiramis gab? Man weiß es nicht. Im 8. und 9. Jahrhundert vor Christus lebte eine auf Griechisch namensgleiche babylonische Prinzessin Šammuramat, die nach dem Tod ihres Mannes allein das assyrische Reich geleitet und gelenkt haben soll, inklusive Verwaltungsreformen, militärischer Kampagnen und Bauboom. Eine faszinierende Frau durchaus. Aber die Täubchengeschichte ist einfach zu gut, oder?

Hatschepsut
Kleider machen Leute

Wir schreiben das 16. Jahrhundert vor Christus. Vor noch gar nicht allzu langer Zeit ist es thebanischen Fürsten gelungen, die Hyksos, eine Gruppe von ausländischen Königen, die Ägypten über 100 Jahre regiert haben, aus dem Land zu vertreiben. An der Spitze der Siegreichen: Ahmose, der schon bald zum Pharao und Begründer der 18. Dynastie wird – wohl eine der erfolgreichsten Dynastien im Alten Ägypten. Als er ohne männliche Nachkommen stirbt, folgt ihm Thutmosis I. auf dem Thron nach. Seine Gattin: die schöne Ahmose – viele Forscher gehen davon aus, dass es sich dabei um die Tochter des Pharao Ahmose und seiner Schwestergemahlin Ahmose Nefertari handelt. Gemeinsam haben die beiden vier Kinder. Darunter Hatschepsut. Ihr Name bedeutet übersetzt: Die Erste unter den Frauen. Ich verrate schon mal so viel: Erster wird Hatschepsut tatsächlich sein – aber *die* Erste ... das stimmt nicht ganz so.

Inzwischen sind wir im 15. Jahrhundert vor Christus angekommen. Eigentlich wird der Thron immer an männliche Nachkommen weitervererbt. Kennt man ja. In diesem Fall wäre das Hatschepsuts Halbbruder, den Thutmosis mit einer Nebenfrau gezeugt hat. Doch Thutmosis führt Hatschepsut in die Regierungsgeschäfte ein, angeblich nimmt er sie sogar mit auf Straffeldzüge. Baut er hier vielleicht gegen alle Traditionen seine Tochter als seine Nachfolgerin auf? Was Eltern heute auf jeden Fall aus dem damals reichlich unorthodoxen Erziehungsstil des Pharaos mitnehmen können, der seine Tochter auch Wagenlenken, Schwertkampf und Bogenschießen lernen lässt: Es braucht auch einen engagierten Vater, um Töchter zu willensstarken, unabhängigen Frauen zu erziehen.

Als Thutmosis stirbt, heiratet Hatschepsut ihren Halbbruder, der nun unter dem Namen Thutmosis II. regiert. Möglicherweise greift Hatschepsut bereits zu diesem Zeitpunkt in die Regierungsgeschäfte ein. Recht hätte sie auf jeden Fall: Ihr Bruder gilt als gesundheitlich angeschlagen, wenn nicht gar schwachsinnig. Als er wenige Jahre später stirbt, übernimmt Hatschepsut stellvertretend für ihren Neffen und Stiefsohn die Regentschaft, der nun als Thutmosis III. als Pharao eingesetzt wird. Sie selbst hat mit Thutmosis II. nur eine Tochter (einige Forscher gehen auch von zwei Töchtern aus).

Doch nach einer Zeit der Interimsregierung hat Hatschepsut genug davon, nur die Stellvertreterin zu sein. Sie will das, was sie schon seit Jahren ist, auch in einem rechtmäßigen Titel ausgedrückt wissen. Unter dem Thronnamen »Maatkare« – was so viel bedeutet wie Wahrheit und Lebenskraft, ein Re –, lässt sie sich zum Herrscher über Ober- und Unterägypten ausrufen. Hatschepsut ist nun wirklich und wahrhaftig Pharao. Dabei handelt es sich durchaus nicht um einen hinterhältigen Staatsstreich. Hatschepsut muss starke Verbündete, vermutlich aus der Priesterschaft, gehabt haben, die ihre Fähigkeiten sowie ihre Abstammung mütterlicherseits von Ahmose zu schätzen wussten.

Hatschepsut

Trotzdem hat Hatschepsut es als Frau auf dem Thron nicht leicht. Um ihre Legitimation als Pharao noch zu unterstreichen, lässt sie folgende Legende über ihre eigene Zeugung verbreiten: Amon-Re, der »König der Götter«, habe in Theben eine wunderschöne Frau gesehen, die Gestalt von deren Mann Thutmosis I. angenommen und dann mit ihr eine Tochter, Hatschepsut, gezeugt. Damit kann Hatschepsut ihre Wurzeln nicht nur auf den großen Retter Ägyptens zurückführen, sondern gleich auf einen Gott selbst.

Während Hatschepsut zu Beginn ihrer Herrschaft noch als Frau erkennbar ist, verlieren sich in den Darstellungen nach und nach alle weiblichen Züge. Allein dem Alterungsprozess kann diese Veränderung nicht geschuldet sein, denn nicht nur das Gesicht wird kantiger. Auch die Schultern werden breiter, das Kleid weicht dem männlichen Hüftschurz. Das ist jedoch nicht *so* ungewöhnlich, wie Forscher hier gern tun! Der unkleidsame Hosenanzug der Frau mit Karriereambitionen lässt grüßen. Das Motiv ist dasselbe: das Bestreben, etwaigen Kritikern nur keine Angriffsfläche zu bieten. Schließlich könnte der Rock zu kurz, das Kleid zu geblümt sein. Wer will so eine Frau noch ernst nehmen? Vermutlich aus demselben Grund lässt sich Hatschepsut auch nicht als Alleinherrscherin ausrufen, sondern führt Thutmosis III. immer als Mitregenten an, auch wenn sie lange Zeit alle Entscheidungen mehr oder weniger selbst trifft.

Militärisch hält sich Hatschepsut bis auf einige Strafexpeditionen zurück. Allerdings sorgt sie für stabile und sichere Grenzen. Daneben treibt sie das Bauwesen voran und errichtet zum Beispiel mit dem Totentempel in Deir el-Bahari eines der beeindruckendsten Bauwerke, die uns aus dieser Zeit erhalten sind und an dem kein Ägyptentourist vorbeikommt. Außerdem treibt Hatschepsut regen Handel. Geradezu legendär: die drei Jahre dauernde Expedition nach Punt. Wo dieses fabelhafte Land liegen mag, ist heute ein Rätsel. Viele gehen vom Gebiet des heutigen Eritrea und Somalia aus. Von dort bringen die Handelsreisenden Gold, Weihrauch, Elfenbein, Felle und lebende Tiere mit. Darstellungen zeigen gar in Töpfe gepflanzte Weihrauchbäume, die von den Schiffen getragen werden. Hatschepsuts Expedition ist somit die erste botanische Sammelreise der Geschichte, von der wir wissen. Jaja, Frauen und Blumen...

Ägypten floriert also in den über 20 Jahren, in denen Hatschepsut über Ober- und Unterägypten herrscht. Sie stirbt viel zu früh, möglicherweise hat sie sich aufgrund einer teerhaltigen Körperlotion, die sie wegen Ekzemen verwenden musste, eine Krebserkrankung zugezogen. Zurück bleibt Thutmosis III., der auf Hatschepsuts solidem wirtschaftlichen Fundament aufbauen kann. Er führt zahlreiche Kriege und wird in der Gegenwart gerne als der »Napoleon des Alten Ägypten« bezeichnet.

Von Hatschepsut selbst finden sich lange keine Zeugnisse. Im Zuge eines Bildersturms werden zahlreiche Bildnisse von ihr zerstört, ihr Name wird aus Schriften getilgt und ersetzt. Die späte Rache Thutmosis' III., weil er zu lange auf den Thron warten musste? Wohl eher nicht – zu spät findet die Aktion statt. Heute gehen viele Forscher davon aus, dass es nachfolgenden Generationen darum ging, den weiblichen Makel in der Ahnenreihe auszumerzen. Egal, wie erfolgreich diese Frau auch war. Einfach aus Prinzip.

Lucrezia Borgia
Bad girl gone good

Ach, Lucrezia auch hier! Kein Wunder, die alte Giftmischerin mit all ihren Affären ... War's der eigene Vater? Der Bruder? Oder doch der Sohn?

Wenn Sie hier einiges an deftigen Geschichten erwarten, dann muss ich Sie leider enttäuschen – die Giftgeschichte geht vermutlich auf die Oper von Gaetano Donizetti zurück, der sich wiederum auf das Drama *Lucrèce Borgia* stützt, das Victor Hugo allerdings erst über 300 Jahre nach Lucrezias Tod verfasst hat (obwohl es sicherlich schon vorher diverse Giftgerüchte gegeben hat). Die Inzestbehauptung stammt sehr wahrscheinlich von einem wütenden Exmann Lucrezias, aber auch der päpstliche Zeremonienmeister Johannes Burckard hat so einiges an deftigen Geschichten in seinem *Liber notarum* über Papst Alexander VI. niedergeschrieben. Doch halt: Was hat ein Papst jetzt mit Lucrezia Borgia zu tun? Nun, fangen wir besser ganz am Anfang an ...

Alexander VI., besagter Papst, wird als Rodrigo Borgia geboren und muss ein unfassbar attraktiver Mann gewesen sein. Daher können die Frauen, auch als er zum Kardinal ernannt worden ist, nicht die Finger von ihm lassen – und er nicht von ihnen. Gemeinsam mit der erfolgreichen Geschäftsfrau und seiner langjährigen Geliebten Vanozza de' Cattanei hat Rodrigo vier Kinder, darunter die bildschöne, aufgeweckte, immer gut gelaunte Lucrezia, die sein besonderer Liebling ist. Dass er als Kardinal eigentlich zölibatär leben sollte, ficht den Lebemann nicht an, was in der damaligen Zeit auch durchaus nicht so unüblich ist. Doch Rodrigo geht noch einen Schritt weiter und lässt seine Kinder ganz öffentlich als seinen Nachwuchs auftreten. Als er 1492 zum Papst gewählt wird, richtet er seinen Sprösslingen gar Zimmer im Vatikanspalast ein, damit diese ihm ganz nahe sein können.

Darüber hinaus betreibt Rodrigo aktiv Machtpolitik mit seinen Kindern. So wird Lucrezia bereits vor seiner Wahl zum Papst – sie ist zu diesem Zeitpunkt noch ein kleines Mädchen –, zweimal mit verschiedenen Adeligen verlobt. Doch beide Male hebt Rodrigo die Verlobung wieder auf. Als nach der Papstwahl Lucrezias Marktwert deutlich gestiegen ist, ist sie zu schade für irgendwelche dahergelaufenen Adeligen.

Mit gerade einmal 13 Jahren wird Lucrezia schließlich mit Giovanni Sforza verheiratet. Als es zu Uneinigkeiten zwischen dem Papst und den Sforza kommt, will Rodrigo die Ehe auflösen, doch die Verhandlungen zwischen ihm und den Sforza ziehen sich hin. Rodrigo, der jetzt ja Papst Alexander VI. ist, verliert die Geduld und löst die Verbindung eigenmächtig auf. Als Grund führt er an: Offensichtlich (aus der Ehe sind keine Kinder hervorgegangen) sei Giovanni impotent. Die Ehe sei damit nicht vollzogen worden. Derart in seiner Mannesehre beleidigt, sinnt Giovanni natürlich auf Rache – da ist das besagte Inzestgerücht schnell gestreut.

Als nun in der Familie Borgia ein unbekanntes Kind auftaucht, genannt Giovanni, der Nachwelt bekannter unter dem

Lucrezia Borgia

Namen »infans romanus«, das römische Kind, gerät die Gerüchteküche ins Brodeln. Dass Lucrezia die Mutter ist, steht für alle felsenfest – aber ist ihr Lieblingsbruder Cesare der Vater? Vielleicht auch Peretto, ein Bote des Papstes, mit dem Lucrezia eine Affäre gehabt haben soll? Oder doch Alexander selbst? Damit sind wir ziemlich nahe dran – Alexander ist, davon gehen Forscher heute aus, tatsächlich der Vater. Allerdings ist nicht Lucrezia die Mutter, sondern eine von Alexanders zahlreichen Geliebten. Ja, auch als Papst lässt der Lebemann sich keine Gelegenheit entgehen.

Es kommt, wie es kommen muss. Lucrezia wird ein weiteres Mal verheiratet. Diesmal mit Alfonso von Aragón, einem Neffen des Königs von Neapel. Doch das Ganze geht nicht lange gut. Der Papst und sein Schwiegersohn geraten sich in die Haare. Unklar, wer als Erster gegen wen intrigiert hat. Auf offener Straße wird Alfonso schließlich von Unbekannten niedergestochen. Er schafft es noch, sich zu seiner Geliebten Lucrezia zu schleppen, die ihn gesund pflegt (die beiden führen wider Erwarten eine sehr glückliche Ehe – aber das spielt im borgesischen Machtpoker offenbar keine Rolle). Also müssen die Häscher noch einmal ran. Als Lucrezia gerade abwesend ist, wird Alfonso im Bett erwürgt.

Es folgt also die nächste Heirat für Lucrezia, der nächste Alfonso. Es ist Alfonso I. d'Este von Ferrara. Der lässt sich lange, sehr lange bitten, fordert eine unverschämt hohe Mitgift und allerhand weitere Sonderrechte, schließlich ist er ein Herzog, sie nur eine uneheliche Tochter. Doch die Ehe kommt zustande – mit einem Pomp (anlässlich ihrer Hochzeit reitet Lucrezia mit einer Schar von 300 Reitern durch Rom), an dem sich Promihochzeiten auch heute noch messen dürfen –

und verläuft sehr glücklich. Tatsächlich sollte man Lucrezia vor allem an jenen letzten Jahren in Ferrara messen. So bringt sie nicht nur acht Kinder zur Welt, von denen vier das Erwachsenenalter erreichen, sie erweist sich auch als äußerst geschäftstüchtig, kauft Sumpfland billig ein, lässt dieses trockenlegen und macht daraus bestes Weide- und Ackerland. Sie schart als wichtige Mäzenin die besten Künstler, Wissenschaftler und Dichter um sich und wird zur geliebten Landesmutter.

Lucrezia stirbt bei der Geburt ihrer letzten Tochter. Ihr Mann, der vor Schmerz über ihren Verlust zusammenbricht, muss bei den Trauerfeierlichkeiten angeblich aus der Kirche getragen werden.

So viel zur verdorbenen Giftmischerin Lucrezia …

Elisabeth I.
Der jungfräuliche König

Ich vermute, Sie kennen Königin Elisabeth I. Vielleicht als herbe Widersacherin der schönen Seele in Schillers *Maria Stuart*, vielleicht gespielt von der großartigen, für diese Rolle oscarnominierten Cate Blanchett in Shekhar Kapurs Historienfilm *Elizabeth* von 1998 oder, wieder als Böse, aus der US-Serie *Reign*, die sich einmal mehr Maria Stuart als Heldin aussucht? (Wobei man wirklich mal klarstellen muss: Maria Stuart ist es, die Elisabeth über Jahre hinweg mit immer neuen Verschwörungen nach dem Leben trachtet; und erst als die Beweise erdrückend werden, ringt sich Elisabeth schließlich dazu durch, ihre Verwandte hinrichten zu lassen. So viel dazu!)

Ich denke also, die Basics sollten bekannt sein: die jungfräuliche Königin, Tochter von Anne Boleyn und Heinrich VIII., geboren am 7. September 1533 in Greenwich. Schon bis sie mit 25 Jahren auf den Thron steigen kann, hat Elisabeth so einige Abenteuer zu bestehen. Vom zweiten Mann ihrer Stiefmutter, die sie zärtlich liebt, wird sie aus reiner Machtgier mit unsittlichen Anträgen verfolgt. Von ihrer Halbschwester, der katholischen Maria, besser bekannt als Bloody Mary, wird sie wegen der angeblichen Teilnahme an einer Verschwörung für

Monate in den Tower gesteckt. Doch am Ende wird doch alles gut, die Bösen sterben und Elisabeth wird Königin – und zwar richtig lange, bis zu ihrem Tod am 24. März 1603.

Ihrem Reich verschafft die hochgebildete, aber zunächst unerfahrene Königin ein Goldenes Zeitalter, das heute auch als das Elisabethanische bezeichnet wird. Möglich ist das, weil Elisabeth selbstbewusst genug ist, sich mit fähigen Ratgebern zu umgeben. Sie beendet den kräftezehrenden Krieg mit Frankreich und gibt so dem Staatshaushalt die Möglichkeit, sich zu erholen. Sie macht die Anglikanische Kirche wieder zur Staatskirche, ohne jedoch Andersgläubige allzu vehement zu verfolgen – also schon ein bisschen, aber kein Vergleich zu Bloody Mary. Sie steht am Anfang des Aufbaus einer schlagkräftigen Flotte, die der eigentlich weltweit führenden spanischen Armada 1588 eine empfindliche Niederlage bereitet. Unter ihr legt England den Grundstein für seine Zukunft als Kolonialmacht. 1584 gründet Walter Raleigh ihr zu Ehren die erste englische Kolonie in Amerika – der Name, natürlich: Virginia. Elisabeth fördert Kunst und Literatur und macht angesichts eines im Land immer stärker um sich greifenden Puritanismus Werke wie die William Shakespeares oder Christopher Marlowes erst möglich.

All das haben Sie bestimmt schon viele Male gehört, deshalb hier zu Ihrer Unterhaltung lieber etwas Klatsch und Tratsch: Wussten Sie, dass Elisabeth eigentlich ein Mann war? Und das kam so ...

Als Elisabeth elf Jahre alt ist, wird sie zum Schutz vor einer in London wütenden Pestepidemie in das Overcourt House nach Bisley in Gloucestershire geschickt. Doch Elisabeth wird krank und stirbt binnen kürzester Zeit. Weil ihr Vater Heinrich VIII. sie besuchen will, stecken die Dorfbewohner aus Angst vor seiner fast sprichwörtlichen Neigung zur Überreaktion einen Jungen, der Elisabeth ähnlich sieht, in Mädchenkleider – und der Plan geht auf.

Weil das Ganze so gut funktioniert, schicken die Dorfbewohner den »Bisley Boy« nach London zurück, der schließlich zur »jungfräulichen Königin« wird. Schon das: der erste Beweis. Warum sonst ziert sich Elisabeth wohl so, zu heiraten? Außerdem: Warum schminkt sie sich so stark? Warum trägt sie diese komischen hohen Kragen? Vermutlich weil sie einen Bartschatten und einen Adamsapfel zu verstecken hat! Dann noch ihre unglaublichen intellektuellen Fähigkeiten. Absolut unweiblich, ergo – aha – männlich! Ihre strikte Anweisung, sie nach ihrem Tod keiner Untersuchung zu unterziehen? Der Briefstil, der sich nach 1544 auf ganz deutliche Art und Weise verändert hat? Die Beweise sind erdrückend – doch sie lassen sich fast genauso einfach widerlegen:

So ganz jungfräulich scheint Elisabeth nämlich gar nicht zu sein. Nur heiraten will sie nicht – ganz einfach, um sich nicht einen potenziellen Konkurrenten um die Macht auf den Thron zu holen oder irgendwelche anderen Heiratsaspiranten vor den Kopf zu stoßen. Da ist es doch vernünftiger, einfach mit dem englischen Volk verheiratet zu sein. Die hohen Kragen, die Schminke? Einfach eine hässliche Mode, die man auch von anderen Gemälden dieser Zeit kennt. Elisabeths Sprachtalent, ihre intellektuellen Fähigkeiten? Ihr Vater Heinrich scheint ja nicht von der ganz dummen Sorte gewesen zu sein, und auch Anne Boleyn war ein Sprachtalent. Der Verzicht auf eine Post-mortem-Untersuchung? Na, da will sich vielleicht jemand einfach nicht die königliche Aura im Tod rauben lassen. Und vielleicht hat Elisabeth ja etwas anderes zu verstecken. Schwangerschaftsstreifen zum Beispiel. Das ist nämlich so ein anderes Gerücht in dieser Zeit... Aber ich sage lieber nichts, denn Elisabeth lässt Leuten, die solche Sachen verbreiten, die Ohren abschneiden. Und zuletzt der Briefstil: Na, ich hoffe, ich schreibe heute auch etwas anders als mit elf Jahren.

Nichts dran also an der Geschichte? Wäre da nur nicht das in Tudorkleider gehüllte Kinderskelett, das angeblich irgendwann im 18. oder 19. Jahrhundert im Garten des Overcourt House in Bisley gefunden wurde. Wobei ich ja, hätte ich eine Leiche verschwinden lassen wollen, sie bestimmt nicht in so leicht zuzuordnende Kleider gesteckt hätte...

Abenteuerlustige Rebellinnen

Bertha Benz
Frau am Steuer

Dämliche Sprüche und Witzchen über Frauen und Autofahren gibt es ja genug: »Frau am Steuer, das wird teuer.« – »Frauen fahren besser ... mit dem Bus!« – »Im Bier müssen weibliche Hormone sein. Immer wenn ich Alkohol trinke, rede ich lauter Blödsinn und kann nicht Auto fahren.« Oder – mein persönlicher Liebling: »Was zeigt man Frauen nach zehn Jahren unfallfreiem Fahren? Den zweiten Gang.«

Ich könnte noch ewig weitermachen, aber lieber zurück zum Thema, bevor Ihr Gehirn vor Verblödung kollabiert. Denn an all diesen Sprüchen ist natürlich nichts dran. Es gibt inzwischen zahlreiche Statistiken, die belegen, dass Frauen bei Weitem die besseren Autofahrer sind. Sie bauen nicht nur seltener Unfälle, sondern haben in der Regel auch deutlich weniger Punkte in Flensburg. Und wem das nicht reicht als Beleg dafür, was für hervorragende Autofahrer Frauen sind (denn selbst über solche Studienergebnisse machen Männer sich ja noch gerne lustig: »An 99 Prozent aller Autounfälle sind die Männer schuld ... weil sie ihrer Frau den Autoschlüssel gegeben haben!«), dem sei ein Blick auf Bertha Benz nahegelegt, die an einem sonnigen Augusttag 1888 die erste Fernfahrt von Mannheim bis Pforzheim unternimmt, über

100 Kilometer, und somit zeigt, dass der pferdelose Wagen, jenes neumodische Ding namens »Automobil«, durchaus alltagstauglich ist.

Dass Bertha Benz den Weg geht (oder eben fährt), den sie für richtig hält – egal, was andere dazu sagen mögen –, zeigt sich schon früh in ihrem Leben. Sie ist Anfang 20, als sie die Liebe ihres Lebens kennenlernt. Die reiche und noch dazu kluge und hübsche Erbin eines Zimmerermeisters, der es ordentlich zu etwas gebracht hat, hätte wohl so ziemlich jeden haben können, doch es ist der mittellose Ingenieur Carl Benz, der die technikbegeisterte Bertha 1869 in seinen Bann zieht. Sein Äußeres schrammt nur haarscharf an der Verwahrlosung vorbei, sein Verhalten ist ... nennen wir es kauzig, doch seine Begeisterung für Wagen ohne Pferde steckt auch Bertha an: 1871 lässt sie sich einen Teil ihrer Mitgift auszahlen, um ihren Verlobten finanziell bei seiner Entwicklung zu unterstützen. 1872 heiraten die beiden.

Die ersten Jahre sind hart. Carl hat zwar in technischer Hinsicht große Visionen, wie er seine Entwicklungen allerdings an den Mann bringen soll, das weiß er nicht. Das finanzielle Polster schwindet, die Familie, die stetig wächst, erlebt erste finanzielle Engpässe. Schon zwei Varianten seines Dreiradwagens hat Benz zum Patent angemeldet, doch die Öffentlichkeit interessiert das nicht. Carl droht zu verzweifeln, da fasst Bertha einen Entschluss.

Ihre in Pforzheim lebende Schwester hat ein Kind bekommen – und warum sollte Bertha als stolze Besitzerin eines Automobils nicht mit dem pferdelosen Wagen zu ihr zu Besuch fahren? Carl, der alte Zauderer, darf davon natürlich nichts erfahren. Der würde Bertha nur zurückhalten. Außer

Hörweite des Hauses kurbelt Bertha gemeinsam mit ihren abenteuerlustigen Söhnen Richard und Eugen den Wagen an.

Um zwei weitere Dinge schert Bertha sich nicht: Sie hat weder Führerschein noch Zulassung, außerdem hat die Polizei ausdrücklich verboten, den Wagen außerhalb der behördlich genehmigten Zeitfenster auf öffentlichen Straßen zu bewegen, weil dadurch Pferde erschrecken und durchgehen könnten. Aber solche Banalitäten können eine Frau mit einer Mission nicht aufhalten.

Gemeinsam mit ihren beiden Söhnen macht Bertha sich auf den Weg – und der hat mehr Herausforderungen zu bieten als eine Tomb-Raider-Quest. Die Straßen, auf denen sich normalerweise nur Pferde fortbewegen, sind durchaus nicht für den ungefederten Wagen gebaut. Das macht die mehrstündige Fahrt zu einer Tortur. Als der Kühler anfängt zu dampfen, füllt Bertha Wasser aus einem Brunnen nach. Bald werden die Treibstoffvorräte knapp, doch auch das bringt Lara Croft, pardon, Bertha Benz nicht ins Schwitzen. Sie hat die geniale Idee, sämtliche Ligroin-, also Waschbenzinvorräte der Wieslocher Apotheke aufzukaufen – was diese zur ersten Tankstelle der Welt macht. Und so hangelt sich Frau Benz auf ihrer Fahrt nach Pforzheim von Apotheke zu Apotheke. Als ein Treibstoffventil verstopft, kommt Berthas Hutnadel zum Einsatz, und glücklicherweise ist Mutter Benzens Strumpfband zur Hand, als ein Kabel durchgescheuert ist und neu isoliert werden muss. An einem steilen Berg wird geschoben, und Bertha kann auf ihre Liste mit Verbesserungsvorschlägen einen weiteren Punkt setzen: kleiner Gang für starke Steigungen. Und wenn wir schon dabei sind: bessere Bremsen, wenn es auf der anderen Seite wieder steil bergab geht.

Am späten Abend geht die Fahrt – erfolgreich – zu Ende. »Glücklich in Pforzheim angekommen«, telegrafiert Bertha dem daheimgebliebenen Carl. Der platzt, nachdem der erste Schreck verwunden ist, beinahe vor Stolz über den Wagemut seiner Frau und seiner beiden Sprösslinge.

Anders als gemeinhin behauptet wird, sorgt diese Fahrt übrigens durchaus nicht – als eine frühe Art des Guerillamarketing – für den nun durchschlagenden Erfolg des Benz-Patent-Motorwagens Nummer 3, aber sie beflügelt Carl dann doch so, dass er frohen Mutes weiter an seiner Erfindung arbeiten kann, bis schließlich 1889 auf der Weltausstellung in Paris für ihn und seinen Benz der Durchbruch kommt.

Also, liebe Herren: Statt dumme Witze über Auto fahrende Frauen zu machen, sollten Sie uns Damen lieber auf den Knien danken! Freie Fahrt für freie Bürger – das hat eine Frau überhaupt erst möglich gemacht.

Tomoe Gozen
Köpfe werden rollen

Stellen Sie sich vor, Sie haben sich für Ihren Feldherrn den Hintern aufgerissen. In der Schlacht von Yokotagawara 1181 haben Sie sieben gegnerische Krieger besiegt und enthauptet. Sie sind in einer weiteren Schlacht an der Spitze von 1000 Mann furchtlos in den Kampf gestürzt. Sie haben als einzig verbliebener Verteidiger eine strategisch wichtige Brücke gegen Dutzende von Angreifern verteidigt. Und jetzt, in der letzten Schlacht, der Schlacht von Awazu, nachdem Sie gemeinsam mit 300 Kriegern gegen 6000 Feinde angetreten sind und als eine der letzten paar Überlebenden ihrer Truppe noch aufrecht auf dem Schlachtfeld stehen, sagt Ihr Herr, der zufällig auch noch Ihr Geliebter ist, angesichts der drohenden Niederlage zu Ihnen: Er möchte sich nicht nachsagen lassen, in seinem letzten Kampf von einer Frau begleitet worden zu sein. Sie dürfen jetzt gehen. Naiv, wer glaubt, hier habe man es mit einem besonders schweren Fall von Ritterlichkeit zu tun…

So soll es Tomoe Gozen ergangen sein, einer der großen Kriegerinnen der japanischen Geschichte. Dabei ist es im Japan dieser Zeit gar nicht so ungewöhnlich, dass Frauen kämpfen, doch ihre Ausbildung dient vor allem der Defensive.

Wenn ihr Heim angegriffen wird, sollen sie sich und ihre Lieben verteidigen können. Tomoes Kampfkunst jedoch ist von einem ganz anderen Kaliber. In der *Heike Monogatari*, den *Erzählungen von den Heike*, einem epischen Gedicht über den Kampf um die Vorherrschaft in Japan im 12. Jahrhundert, das im Grunde mit der abendländischen *Ilias* verglichen werden kann und ganz in buddhistischer Tradition das ewige Auf und Nieder des Daseins illustriert, wird Tomoe als regelrechte Wonderwoman beschrieben, wie man bei Stephen Turnbull nachlesen kann: »Tomoe hatte langes schwarzes Haar, helle Haut und ein liebliches Gesicht. Vor allem aber war sie ein furchtloser Reiter, der auch das wildeste Pferd bezwingen konnte. Schwert und Bogen beherrschte sie in einer Art und Weise, dass sie 1000 Kämpfer aufwog und weder Gut noch Böse zu fürchten hatte.«

Andere Quellen für die Existenz Tomoes gibt es allerdings nicht. Vielleicht ist sie nur eine fiktive Gestalt, erfunden von blinden Buddhisten-Mönchen, die auf ihrer Biwa, einer Art Laute, spielend durch die Lande zogen, um Geschichten zu erzählen und so ihre höhere Lehre an den Mann zu bringen? Wie die wohl in diesem Fall gelautet hätte? »Undank ist der Welten Lohn, liebe Damen, also lasst in Zukunft die andern ihre Drecksarbeit alleine machen?« Man weiß es nicht – genauso wenig wie man sagen kann, wie Tomoe auf die Rückgratlosigkeit ihres Geliebten, dessen Name übrigens Minamoto no Yoshinaka war, reagierte. Einige Versionen der *Heike* behaupten, Tomoe sei, als sie das Schlachtfeld verließ, von einem Gegner besiegt und zu seiner Konkubine gemacht worden. In anderen heißt es, sie habe sich entschieden, fortan ein Dasein als Nonne zu führen. Wieder andere berichten, sie habe die Feinde ihres Herrn aus Rache getötet und sei dann mit seinem Kopf (retten konnte oder wollte sie ihn anscheinend nicht mehr) ins Wasser gegangen.

Meine Lieblingsgeschichte ist jedoch folgende: Hin- und hergerissen zwischen Gehorsam, Stolz und Kampfeslust hält Tomoe nach einem letzten würdigen Gegner Ausschau. Ihre Wahl fällt auf Onda no Hachirō Moroshige, der für seine große Stärke weit berühmt ist. Sie stellt sich ihm im Einzelkampf, tötet und enthauptet ihn und reitet dann in den Sonnenuntergang davon.

I'm a poor lonesome cowgirl ...

Alexandrine Tinné
Fräulein Livingstone

Spielen wir doch kurz das Lieblingsspiel des deutschen Mittelstands. Stellen Sie sich vor, Sie würden eine Million Euro im Lotto gewinnen. Sie spielen als vernunftbegabter Mensch nicht? Gut, Sie bekommen das Geld geschenkt. Was würden Sie mit dem Geld machen? Lassen Sie mich raten: ein Haus bauen, den Rest als Polster sicher anlegen. Aufhören zu arbeiten kann man mit dem bisschen, was da übrig bleibt, leider noch nicht. Gut, dann mehr: zehn Millionen Euro! Also: das Haus, den Rest anlegen und von den Zinsen leben. Nicht mehr arbeiten. Im eigenen Garten endlich mal die Seele baumeln lassen.

Vielleicht liegt es daran, dass sie Holländerin ist. Vielleicht liegt es daran, dass sie sowieso nie arbeiten musste und so die Freuden des Nichtstuns nicht kennt. Gänzlich unterschiedlich sind auf jeden Fall Alexandrine Tinnés Vorstellungen davon, wie man eine große Menge Geld sinnvoll einsetzen könnte. Ein Leben im sicheren Nest, ein Leben mit angezogener Handbremse ist nichts für die reiche Erbin eines holländischen Kaufmanns. Denn sie will die Welt bereisen, unbekannte Gefilde entdecken.

Dabei hat Alexandrine die Reiselust mit der Muttermilch

Alexandrine Tinné

aufgesogen. Auch ihre Frau Mama verbringt jährlich mehrere Monate auf Reisen. Als geborene Baroness ist sie ein gern gesehener Gast an vielen europäischen Höfen. Mit Alexandrine bereist sie Mitte des 19. Jahrhunderts ganz Europa von Nord nach Süd und von Ost nach West. Doch Alexandrine ist das Abendland nicht genug. Sie will das Andere, das Unbekannte, das Exotische. Noch nicht einmal 20, reist sie mit ihrer Mutter nach Ägypten, nach Damaskus, ins Heilige Land. Durchaus keine Kleinigkeit in dieser Zeit. Und vielleicht ist es bei diesen ersten Reisen wirklich nur die Gier nach neuen Sensationen, die sie antreibt. Doch schon bald kommt ein ganz anderes Motiv dazu: die Sehnsucht nach Erkenntnis, der absolute Wille, Licht ins Dunkel zu bringen, konkret: jenen weißen Fleck auf der Landkarte Afrikas mit Linien zu füllen, jenen weißen Fleck, der sie, wie sie selbst sagt, anzieht wie Motten das Licht.

Afrika also. Gemeinsam mit ihrer Mutter bricht sie auf – und wer sich hier zwei backpackende Mannsweiber in Funktionskleidung vorstellt, hat keine Ahnung, was eine wohlsituierte Dame Mitte des 19. Jahrhunderts für eine gelungene Reise benötigt. Porzellan, Silbergeschirr, Dienerinnen in Reifröcken, gar ein Klavier – Alexandrine ist nicht nur ungemein sprachbegabt (sie spricht unter anderem fließend Arabisch), sondern auch unglaublich musikalisch. Ein Großteil des umfangreichen Gepäcks ist jedoch vermutlich vor allem dem Bedürfnis der Mutter nach Annehmlichkeiten geschuldet. Alexandrine selbst hüllt sich gern in orientalische Gewänder, lässt die europäischen Konventionen immer mehr hinter sich. Nur Ausschlafen, das muss sein. Ein Führer beklagt sich, dass die Damen am Morgen nicht aus den Federn kommen und dann noch viel zu viel Zeit für ihre Morgentoilette benötigen, weshalb die Reisegruppe nie rechtzeitig loskommt. Doch mehr als klagen kann er nicht. Alexandrine hat bei dieser Exkursion wie überall das Heft in der Hand. Ihr Ziel: die legendären Quellen des Nils.

Mit einem angesehenen britischen Afrikaforscher wollen die Tinnés sich nilaufwärts treffen – doch John Hanning Speke taucht nicht auf. Also allein. Immer vorwärts. Die Bedingungen sind hart. Die Fieberfälle mehren sich, immer wieder begegnet die Gruppe Sklavenkarawanen – Alexandrine kauft zahlreiche Gefangene frei. Wenn ihr Pferd benötigt wird, um einen erschöpften Sklaven zu tragen, dann stapft Alexandrine selbst durch den Sumpf, führt das Pferd – stundenlang. Und dann schließlich doch: der Abbruch der Reise. Es fehlt so ziemlich an allem, und die Gesundheit der Exkursionsteilnehmer lässt zu wünschen übrig. Dennoch ist die Reise kein Fehlschlag – im Gegenteil. Die detaillierten Zeichnungen der Frauen und ihrer Begleiter liefern späteren Nilreisenden wertvolle Informationen über Flora und Fauna sowie die genaue Geografie der Region.

Bereits 1863 bricht Alexandrine zur nächsten Exkursion auf. Ihr Ziel: die Erforschung des Bahr al-Ghazal – des Gazellenflusses. Auch hier eine mehr als reiche Ausbeute: detaillierte Lagebeschreibungen, zahlreiche Zeichnungen, Fotografien, ethnografische Zeugnisse, Waffen, Werkzeuge, ausgestopfte Tiere, wie sie in den Museen Europas ihresgleichen suchen. Doch der Preis, den Alexandrine, die diesmal nicht nur von ihrer Mutter, sondern auch von ihrer Lieblingstante begleitet wird, dafür zahlen muss, ist hoch. Zahlreiche Begleiter sterben – schließlich die beiden ihr liebsten Menschen. Es ist das Ende der sonst so ergiebigen Reise.

Jahre ziehen ins Land. Die Reiselust ist Alexandrine mit dem Tod von Mutter und Tante vergangen. Schuldgefühle quälen sie. Sie fühlt sich verantwortlich für den Tod ihrer Lieben. Doch zurück nach Europa will sie auf keinen Fall. Alexandrine lebt in Kairo, in Algier, sie durchkreuzt das Mittelmeer. Und immer ist da jener weiße Fleck auf der Landkarte, das Licht, von dem Alexandrine den Blick nicht abwenden kann.

1869 schließlich ist sie wieder da: jene Lust zu entdecken, zu erforschen. Alexandrine Tinné will als erste Frau die Sahara durchqueren. Aber auch diese Reise nimmt kein gutes Ende. Am 1. August 1869 wird Alexandrine tödlich verletzt, als sie einen Streit unter den Treibern, die zum Volk der Tuareg gehören, schlichten will. Ging es dabei um Gold, das die Tuareg in den mitgeführten Wasserkanistern vermuteten, wie schnell behauptet wird? Oder war vielmehr ein interner Stammeskonflikt der Tuareg die Ursache, wie spätere Forscher herausgefunden haben wollen? Wirklich sicher kann das niemand sagen. Alexandrines Gebeine bleichen derweil in der gleißenden Sonne der Sahara, und auch sonst verlaufen ihre Spuren im Sand. Ihre reiche ethnografische Sammlung wird im Zweiten Weltkrieg bei einem deutschen Luftangriff zerstört. Und so bleibt uns kaum mehr als die Erinnerung an die wagemutige Frau, den Beweis dafür, dass man mit Geld vielleicht nicht alles kaufen kann – aber schon einige ziemlich großartige Dinge jenseits von einem Liegestuhl vor einem gemütlichen Haus im Grünen.

Artemisia I.
Eine Frau weiß es besser

Es hat fast etwas Slapstickartiges, wie sich die listige Artemisia (nach dem Tod ihres Mannes herrscht sie stellvertretend für ihren kleinen Sohn über das von den Persern verwaltete Halikarnassos) in der Schlacht von Salamis (Griechen vs. Perser, die Was-weiß-ich-wievielte) ihrer griechischen Verfolger entledigt. Die Situation scheint aussichtslos, im engen Sund bleibt Artemisias Schiff kein Platz, um vor den viel wendigeren griechischen Schiffen zu flüchten. Also rammt Artemisia mit ihrem Rammsporn eines der verbündeten persischen Schiffe. Der Kahn sinkt mit Mann und Maus. Die feindlichen Griechen drehen ab – sie halten Artemisias Schiff nach dieser vernichtenden Aktion für eines der ihren.

Perserkönig Xerxes I., der natürlich auch bei der Schlacht dabei ist – allerdings in sicherer Entfernung auf der Zuschauertribüne am Fuß eines nahe gelegenen Berges –, glaubt wiederum, sie habe ein feindliches Schiff versenkt. Er lobt Artemisias Draufgängertum und Kampfgeist und kann sich einen bösen Seitenhieb gegen seine anderen Krieger nicht verkneifen: Zeus habe eben manche Frauen geschaffen, die wie Männer – und Männer, die wie Frauen seien. Wenn Xerxes nur wüsste!

Artemisia I.

Zum Glück für Artemisia ertrinkt die komplette Besatzung, sodass sich niemand über ihre etwas rücksichtslose Art, ihren eigenen Hintern zu retten, beklagen könnte. Und mal ehrlich: Wahrscheinlich wären die Krieger so oder so gestorben. Die Perser fahren in der Schlacht von Salamis eine ganz bittere Niederlage ein.

Aber es ist ja nicht so, als ob Artemisia Xerxes nicht gewarnt hätte. Im Kriegsrat vor der Schlacht hat sie sich mehr als deutlich gegen ein Zusammentreffen auf dem Wasser ausgesprochen. Als Einzige. Auf keinen Fall eine Seeschlacht, hat sie gesagt und dabei auf ihren eigenen Wagemut in der vorhergegangenen Schlacht am Kap Artemision der griechischen Insel Euböa verwiesen. Denn auch wenn der erste Eindruck vielleicht täuschen mag, Artemisia ist wirklich eine unfassbar gute Kämpferin – wer es nicht glaubt, kann das nachlesen bei Herodot, der Artemisia derart lobt, dass Plutarch das fast ein bisschen peinlich findet. Aber zurück zur Frage: Seeschlacht oder nicht? Artemisia empfiehlt vielmehr, die Griechen von der Versorgung abzuschneiden und langsam auf dem Land fertigzumachen. Auf dem Wasser seien die Perser den Griechen unterlegen wie Frauen Männern. Hier kokettiert Artemisia zugegebenermaßen ein bisschen – und zwar doppelt, schließlich ist sie selbst eigentlich Griechin, Halikarnassos eine griechische Stadt.

Xerxes findet es total toll, dass Artemisia sich traut, in einer Männerrunde so das Wort zu ergreifen, und macht doch alles ganz anders. Er will, dass der blöde Krieg endlich zu Ende geht. Artemisia macht wider besseren Wissens mit, obwohl die Griechen auf ihren Kopf eine hohe Belohnung ausgesetzt haben. Wenn das mal nicht echter Wagemut ist!

Doch all das hilft nichts, und so steht Xerxes nach der Schlacht von Salamis genauso bedröppelt da wie sein Vater zehn Jahre zuvor, 490 vor Christus, nach der Schlacht bei Marathon. Also kehrt Xerxes wieder heim in sein Großreich. Im Grunde dürfen wir Europäer ja froh sein, dass der ungeduldige Xerxes und seine Kriegstreiber sich zu fein waren, auf eine Frau zu hören.

Deren Spur wiederum verliert sich nun langsam im Sand der Geschichte. Anscheinend trägt Xerxes ihr nicht nach, dass sie in allen Punkten recht behalten hat, und vertraut ihr seinen Sohn an, den sie nach Ephesos bringt. Ob sie dann zu ihrem kleinen Sohn heimgekehrt ist nach Halikarnassos? Ob sie sich, wie die Legende behauptet, in einen gewissen Dardanus verliebt und dann, nachdem er sie aus unerfindlichen Gründen nicht erhört hat, selbst ertränkt hat? Ich bitte Sie! So eine Frau wie Artemisia bringt sich doch nicht aus Liebeskummer um! Vor allem aber ist sie nicht so blöd, sich in der Schlacht erwischen zu lassen, weshalb man sich das traurige Schicksal von Eva Green aka Artemisia in *300 – Rise of an Empire* nicht so zu Herzen nehmen sollte. Einer echten Heldin fällt immer eine Lösung ein.

Amelia Earhart
Frei wie ein Vogel

Am 2. Juli 1937 erheben sich Amelia Earhart und ihr Navigator Fred Noonan in ihrer Lockheed Modell 10 Electra in Lae, Neuguinea, in die Lüfte. Es ist eine weitere Etappe auf dem Weg zu ihrem großen Ziel, als erste Frau die Welt zu umrunden. Einen großen Teil davon hat Earhart bereits geschafft. Nun liegt nur noch der Pazifik vor ihr. Der nächste Tankstopp soll die kleine Howlandinsel sein. Doch beim Start in Lae werden die beiden zum letzten Mal lebend gesichtet. Auf der Howlandinsel kommen sie nie an.

Es ist eine tragische Selbstverständlichkeit, dass Frauen, die sich einer Gefahr stellen, auch das Risiko auf sich nehmen, in dieser Gefahr umzukommen. Hätte Amelia Earhart lieber daheimbleiben und Strümpfe stopfen sollen? Vermutlich wäre einer Person wie Amelia eine derartige Zurückhaltung gar nicht möglich gewesen. Am 24. Juli 1897 in Atchison in Kansas geboren, ist sie ein regelrechter Wirbelwind. Sie schießt mit dem Gewehr auf Ratten, macht Autoreparaturkurse und hat einen Traum: Sie will fliegen. Weil ihre Eltern sie darin nicht unterstützen (ob sie das wohl getan hätten, wenn Amelia, sagen wir, Ballerina hätte werden wollen?), nimmt Amelia die unterschiedlichsten Jobs an. Unter anderem arbeitet sie im Archiv einer Telefongesellschaft. Von diesem Geld nimmt Amelia Flugstunden bei der amerikanischen Flugpionierin Neta Snook, der ersten Pilotin mit einer eigenen Flugschule. Sie erwirbt ihre Fluglizenz und kauft sich ein Flugzeug. Schon bald ist sie die erste Frau, die über 14 000 Fuß Höhe geflogen ist, das sind etwas mehr als vier Kilometer. Fortan bricht Earhart zahlreiche Rekorde. Sie ist die erste Frau, die die USA überfliegt. 1932, gerade mal fünf Jahre nach Charles Lindbergh, überquert sie als erste Frau den Atlantik. Sie ist damit der erste Mensch, der den Atlantik zwei Mal überflogen hat – beim ersten Mal allerdings nur als Passagierin.

All das macht Amelia, weil sie's kann und weil es ihr Spaß macht, doch vor allem auch, um die Stellung der Frau in der Luftfahrt zu stärken und ganz allgemein auf die leidigen Unterschiede in der Erziehung und Ausbildung von Frauen und Männern hinzuweisen. Schaut her, was Frauen alles können! Schaut her, was *ihr* alles könnt! Sie will Frauen aus dem »Käfig ihres Geschlechts« herausholen. Sie will, dass Frauen sich nicht mehr auf die vermeintliche Schwäche ihres Geschlechts herausreden. Sie will zeigen, was Frauen alles draufhaben, wenn sie es nur wagen, wenn man sie nur lässt.

Am 21. Mai 1937 hebt Amelia in Miami zu ihrer Weltumrundung ab. Sie wird ihr Ziel nie erreichen.

Woran es lag? An der schlechten Sicht? Daran, dass die Insel damals auf den Karten noch falsch eingezeichnet war? Am verlorenen Funkkontakt? Diese Frage könnte Amelia wohl nur selbst beantworten. Auch was danach mit ihr geschah, bleibt ungeklärt. Ist sie beim Aufprall gestorben, auf einer Insel kläglich verdurstet oder – glaubt man Verschwörungstheorien – als vermeintliche Spionin in japanische Gefangenschaft geraten und dort jämmerlich gestorben? Man weiß nicht, was man ihr wünschen soll. Die wichtigere Frage lautet jedoch: Ist Amelia gescheitert? Nur vielleicht. Nicht, wenn Mädchen und Frauen, die genauso wie Amelia mehr wollen, ihrem Beispiel folgen und auch tatsächlich mehr wagen. Allen Gefahren zum Trotz.

Leni Riefenstahl
Mein Freund, der Führer

Eigentlich will Leni – oder besser: Helene Bertha Amalie – Riefenstahl Tänzerin werden. Nach der mittleren Reife beschließt die schon immer Sportbegeisterte, Tanzstunden zu nehmen – hinter dem Rücken ihres Vaters. Als sie bei einer Tanzveranstaltung ihrer Schule für eine überraschend ausgefallene Mitschülerin einspringen muss, explodiert Papa Riefenstahl. Die Ehe der Eltern – Mama wusste natürlich Bescheid – gerät in die Krise. Leni wird ins Pensionat geschickt. Als sie zurückkehrt, arbeitet sie als Sekretärin im Installateurbetrieb des Vaters. Als Belohnung darf Leni nebenbei Tanzstunden nehmen.

Und wie sie tanzt. 1923 hat sie in München ihren ersten Auftritt als Solotänzerin. Das Publikum ist begeistert von ihrer Eleganz, ihrer Ausdrucksstärke. Durch ganz Deutschland reist Leni – und darüber hinaus. Im Sommer 1924 der Schock: Auf einer Prager Bühne verletzt Leni sich am Knie, ihre Karriere steht vor dem Aus.

Doch Leni wäre nicht Leni, wenn sie sich davon entmutigen lassen würde. Neben ihrem brennenden Ehrgeiz zeichnet sie nämlich noch eine ganz andere Besonderheit aus: ihre Offenheit für Neues. 1925 sieht sie *Der Berg des Schicksals*, das neueste Werk des grandiosen Bergfilmers Arnold Fanck. Ihre Leidenschaft ist geweckt. Über Umwege gelingt es ihr, den Kontakt zu Fanck herzustellen. Der ist wiederum sofort hin und weg von Leni und verpflichtet sie für sein nächstes Projekt, das er ihr eigens auf den Leib schreibt: *Der heilige Berg*. Die Dreharbeiten werden zu Lenis Lehrjahren. Jede Kameraeinstellung lässt sie sich vom detailverliebten Fanck erklären. Als der Dreh abgeschlossen ist, geht sie mit ihm in den Schneideraum und saugt alles auf, was der große Vordenker über Montage, Schnitt und die richtige musikalische Untermalung verlauten lässt.

Noch einige Filme dreht Riefenstahl als »Skihäschen«, doch ihre Ambitionen gehen weiter. Sie will selbst Drehbücher schreiben, selbst Regie führen. Gemeinsam mit dem jüdischen Dramaturgen Béla Balázs entwickelt sie das Drehbuch zu *Das blaue Licht*. Sie gründet ihre eigene Filmgesellschaft und sammelt Gelder ein. Schließlich 1932 der Erfolg, die Kritik ist begeistert. Auf der Biennale in Venedig erhält Leni die Silbermedaille. Und auch das Publikum feiert den Film euphorisch. Ganz vorne in der Reihe der Riefenstahlisierten: Adolf Hitler, den Leni noch im selben Jahr persönlich kennenlernt. In einem Brief hat sie um ein Treffen gebeten. Es ist der Beginn einer tiefen Freundschaft – nicht mehr, aber eben auch nicht weniger.

Für Hitler dreht Riefenstahl 1933 *Der Sieg des Glaubens*, einen Propagandafilm über den 5. Reichsparteitag der NSDAP, mit dem sie jedoch aufgrund einiger handwerklicher Fehler nicht wirklich zufrieden ist. Es folgt der Reichsparteitag von 1934, bei dem nun geklotzt, nicht gekleckert wird: *Triumph des Willens*. Über 150 Mitarbeiter stehen ihr zur Verfügung.

Mit genialen Schnitten bricht Riefenstahl die monotonen Abläufe des Parteitags auf, sie filmt Hitler von unten, um ihn beeindruckender zu machen, untermalt das Ganze mit suggestiver Musik. Auf Kommentierung verzichtet Riefenstahl komplett. Es entsteht der »beste« Propagandafilm aller Zeiten, Millionen von Deutschen sehen den Film – mehr oder weniger freiwillig. Es folgt 1936 die zweiteilige Dokumentation über die Olympischen Spiele, bei der sie ebenso innovativ filmt und schneidet. 1956 wählt eine Hollywoodjury *Olympia* unter die besten zehn Filme aller Zeiten. Tatsächlich »nur« ein filmtechnisches Meisterwerk? Oder verhilft Riefenstahl hier damit einer faschistoiden Ästhetik zum Durchbruch?

Riefenstahl filmt den Polenfeldzug und wird angeblich Zeugin eines Massakers an Juden. Sie flüchtet sich für den Rest des Krieges in die Dreharbeiten zu *Tiefland*, um nicht weiter für die Nazis tätig sein zu müssen, und hat doch kein Problem damit, Sinti und Roma aus nahe gelegenen Lagern als Statisten zwangszurekrutieren. Für viele von ihnen geht es nach den Dreharbeiten weiter nach Auschwitz.

Entsprechend schwer ist Riefenstahls Stand im Deutschland der Nachkriegszeit. Sie wird gerichtlich zwar lediglich als Mitläuferin eingestuft, ihren Beruf darf sie also weiterhin ausüben, doch für ihre Filme findet sie keine Geldgeber, für das in den 1950ern fertiggestellte *Tiefland* keine Zuschauer. Riefenstahl führt zahlreiche Gerichtsverfahren wegen Verleumdung. Die meisten gewinnt sie. Doch es hilft nichts.

Riefenstahl wendet sich der Fotografie zu. Sie reist über Jahre hinweg immer wieder in den Sudan, fotografiert das Volk der Nuba. Für ihre Bildbände wird sie mit Preisen überschüttet. Und da ist sie wieder: die staunende Inszenierung von Kraft, von Stärke. Eigentlich nichts Schlimmes. Doch für Riefenstahls Kritiker ist diese Ästhetik eng mit ihrem Nazischaffen verknüpft.

Riefenstahl fotografiert die Olympischen Spiele 1972, sie fotografiert Mick Jagger für die *Sunday Times*, sie fotografiert unter Wasser. Dafür macht sie mit über 70 noch den Tauchschein. Auch ihre Bildbände *Korallengärten* und *Wunder unter Wasser* sind ein Erfolg. Sie hat noch viele aktive Jahre. Erst 2003 stirbt Leni Riefenstahl in einer Villa am Starnberger See.

War Riefenstahl ein Nazi? Mitglied der NSDAP war sie nie. Opportunistin war sie gewiss. In vielerlei Hinsicht. Gleichzeitig ist ihr Werk, ihre Ästhetik, ihr technisches Können in vielfältiger Weise innovativ und bahnbrechend. Sie wirkte stilbildend auf George Lucas, Quentin Tarantino, aber auch auf die Werbeästhetik der vergangenen Jahrzehnte. Eine Auseinandersetzung mit Leni Riefenstahl darf ihre Nazivergangenheit nicht ausblenden, doch eine Frau wie Riefenstahl wird niemals der Vergangenheit angehören.

Calamity Jane
Die Frau, die schneller schießt als ihr Schatten

»I figure, if a girl wants to be a legend, she should just go ahead and be one.« Sicherlich kein schlechter Ratschlag in Zeiten, in denen viel und lange geplant wird, damit ein Leben hoffentlich *legen… – wait for it – …dary* wird – und auch bei Instagram oder LinkedIn so aussieht. Calamity Janes Antwort ist ganz einfach: Nicht so viel nachdenken, stattdessen lieber rausgehen und einfach mal machen. Da hilft es sicher ein bisschen, wenn man wie Jane vom Schicksal einen ordentlichen Tritt in den Hintern bekommt, um sich in die Welt hinauszuwagen.

Martha Jane Cannary Burke wird vermutlich 1856 in Princeton, Missouri, geboren. Sechs Kinder, sie ist die Älteste. Die Verhältnisse: nicht die besten. Die Eltern: eher zwielichtige Gestalten, die sich mit kleineren Verbrechen über Wasser halten. Vermutlich im Zuge des Goldrauschs macht sich die Familie 1865 auf nach Virginia City in Montana, wo im Mai 1863 erstmals Gold gefunden worden ist. Martha Jane lernt auf der Reise reiten und möglicherweise schießen. Der Bequemlichkeit halber trägt sie Männerkleidung. Im zarten Alter von nicht einmal zehn Jahren ist Martha Jane bereits eine bemerkenswerte Reiterin. Doch das Glück ist der Familie nicht hold. Auf dem Weg stirbt die Mutter, vermutlich an einer Lungenentzündung. In Virginia City findet die Familie kein Auskommen, 1866 zieht der Vater mit den Kindern weiter nach Salt Lake City. Hier stirbt er 1867. Die Cannary-Kinder sind fortan auf sich allein gestellt, und alle Augen richten sich auf die nicht einmal zwölfjährige Martha Jane.

Während Calamity Janes Leben bis zu diesem Punkt noch relativ gut belegt ist, beginnen ab hier Fakten und, sagen wir, mythische Überhöhungen miteinander zu verschwimmen. Calamity Jane selbst hat einen wesentlichen Teil dazu beigetragen, nicht zuletzt durch ihre selbstverfasste Biografie. Schließlich weiß sie, dass einige Räuberpistolen und abschreckende oder beeindruckende Geschichten einem das Dasein ganz schön erleichtern können. Möglicherweise geht Martha Janes Leben also folgendermaßen weiter ...

Nach einem kurzen Prostituiertendasein findet sie schon bald eine Möglichkeit, sich anderweitig durchzuschlagen. Sie schlüpft nun endgültig in Männerkleidung, an die sie sich schon auf dem Weg nach Virginia City gewöhnt hat, und arbeitet als Schienenverleger, Postkutschenfahrer oder Goldgräber – ein hartes Pensum, das mancher Mann so nicht hätte bewältigen können. Dabei raucht, trinkt und flucht sie wie ein solcher. Himmelherrgottsackrizementzefixhallelujaleckstmeramarschscheißglumppverreckst!

Doch nicht durch ihre männliche Uniform und ihr Auftreten erwirbt sie sich die Anerkennung ihrer Gefährten, die natürlich erkennen, dass sie eine Frau vor sich haben, sondern durch ihre Fähigkeit, genau zum richtigen Zeitpunkt, nämlich im Augenblick der höchsten Gefahr, verlässlich zur Stelle zu sein. So kommt sie auch zu ihrem Spitznamen

»Calamity Jane«. Egal, welcher Ärger ansteht: Jane ist sicher zur Stelle – sei es mit dem Gewehr oder anderswie. Als in der Stadt, in der sie gerade lebt, eine Pockenepidemie ausbricht, ist sie als Einzige wagemutig genug, zu bleiben und die Kranken zu pflegen. Was außerdem in ihrem Namen mitschwingt: Wer sich mit ihr anlegt, der bekommt richtigen Ärger. Denn Jane reitet und schießt wie der beste unter den Männern, die ihren Weg kreuzen.

Angeblich kann erst der berühmte Revolverheld Wild Bill Hickok ihr Paroli bieten. Die beiden verlieben sich ineinander, haben möglicherweise ein gemeinsames Kind – man weiß nicht genau, was wirklich dran ist an der Geschichte. Als Bill beim Pokerspiel hinterrücks erschossen wird, will Jane den Mörder höchstpersönlich zur Strecke gebracht haben – wobei andere Quellen einer Gruppe von Dorfbewohnern diese Großtat zuschreiben. Vielleicht hat Jane die Truppe ja angeführt. Man weiß es nicht.

Um die Liebe ihres Lebens gebracht, erwirbt Jane eine Farm, betreibt eine Gastwirtschaft, heiratet, bekommt (nun tatsächlich?) ein Kind, das sie zu Pflegeeltern gibt.

Calamity Janes letzte Jahre sind geprägt vom Abglanz ihrer wilden Jugend – und von viel zu viel Alkohol. Sie tritt unter anderem in Buffalo Bills Wildwestshow auf, hält jedoch Termine und Absprachen nicht ein, bricht immer wieder Streit vom Zaun. Calamity Jane stirbt mit nicht einmal 50 Jahren vereinsamt und trunksüchtig in einem Hotelzimmer in South Dakota. Neben ihr ein Bündel mit Briefen an ihre Tochter, die sie nie abgeschickt hat. Sie ist ihr in ihrer Einsamkeit zu einer Art imaginären Freundin geworden.

Manchmal ist es verdammt hart, eine Legende zu sein.

Melissa McCarthy
Die personifizierte Lachmuskelattacke

Es ist mir schwergefallen, die Entscheidung zu treffen, wer an dieser Stelle stehen soll, denn hier geht es weniger um eine Person als um ein Prinzip: Welche Frau hat den weiblichen Humor am weitesten vorangebracht? Wer hat gezeigt, dass Frauen mindestens so witzig sein können wie Männer?

In Deutschland wäre das natürlich Anke Engelke, welche die holde Weiblichkeit aus der Sidekickecke holte und zeigte, dass Frauen einen ganz eigenen und eigenständigen Humor haben. Und da braucht man gar nicht *Ladykracher* als Beleg anzuführen. Das fing schon in den 1990er-Jahren an, als wir im zarten Grundschulalter die aktuellen Interviews von *Rickys Popsofa* im Schulbus nachspielten (»Ja, hi!«).

Aber wäre nicht vielleicht Amy Schumer eine noch bessere Kandidatin, weil sie noch einen Tick mehr aufdreht, sich wirklich um gar nichts schert und so ziemlich über alles – allen voran über Männer und sich selbst – manchmal richtig üble Witze machen kann? Zum Beispiel, wenn sie einen Mann dazu bringen will, ein Kondom zu benutzen: »Glaub mir, du willst das ganz bestimmt benutzen, ich habe einen ziemlich aufregenden Monat hinter mir ...«

Doch warum dann nicht gleich Carolin Kebekus? Denn

die ist ja im Grunde so etwas wie die deutsche Amy Schumer und kann auch schon mal richtig kritisch sein, wenn es denn sein muss, zum Beispiel in ihrer Show *Pussy Terror* mit Aussagen à la: »Da sind 200 Jahre Emanzipation in zehn Minuten vernichtet.« Worum es geht? Nicht etwa um *Germany's Next Topmodel*, aber nah dran: die Kuppelshow deluxe *Der Bachelor*.

Ich hätte am liebsten alle drei gebracht, aber jetzt macht hier nun die lachende Vierte das Rennen, nämlich Melissa McCarthy. Und zwar ganz einfach, weil ich mich gefragt habe, welche dieser »neuen lustigen Frauen« es geschafft hat, mich persönlich immer wieder Tränen lachen zu lassen. Für mich war der Film *Taffe Mädels* mehr oder weniger das Erweckungserlebnis (wäre das nicht auch ein herrlicher Titel für dieses Buch gewesen?) – allerdings war das erst 2013, da war Melissa McCarthy ja schon ein leuchtender Stern am Humorhimmel – ein Film, in dem sie sich mit der ebenfalls großartigen Sandra Bullock (noch so eine Kandidatin für dieses Buch ...) einen Schlagabtausch liefert, wie man ihn aus besten Eddie-Murphy-Zeiten kennt und seither vermisst. Wichtig dabei: Mut zur Hässlichkeit (womit ich gar nicht Melissas Aussehen meine – nein, es geht darum, sich hässlich aufzuführen, hässlich zu reden, hässliche Dinge zu tun) und damit einhergehend: keine Angst vor Peinlichkeiten und erst recht nicht vor Geschmacklosigkeiten.

Aber wenn etwas so mühelos und verspielt aussieht, dann steckt in der Regel ein ganzes Stück harte Arbeit dahinter – so auch bei Melissa McCarthy. Schon als Schülerin weiß sie, dass sie zur Komikerin geboren ist, doch meistens sind es nur ihre Eltern, an denen sie ihre Stand-up-Nummern ausprobieren kann. Ihre Geburtsstadt Plainfield in Illinois bietet ihr schlichtweg nicht die Möglichkeiten, die sie als junge Comedienne to be benötigt. Also zieht es Melissa nach dem Schulabschluss nach New York. Sie nimmt im legendären Actors Studio Schauspielunterricht, und endlich gibt es auch Zuschauer. Sie tritt in Comedyclubs als Stand-up-Comedienne auf, aber auch in Bühnenproduktionen zeigt McCarthy ihr Talent und ihren Ehrgeiz. In den 1990er-Jahren geht es weiter nach Los Angeles, wo sich McCarthy »The Groundlings« anschließt, einer Comedyformation, die gleichzeitig auch Kurse anbietet. Noch nie davon gehört? Sollten Sie aber, wenn Sie etwas übrig haben für den eher randständigen Humor. Neben Kristen Wiig hat auch Will Ferrell hier seinen Witz »verfeinern« können.

Bei »The Groundlings« lernt McCarthy übrigens auch ihren Mann Ben Falcone kennen, mit dem sie zwei Töchter haben und noch das eine oder andere Filmprojekt entwickeln wird – denn McCarthy verschlägt es schon bald ins Filmgeschäft. Erst in Nebenrollen, dann in Hauptrollen erobert sie Hollywood. Für ihre Rolle in *Mike & Molly* erhält sie 2011 den Emmy als beste Hauptdarstellerin in einer Comedyserie. 2012 wird sie als beste Nebendarstellerin in *Brautalarm* für den Oscar nominiert. Und das völlig zu Recht, auch wenn meine Mutter vermutlich etwas anderes sagen würde. Seit 2015 ziert ein Stern mit ihrem Namen den legendären Walk of Fame (und zwar direkt vor diesem Kino, das aussieht wie eine chinesische Pagode, wenn Sie es sich mal anschauen wollen).

Dass es trotzdem Hater gibt, die so einiges an McCarthy auszusetzen haben, ist mal wieder ein Beweis dafür, dass es gerade unter Männern ziemlich viele Ewiggestrige ohne jegliches Gespür für genialen Humor gibt. Teilen wir sie doch in zwei Gruppen ein. Zunächst die Sexisten, die sich nur an Oberflächlichkeiten orientieren und McCarthy gern auch einmal als »Traktor« bezeichnen (nein, das war kein dummer Hirni, der zufällig Internetzugang hat, sondern tatsächlich ein »echter« Hollywood-Filmkritiker). Daneben die Sensiblen, die sich durch McCarthys »männlichen« Humor, denn in gewisser Weise ist er das (nämlich ekelhaft, politisch inkorrekt, aber – und das ist der Unterschied – in den seltensten Fällen verletzend), in ihrer Männlichkeit verletzt fühlen. Diese Herren sind es auch, die, als 2016 die weiblichen *Ghostbusters* in die Kinos kommen, einen Shitstorm lostreten, wie er in der Filmgeschichte seinesgleichen sucht. Dabei hätten sie doch nur die Augen aufmachen müssen, um zu erkennen, was Sony Pictures Chef Tim Rothman in einem Interview mit *The Hollywood Reporter* herrlich auf den Punkt bringt. Denn hier geht es gar nicht um Männer und Frauen, sondern um Humor: »Alle sagen, wir machen die weiblichen Ghostbusters, aber ich sage: Nein, wir machen die lustigen Ghostbusters.« Gut so, Tim, sonst hätte Melissa McCarthy dir auch kräftig in den Hintern treten müssen. Das hat sie nämlich, wie in *Taffe Mädels* bewiesen, richtig drauf: »Hat einer die Eier vom Captain gesehen? Schwer zu finden. Etwa so groß. So ganz winzig kleine. Klitzekleine Mädchen-Eier! Also wenn kleine Mädchen Eier hätten.« McCarthy hat offensichtlich welche. Und zwar richtig große. Das hat nach ihrer großartigen *Saturday Night Live*-Parodie auf Trumps Ex-(bei Trump ist ziemlich schnell ziemlich viel »Ex«)-Pressesprecher Sean Spicer inzwischen auch der Rest der Welt erkannt! Ha!

Lozen
Eine Frau zum Pferdestehlen

Auf dieser Erde,
auf der wir leben,
hat Ussen alle Kraft,
und er schenkt mir diese Kraft,
um den Feind aufzuspüren.
Ich suche den Feind,
und allein Ussen hat die Macht,
ihn mir zu zeigen.

Eine Indianerin, die Arme ausgebreitet, die Handflächen nach oben, so steht Lozen, die Apachenkriegerin da und betet zu Ussen, dem Schöpfergott ihres Volkes, damit dieser ihr hilft, den Feind aufzuspüren. Und Ussen hilft. Mitte des 19. Jahrhunderts gelingt es Lozen im Kampf der Chihenne-Apachen gegen die Weißen verlässlich vorherzusagen, aus welcher Richtung die Angreifer kommen werden.

Doch Lozen, die jüngere Schwester von Apachen-Häuptling Victorio – er selbst nennt sich Bidu-ya, der sich zunächst für den Frieden einsetzt und sich erst gegen die US-Armee erhebt, als er und sein Stamm in ein Reservat mit unmenschlichen Lebensbedingungen umgesiedelt werden –, kann noch vieles mehr. Lozen ist »stark wie ein Mann, mutiger als die meisten von ihnen und eine listige Strategin«, so beschreibt Victorio seine talentierte Schwester voller Bewunderung. Doch damit nicht genug: Die charismatische Lozen ist Medizinfrau und Pferdeflüsterin. Daher auch ihr Name. »Lozen« bedeutet geschickte Pferdediebin – sie muss ein Pferd nur mit der Hand zu sich winken, schon folgt es ihr.

Und nicht nur Tiere gehorchen Lozen aufs Wort. Als bei der Flucht vor den Weißen Frauen und Kinder an den Ufern des reißenden Rio Grande in eine ausweglose Lage gedrängt werden, bringt die Draufgängerin ihr Pferd nur mit einer Berührung an der Schulter dazu, sich in die Fluten zu stürzen – und alle anderen folgen ihr nach. Als sie ihre Schützlinge sicher ans andere Ufer gebracht hat, taucht Lozen wieder in die Fluten. Ihre Kameraden im Stich zu lassen ist für die mutige Frau keine Option. Also kämpft sie auf der anderen Seite des Flusses gemeinsam mit den Kriegern. Lozen selbst hat weder Mann noch Kinder. Sie hat alle Anträge, und derer gab es viele, zurückgewiesen. Angeblich ist einst ein Fremder in ihr Dorf gekommen, in den sie sich verliebte, der aber nie wieder zurückkam. Lozen schwor sich, nie zu heiraten.

Dafür kämpft Lozen – und wie. Meist an der Seite ihres Bruders. Doch nicht immer – einmal mit schweren Folgen. Im Oktober 1880 hilft Lozen einer Frau, ihr Kind zur Welt und dann durchs Feindesland hindurch in Sicherheit zu bringen. Nur mit einem Messer tötet Lozen auf diesem Weg ein Longhorn. Sie will nicht durch Schüsse die Aufmerksamkeit des Feindes auf sich ziehen. In der Zwischenzeit ist Victorio in ein hitziges Aufeinandertreffen mit dem Feind geraten.

Nach einem mehrtägigen aufreibenden Kampf verliert er schließlich am 14. Oktober 1880 gemeinsam mit zahlreichen anderen Apachenkriegern sein Leben.

Lozen will Rache und kämpft fortan an der Seite des Häuptlings und Medizinmanns Geronimo gegen die Weißen für ihre Freiheit. Doch es gibt Situationen, in denen alles Charisma, ein eiserner Wille und selbst Ussen nicht mehr weiterhelfen können. Als Geronimo schließlich kapituliert, wird auch Lozen nach Florida verbannt, wo sie vermutlich im Juni 1889 an Tuberkulose stirbt.

Ein schmählicher Tod für die große Kriegerin der Apachen.

Artemisia Gentileschi
Raus aus der Opferrolle

Natürlich ließe sich die Geschichte der Malerin Artemisia Gentileschi als die eines klassischen Opfers schreiben. Schließlich ist Artemisia Anfang der 10er-Jahre des 17. Jahrhunderts noch nicht einmal 20 Jahre alt, als sie vom Maler Agostino Tassi brutal vergewaltigt wird. Und das nicht irgendwo in einer dunklen Gasse. Nein. Ihr Vater, ebenfalls ein bedeutender Barockmaler, hat Tassi eigentlich angeworben, um seine Tochter in der räumlichen Darstellung zu unterrichten. Keine Überraschung eigentlich. Schließlich finden auch heute noch die meisten Vergewaltigungen im Verwandten- und Bekanntenkreis statt. Das nur am Rande. Für Artemisia wäre die Tatsache, dass sie kein Einzelfall ist, sicherlich kein Trost: Ihr Ruf ist dahin, nur eine Ehe kann sie jetzt retten. Doch Artemisia hat »Glück« –Tassi verspricht ihr, sie zu heiraten.

Dadurch einigermaßen beruhigt, spricht Artemisia Monate nicht darüber, was ihr widerfahren ist. Erst als sie erfährt, dass Tassis Frau noch lebt, wendet sie sich an ihren Vater, dieser sich an die Justiz – und nun beginnt Artemisias Leiden von Neuem. Unter Folter muss sie ihre Aussage wiederholen, sie wird einer peinlichen gynäkologischen Untersuchung in Anwesenheit der Richter unterzogen, um Tassis Schutzbehauptung, sie sei promiskuitiv, wenn nicht gar eine Prostituierte, zu widerlegen. Einige Quellen behaupten nun, dass Tassi zu acht Monaten Haft verurteilt wird, aber vor allem deshalb, weil er auch einige Kunstwerke gestohlen haben soll. Andere Quellen berichten, er habe sich zwischen fünf Jahren Zwangsarbeit und Exil entscheiden müssen und das Exil gewählt, dann seine Strafe aber niemals angetreten. Artemisia jedoch ist gestraft – in Rom ist ihr Ruf ruiniert. Um diesen zumindest im Ansatz wiederherzustellen, wird sie mit einem Florentiner Maler verheiratet und nach Florenz geschickt. Der Mann schuldet ihrem Vater noch Geld – hier wäre der Betrag interessant, dann wüssten wir, was die weibliche Ehre Anfang des 17. Jahrhunderts eigentlich so wert ist ...

Ein klassischer Fall also: Junges Ding erlebt Gewalt und kanalisiert ihre traumatische Erfahrung, um aus ihrem Leiden heraus große Kunst zu schaffen. Kein Wunder, dass diese in ihrer Seele verwundete Frau immer wieder die den Holofernes köpfende Judith malt (oder, wie diese gerade dabei ist, alle Spuren zu beseitigen) und Frauen wie Jael, die dem schlafenden kanaanäischen Heerführer Sisera einen Zeltpflock mit dem Hammer durch die Schläfe treibt. Eine vergewaltigungszentrierte Deutungsweise, die Artemisias Können in keiner Weise gerecht wird, denn die junge Frau braucht durchaus nicht erst den Schmerz, um Großes leisten zu können. Sie ist gerade zwölf Jahre alt, als ihr Vater ihr Talent bereits als unvergleichlich lobt. Dass Artemisia also die starken Frauen des Alten Testaments malte, ist kein Zeichen ihrer Verletztheit, sondern vielmehr der Beweis dafür, dass sie nicht bei den typisch weiblichen Genres hängen geblieben ist (Miniaturen, kleine Landschaften ...), sondern sich schon früh in der

Königsklasse der Malerei bewegte (»Susanna und die Ältesten«, das in Schloss Weißenstein in Pommersfelden hängt, stammt von 1610, da ist Artemisia gerade einmal 17 Jahre alt).

Und so geht Artemisia auch in Florenz ihren Weg und macht sich während der sechs Jahre, die sie dort verbringt, einen Namen als Malerin. Sie arbeitet für die Medici und verkehrt mit zahlreichen Künstlern und Wissenschaftlern, darunter Galileo Galilei. 1616 wird sie gar als erste Frau in die Florentiner Kunstakademie aufgenommen. Nebenbei bringt sie vier Kinder zur Welt, von denen jedoch nur eine Tochter die Zeit in Florenz überlebt.

Als ihr Mann, dem im Gegensatz zu ihr der Durchbruch als Künstler nicht gelingt, Schulden macht, die er nicht begleichen kann, fliehen die Eheleute nach Rom, wo Artemisias Können den vor Jahren verlorenen Ruf locker wettmacht. Dass ihr manche Großaufträge wie Altarbilder aufgrund ihres Geschlechts vorenthalten bleiben, wird durch einen klaren Wettbewerbsvorteil ihrerseits aufgewogen: Anders als bei ihren männlichen Kollegen fürchtet bei ihr kein Vater, dass die porträtierte Tochter während der langen Porträtsitzungen zu was weiß ich verführt wird.

Der wahre Grund für Artemisias großen Erfolg liegt jedoch in ihrem beeindruckenden Können. Obwohl sich in ihren Bildern deutlich zeigt, wie sie sich über die Jahre hinweg vom Stil des Vaters emanzipiert, der ganz im Geiste *des* Topsellers Caravaggio, seines alten Lehrers, malt, hat sie die Trends der Zeit voll drauf: dramatische Lichteffekte, intensive Farben, großer Realismus. Gleichzeitig kann sie sich jederzeit an die regionalen Stile und Vorlieben anpassen und ihre Kunst variieren, ohne sich selbst zu verleugnen – sei es nun in Venedig,

Artemisia Gentileschi

Rom, Neapel oder gar London, wohin sie 1638 berufen wird, um gemeinsam mit ihrem Vater, der schwer erkrankt ist, die Decken im Queen's House in Greenwich zu bemalen. Zu diesem Zeitpunkt ist sie in Europa bereits eine große Berühmtheit.

Als Artemisia im Alter von 60 Jahren in Neapel stirbt, hat sie eine florierende Malerwerkstatt aufgebaut, in der zahlreiche Männer für sie tätig sind. Sie selbst ist stolz auf ihren Erfolg und ihr großes Können. Gegenüber potenziellen Auftraggebern äußert sie, sie würden nie eine Figur finden, die sie in dieser Haltung, in dieser Gestaltung bereits in einem anderen ihrer Bilder verwendet habe. Ein Genie wie Artemisia Gentileschi hat das auch gar nicht nötig. Genauso wenig übrigens wie eine Reduktion auf ihr Leiden, auf jene schreckliche Erfahrung am Beginn ihres Lebens – so traumatisch diese auch gewesen sein mag. Wer Opfer war, muss nicht Opfer bleiben.

Isadora Duncan
Die Befreiung des Tanzes

»Nur im Tanze weiß ich der höchsten Dinge Gleichnis zu reden.« Diese Worte von Nietzsches Zarathustra kennt die junge Angela Duncan noch nicht, als sie 1887 als Zehnjährige am Ufer des Pazifiks steht und ihren kleinen »Schülern« beibringt, wie sie die Arme bewegen müssen, um das sanfte Wogen der Wellen perfekt nachzuahmen. Was Angela, die schon bald ihren Vornamen in Isadora ändert, jedoch weiß: »Der Körper des Tänzers ist einfach die leuchtende Äußerung der Seele.« Und nur eine Orientierung an der Natur, an ihren fließenden, eben »natürlichen« Bewegungen macht eine ehrliche, unverstellte Äußerung des Innersten erst möglich. Entsprechend ablehnend steht schon die junge Isadora deshalb dem klassischen Ballett gegenüber, das seinen Tänzern Bewegungen abverlangt, die nur mithilfe deformierter Muskeln, deformierter Knochen möglich sind.

Doch Isadora geht im Sinne Nietzsches noch weit über Seelenausdruck und Natürlichkeit hinaus. Für die überzeugte Atheistin ist Tanz das Göttliche, eine Art Religionsersatz. Und Isadora gibt sich dieser Religion ganz hin. Sie wird Tänzerin, Tanzpionierin. Sie schließt sich einem Tanzensemble an, reist quer durch die USA, tanzt in New York und Chicago, doch der große Erfolg bleibt aus. Später tritt sie als Solotänzerin privat vor reichen Förderern auf. Das Verständnis für ihre freien, unverbildeten Tanzbewegungen geht ihrem Publikum jedoch völlig ab.

Erst als sich Isadora mit gerade einmal 21 Jahren nach Europa aufmacht, gelingt ihr in London der Durchbruch. Die richtige Mischung macht's – genauer gesagt: der passende ideologische Überbau. Mit Nietzsches Denken findet Isadora die Philosophie zu ihrem Tanzstil. Das Dionysische wird auch für sie zum leitenden Prinzip. Sie tanzt barfuß, mit bloßem Bein, gehüllt in antikisierende Gewänder, natürlich ohne Korsett. Dazu wählt sie eine musikalische Begleitung, die bis dato als »untanzbar« gegolten hat. Wagner, Chopin, Brahms.

Duncan macht die legere Tanzbekleidung auch im Alltag, der Anfang des 20. Jahrhunderts noch von strengen Korsagen geprägt ist, zum Outfit ihrer Wahl. Und auch sonst schert sie sich wenig um Konventionen. Während sie durch Europa, Nord- und Südamerika tourt, von Lenin zwischenzeitlich protegiert, von Kritikern angefeindet und vom ganzen Rest frenetisch gefeiert wird, bekommt sie drei Kinder von drei unterschiedlichen Männern. Sie heiratet nicht, auch hier ist sie eine strenge Gegnerin jedes einengenden Korsetts. Eine Frau, die den Ehevertrag gelesen habe und trotzdem heirate, sei selbst schuld. (Isadora heiratet einige Jahre später doch – allerdings nur, um ihrem Geliebten so die nötige Reisefreiheit zu verschaffen.) Gemeinsam mit ihrer Schwester gründet Isadora in Berlin-Grunewald eine Tanzschule. Der Münchner Ableger existiert noch heute. Sie wird zur Erfinderin des modernen Ausdruckstanzes.

Ein Leben wie ein emanzipatorisches Märchen, doch

Nietzsches Zitat geht weiter und erweist sich tragischerweise als geradezu prophetisch: »Nur im Tanze weiß ich der höchsten Dinge Gleichnis zu reden – und nun blieb mir mein höchstes Gleichnis ungeredet in meinen Gliedern! Ungeredet und unerlöst blieb mir die höchste Hoffnung! Und es starben mir alle Gesichte und Tröstungen meiner Jugend!« Die beiden älteren Kinder sterben bei einem ebenso tragischen wie absolut fahrlässigen Autounfall. Beim Ankurbeln des Wagens vergisst der Fahrer, die Handbremse zu ziehen. Der Wagen macht einen Satz – direkt in die Seine. Beide Kinder und das Kindermädchen ertrinken. Isadoras drittes Kind stirbt kurz nach der Geburt. Verbittert witzelt sie: »Ich liebe Kartoffeln und junge Männer.« Vermutlich meint sie Kartoffelschnaps – Wodka. Die jungen Männer reihen sich in ihrem späten Leben wie Perlen an einer Kette. Mit gerade einmal 50 Jahren stirbt Isadora, ebenfalls bei einem tragischen Autounfall. Ihr zwei auf zwei Meter langer Schal, den sie auch gern auf der Bühne als Requisite einsetzt, wickelt sich beim Fahren in die Felgen eines Sportwagens. Isadora ist sofort tot.

»Nur wo Gräber sind, gibt es Auferstehungen«, also sang Zarathustra. Isadora muss nicht erst auferstehen, in ihrem Tanz lebt sie fort.

Argula von Grumbach
Wer nicht wagt, der nicht gewinnt

Was ist das für eine Frau, die sich im Spätsommer 1523 einbildet, mit zwei läppischen Briefen – einen an die gelehrten Männer der Universität Ingolstadt, einen an Herzog Wilhelm IV. von Bayern, den sie noch aus ihrer Kinderzeit am Münchner Hof persönlich kennt – das Schicksal des aus Wittenberg stammenden Magister Arsacius Seehofer beeinflussen zu können? Der junge Mann hat 1523 an der Universität Ingolstadt um Anhänger für die neue reformierte Glaubensbewegung unter den Studenten geworben und damit gegen eine im Vorjahr erlassene Verordnung der bayerischen Herzöge bezüglich der Reformation verstoßen. Diese besagt, dass es allen bayerischen Untertanen streng verboten ist, Lehren oder Schriften Luthers zu verbreiten oder zu diskutieren, sei es nun in Wort oder Schrift. Magister Seehofer wird öffentlich unter Gewaltandrohung zum Widerruf gezwungen und nach Ettal in die (Kloster-)Zelle gesteckt.

Und nun diese Briefe! Was für eine Anmaßung! Und das ist das, was *mir* im ersten Augenblick durch den Kopf gegangen ist, als ich zum ersten Mal von Argula von Grumbach gelesen habe – was mögen sich da erst die Gelehrten von Ingolstadt oder der liebe Herzog von Bayern gedacht haben?

Wohl durch ihren Bruder, der ebenfalls in Ingolstadt studiert, ist Argula bestens informiert und fordert die gelehrten Herren auf, mit ihr auf Grundlage der Bibel zu diskutieren: Wo in der Heiligen Schrift stehe, dass Christus oder einer seiner Apostel oder Propheten jemanden verbrannt, gemordet oder das Land verboten habe? Die Ingolstädter befinden Argulas Schreiben keiner Antwort würdig. Auch der »Jugendfreund« erwidert ihren Brief nicht, stattdessen enthebt er Argulas Gatten seines Amtes als Pfleger der Stadt Dietfurt, weil er seine Frau nicht davon abgehalten hat, derartige Briefe zu schreiben. Eine doppelte Ungerechtigkeit – nicht einmal die volle Verantwortung für ihr Handeln wird Argula zugestanden.

Hätten die Herren die Briefe einmal ordentlich gelesen! Hätten sie Argula einfach mal zugehört! »Ich habe euch kein Frauengeschwätz geschrieben, sondern das Wort Gottes als ein Glied der christlichen Kirche.« Tatsächlich argumentiert Argula gekonnt und belesen, sie jongliert mit Bibelstellen und Belegen. Möglich ist ihr das, weil sie bereits mit zehn Jahren von ihrem progressiv denkenden Vater eine deutsche Bibel geschenkt bekommen und diese wieder und wieder gelesen hat. Die gibt es nämlich auch schon Jahre vor Luthers Übersetzung – nur in sehr geringer Verbreitung. Vermutlich handelte es sich bei ihrer um ein von Anton Koberger Ende des 15. Jahrhunderts in Nürnberg gedrucktes Exemplar. Argula gehört damit zu den wenigen Menschen – und der noch geringeren Zahl Frauen –, denen die selbstständige Bibellektüre in jener Zeit möglich ist. Auf diese Art und Weise emanzipiert sie sich von den – männlichen – kirchlichen Würdenträgern. Sie kann sich selbst mit dem Wort Gottes auseinandersetzen und damit bereits Luthers Prinzip »sola scriptura« folgen, bevor dieser es überhaupt formuliert hat: Nur das, was in der Schrift steht, soll den Gläubigen lenken, nicht Dogmen, päpstliche Erlasse, nicht all der Ballast, der sich in 1500 Jahren angesammelt hat.

Auf diese Art und Weise ist Argula nicht nur eine Vorreiterin in puncto freiheitliches Denken, sie ist auch eine frühe Feministin. Für sie folgt nämlich aus dem »sola scriptura«-Prinzip: Wer als getaufte Frau diese Texte lesen und darüber nachdenken kann, der steht dem Mann in nichts nach und ist gleichwertiger Diskussionspartner, denn was ist notwendiger als die Schrift, um uns zu guten Christen zu machen? Ob Luther das so unterschrieben hätte? Schließlich sagte dieser doch: »Es ist kein Rock, der einer Frau oder Jungfrau so übel ansteht, als wenn sie klug sein will.«

Soll der nur reden! Während Argula sich nämlich derart exponiert, alles aufs Spiel setzt und vieles verliert, tut Luther nichts, um für Magister Seehofer in die Bresche zu springen. Zwar äußert er sich gegenüber Dritten wohlwollend über Argula, das war's dann aber schon. Argula dagegen zieht sich den Groll ihres Mannes für den Rest seines Lebens zu, glücklicherweise sind das nur noch fünf Jahre (vom Groll der Obrigkeiten einmal ganz abgesehen). Ihre Verwandten empfehlen gar, sie wegzusperren.

Doch Argulas Schreiben ist durchaus nicht so wirkungslos, wie das auf den ersten Blick scheinen mag. Denn ihre Briefe werden auch als Flugschriften, also als mehrseitige Flugblätter, gedruckt. Das Titelbild zeigt eine Frau, die mit einem Buch in der Hand vielen gelehrten Männern gegenübersteht. Und man hat keineswegs den Eindruck, dass sie sich in irgendeiner Weise in einer unterlegenen Position befindet. Vielmehr weicht der erste Gelehrte ihrem Blick bereits aus – offensichtlich weiß er nicht, was er ihren messerscharfen Argumenten entgegenhalten soll. Die Flugschrift wird ein echter Reißer. Schon zwei Monate, nachdem Argula die Schriften verfasst hat, muss die 14. Auflage gedruckt werden. Da in jener Zeit Flugschreiben in der Regel in größerer Runde vorgelesen und von Hand zu Hand weitergegeben werden, erreicht Argula mit ihren Schriften vermutlich bis zu 30 000 Leser und trägt damit wesentlich zur Verbreitung des reformatorischen Gedankenguts nicht nur in Bayern bei. Hat also doch jemand hingehört!

Nina Hagen
Spieglein, Spieglein an der Wand, wer ist die Verrückteste im ganzen Land?

Wenn man es sich leicht machen möchte, kann man wie die Autorin und Politikerin Jutta Ditfurth 2012 in *Menschen bei Maischberger* Nina Hagen als »esoterisch ein bisschen durchgeknallt« bezeichnen – denn was wäre treffender für eine Frau, die behauptet, aufgrund einer Ufo-Sichtung eine Art Erweckungserlebnis gehabt zu haben? Dass sie zudem einen 17-jährigen Musiker in einer Blitzhochzeit heiratet (sie selbst ist da schon deutlich über 30), im Drogenrausch Gott höchstpersönlich kennenlernt und auch sonst alles Mögliche ist, nur nicht ruhig, unauffällig und angepasst, verhilft ihrem Ruf nun auch nicht gerade zu mehr »Normalität«.

Wer Nina Hagen jedoch nur für eine laute, publicitysüchtige Krawallmacherin hält, dem ist vermutlich nicht klar, auf wie vielfältige Art die als Catherina Hagen am 11. März 1955 in Ostberlin geborene »Godmother of Punk« die Welt nicht nur bunter, lauter, aufregender, sondern tatsächlich ein bisschen besser gemacht hat und auch als Allererste Dinge angesprochen hat, die für uns heute eine Selbstverständlichkeit sind. Beginnen wir doch gleich mit ihrem skandalträchtigsten Auftritt, als sie am 9. August 1979 in der österreichischen Talksendung *Club 2* tatsächlich vor laufender Kamera zeigt, wie Frauen masturbieren (sollten). Talkmaster Dieter Seefranz muss danach seinen Hut nehmen. Für die Gäste wird fortan ein Alkoholverbot verhängt. Hagen landet mit ihrem Auftritt ganzseitig in den Schlagzeilen. Heute können wir über die nicht einmal halbminütige Einlassung nur müde lächeln – doch was sie hier macht, ist mehr als reine Provokation. Es ist die klare Ansage: Hey, auch Frauen haben Spaß an ihrer Sexualität, und falls ihr nicht wisst, wie das geht, dann zeige ich euch das. Echt aufklärerisch also. Wenn Miley Cyrus und Co. sich heute pseudo-provokativ in den Schritt grabschen, dann ist das nur müder Abklatsch. Ein Publicitygag. Mehr nicht.

Noch viel wichtiger: Hagens Engagement für Tierschutz und Bürgerrechte, gegen Atomwaffen und für die Rechte der Frauen. Leider rückt dieses angesichts von Ninas allgemeiner »Lautheit« etwas in den Hintergrund. Und dennoch: Wo sie kann, tritt Hagen für ihre Ideale ein. Schon mit Anfang 20 zeigt sie Rückgrat, als sie gegen die Ausbürgerung ihres Stiefvaters Wolf Biermann protestiert und tatsächlich die DDR verlässt, in der sie musikalisch und filmisch bis zu diesem Zeitpunkt eine beeindruckende Karriere hingelegt hat – gegen alle Widrigkeiten übrigens: In ihrer Stasiakte notierte ein lauschender Beamter bezüglich ihrer anvisierten Schauspielkarriere angeblich: »Verhindern!«

Über Westdeutschland geht es für Hagen weiter nach London, wo sie nicht nur Johnny Rotten kennenlernt, sondern von wo aus sie auch eine gehörige Prise Punk mit nach Deutschland bringt, auch wenn die Stoßrichtung der Nina Hagen Band streng genommen wohl eher als New Wave zu

Nina Hagen 165

bezeichnen ist. Und selbst wenn man Nina Hagen nicht wegen ihrer Verdienste um den Punk hochleben lassen möchte (in den 1980ern ist Hagen ein echter Weltstar, 1985 spielt sie bei Rock in Rio vor 300 000 Zuschauern), dann muss man doch zugeben, dass sich ihre Texte auch heute – über 40 Jahre später – noch eine frappierende Aktualität bewahrt haben. So zum Beispiel ihr erster Erfolg »Du hast den Farbfilm vergessen« von 1974. Der Song hat ein Phänomen zum Thema, das heute aktueller ist als je zuvor, nämlich die Tatsache, dass für uns nur noch das, was wirklich im Bild eingefangen ist, auch wirklich real ist: »Du hast den Farbfilm vergessen, mein Michael. Nun glaubt uns kein Mensch, wie schön's hier war.« Klar – einen Farbfilm braucht Generation Instagram, die das iPhone X mit TrueDepth-Kamera allzeit schussbereit in der Hand hält, nicht mehr. Doch genauso wie all das Blau und Weiß und Grün auf Ninas Urlaubsfotos später ohne Farbfilm nicht mehr wahr ist, leben auch heute überschminkte Mädels, die in der Realität maskenhaft grotesk aussehen, nur noch für den Bildbeweis – nicht im Fotoalbum, dafür aber bei Instagram und Co. #nofilter. Aber schön fett Make-up. Alles klar.

Doch damit waren wir noch gar nicht bei Hagens *wirklichen* kulturellen Verdiensten: Mitte der 80er singt sie auf dem Klassik-Festival in Tokio die »Habanera« aus *Carmen*. Gesanglich ist das für sie überhaupt kein Problem. Hagens Stimme umfasst vier Oktaven. Sie mag ironisch singen, schön und gut. Aber das ist Klassikermaterial. Damit nicht genug. Hagen liest Rilke-Gedichte ein, sie singt bei einer Neuaufnahme der Brecht'schen *Dreigroschenoper* die Celia Peachum, die Frau des Bettlerkönigs.

Wer Nina Hagen also nur als »(esoterisch) durchgeknallt«

bezeichnet, der wird dieser faszinierenden Frau nicht gerecht – auch wenn Jutta Ditfurth vielleicht nicht das volle Hagen-Paket verdient gehabt hätte, das diese ihr daraufhin entgegenschleuderte: »Das finde ich daneben [...] Ein Armutszeugnis ist das [...] Ich find das furchtbar, was diese dicke Frau da mit mir macht [...] Unmöglich find ich das [...] Blöde Kuh, eine Pauschalistin.«

Na ja, aber das ist eben auch Nina Hagen.

Teresa von Ávila
Nicht der leichteste Weg — aber der richtige

Ich kenne mich da ja nicht so aus, aber für eine zukünftige Nonne scheint die heilige Teresa von Ávila so ihre Probleme mit dem Thema Gehorsamkeit gehabt zu haben. Deutlich erkennbar zum Beispiel daran, dass sie Mitte der 30er-Jahre des 16. Jahrhunderts gegen den Willen ihres Vaters in das Karmelitinnenkloster in Ávila eintritt. Aber so ist das eben mit festen Überzeugungen, *follow your instinct* und so ... Und mal ehrlich: Kann uns das bei einer Frau, die als kleines Mädchen mit ihrem Bruder statt »Mutter, Vater, Kind« lieber »Einsiedler« gespielt hat und davongelaufen ist, um bei den Mauren den Märtyrertod zu sterben, wirklich überraschen? An alle besorgten Eltern: Ein Onkel sammelte Teresa noch rechtzeitig ein. Und zur Klostergeschichte: Letztendlich gab Teresas Vater auch dazu grünes Licht.

Wobei diese durchaus nicht nur eine Entscheidung des Herzens ist. Wahrscheinlich ist es eher eine Frage der Alternativen. Von der Ehe hält Teresa nämlich nichts. Außerdem hat sie schreckliche Angst vor der Hölle, weshalb sie lieber auf Nummer sicher gehen will. Das Klosterleben fällt Teresa schwer – nicht wegen seiner Weltabgeschiedenheit, sondern weil es ihr nicht abgeschieden genug ist. Das Kloster, in dem sie lebt, gleicht eher einem eleganten Damenstift mit Wohnungen für die einzelnen Nonnen, mit Dienern und zahlreichen Besuchern. Hier kann sie sich ihrem Glauben nur schwer hingeben. Dabei hasst Teresa die Welt und alles Irdische durchaus nicht. Sie ist ein gut gelaunter, kommunikativer, lebensfroher Mensch und liest zum Beispiel mit Begeisterung wie ihre Mutter Ritterromane. Doch im Kloster fühlt sie sich zerrissen zwischen Welt und Kontemplation. Teresa wird schwer krank, so krank, dass sie sogar drei Tage lang für tot gehalten wird. Ihr Grab ist schon ausgehoben, als sie wieder aus dem Koma erwacht. Doch kein Grund, sich zu freuen. Noch fast drei Jahre lang kann sie sich kaum bewegen.

Als Teresa sich einigermaßen erholt hat, dauert ihre Glaubenskrise an. In der Fastenzeit des Jahres 1554 macht sie schließlich vor dem Bild des durchbohrten Jesu die tiefe Erfahrung seiner göttlichen Liebe. Weitere mystische Erfahrungen folgen, unter anderem die sogenannte »Transverberation«, die Durchbohrung des Herzens, bei der ihr ein Engel erscheint, der die feurige Liebe Gottes wie einen Pfeil, eine Lanze in ihr Herz schickt, außerdem eine Höllenvision, bei der sie sieht, wo sie ohne Jesus und sein großes Erbarmen gelandet wäre. Von vielen ihrer Mitschwestern wird Teresa für ihre Visionen belächelt, sie halten sie für eine Simulantin und Wichtigtuerin, was sie sehr verunsichert. Oder ist Teresa vielleicht etwas noch Schlimmeres? Sie sollte sich besser vorsehen – immerhin sorgt in Spanien seit 1478 die Inquisition für Recht und Ordnung. Doch Teresa hat Glück: Bei guten Beichtvätern stößt sie auf Verständnis, sie glauben ihr und bestärken sie.

Schließlich wird ihr klar, dass sie einen anderen Weg gehen

will. Sie möchte eine Gemeinschaft gründen, die sich auf die alten strengen Normen von Ruhe, Einkehr und Gebet stützt und gleichzeitig auf alle nach außen zur Schau getragene Frömmigkeit, wie es in dieser Zeit Mode ist, verzichtet. Selbstgeißelungen, extremes Fasten, das soll es in dieser Gemeinschaft nicht geben. Vor allem das Gebet ist für Teresa von zentraler Bedeutung. Schon als junge Frau praktiziert sie das »innere Beten«, ein Gespräch mit Jesus, mit Gott, das sie auch als ein »Verweilen bei einem Freund« bezeichnet.

In all ihren Zielen und Überlegungen ist Teresa so überzeugend, dass sie – mit Unterstützung des Bischofs von Ávila – von Papst Pius IV. die Erlaubnis erhält, in Ávila ein Kloster im Geiste des heiligen Albert von Jerusalem, auf den die Ordensregel der Karmeliten zurückgeht, zu gründen und so einen inneren Reformationsprozess des Ordens anzustoßen. Es entsteht der Teresianische Karmel, ein Reformzweig der Karmeliten. Anders als ihr Herkunftskloster, in dem inzwischen über 100 Schwestern leben, hat Teresas Neugründung nur 13 Schwestern – analog zu Jesus und seinen Jüngern. Später erhöht sich die Zahl auf 21. Es folgen 16 weitere Gründungen. Außerdem schließt sich Teresa mit dem heiligen Johannes vom Kreuz zusammen, mit dem sie entsprechend reformierte Klöster auch für Männer gründet. Zentrales Element für Teresa ist dabei das Eingehen einer tiefen Freundschaft zu Gott, die in der gelebten Nächstenliebe und dem Freiwerden vom Ich ihren Ausdruck finden soll. Diese Ziele – und die damit verbundene inhärente Kritik an anderen Klöstern – stoßen nicht bei allen auf Begeisterung. Zeit ihres Lebens wird Teresa bei allem Zuspruch deshalb auch mit Misstrauen verfolgt. Die Inquisition beginnt gegen sie zu ermitteln. Damals durchaus keine Kleinigkeit; wer der schweren Ketzerei überführt wird, dem droht die Todesstrafe. 1579 jedoch werden die Prüfungen der Inquisition eingestellt.

Bereits 1571 wird Teresa gegen ihren Willen als Priorin ihres ehemaligen Klosters eingesetzt. Durch ihr Ideal der Sanftmut und durch eine geistige Führung, die ganz auf jegliche Strenge verzichtet, gelingt es ihr, ihre Schwestern tatsächlich zum Umdenken und zur Abkehr von ihrem allzu weltlichen »Klosterleben« zu bewegen. Am 4. Oktober 1582 stirbt Teresa schließlich schwer krank im Alter von 67 Jahren.

Am 27. September 1970 wird die heilige Teresa von Ávila als erste Frau zur Kirchenlehrerin erhoben. Manchmal sind es doch die unbequemen Geister, die einer Institution wie der Kirche die größten Anregungen bringen können. Oder – um es mit Teresas Worten zu sagen: »Wie selten sind doch die Menschen, die das, was sie tun, ganz tun.«

Nellie Bly
In 72 Tagen um die Welt

Es muss ziemlich viel Wut in der gerade einmal 20-jährigen Elizabeth Jane Cochran sein, als sie im Januar 1885 zum Stift greift, um einen Leserbrief an *The Pittsburgh Dispatch* zu schreiben. »Wozu Mädchen gut sind« lautet der Artikel, der sie so wütend gemacht hat – zusammenfassend lässt sich sagen: anscheinend zu nicht viel. Nach höherer Bildung oder ähnlichen Meriten sollen Frauen auf keinen Fall streben, besser sie widmen sich dem Haushalt und den Kindern, damit sind sie auf der sicheren Seite und voll im Rahmen ihrer Begabungen. Vermutlich fühlt sich Elizabeth von diesem Artikel persönlich getroffen, schließlich ist von ihren Lebensträumen bisher kein einziger wahr geworden.

Zwar stammt Elizabeth aus der zweiten Ehe eines nicht armen Richters und Unternehmers. Doch als dieser überraschend stirbt, bleibt bei insgesamt über zehn Kindern und einer Exfrau, die auch Geld fordert, nur wenig für den Einzelnen übrig. Die Umstände, unter denen Elizabeth aufwächst, sind alles andere als rosig. Später beginnt sie eine Lehrerinnenausbildung, muss aber aus Geldmangel bereits nach einem Semester hinwerfen. Sie zieht zu ihrer Mutter nach Pittsburgh, wo diese inzwischen eine Pension aufgemacht hat, hilft bei der Gästebetreuung und liest den Artikel in *The Pittsburgh Dispatch* ...

Die *Dispatch*-Redaktion ist von Elizabeths geharnischter Zuschrift, die diese unter dem Pseudonym »Einsames Waisenmädchen« abschickt, so angetan, dass sie die Unbekannte in einem Aufruf dazu auffordert, sich bei der Zeitung zu melden. Elizabeth kommt in die Redaktion – und erhält prompt das Angebot, für den *Dispatch* zu schreiben. Einer ihrer ersten Artikel beschäftigt sich mit dem Thema »Scheidung« und den Problemen, die Frauen dadurch entstehen. Am Beispiel ihrer Mutter, die nach dem Tod von Elizabeths Vater einen gewalttätigen Alkoholiker geheiratet hat, hat sie so einiges über das Thema gelernt. Es folgen weitere Aufträge, vor allem Reportagen, in denen Elizabeth die Arbeitsbedingungen in Pittsburghs Fabriken anprangert. Das unterhält die Leser, die Anzeigenkunden erfreut das weniger – das sind nämlich die Pittsburgher Fabrikanten. Nellie Bly, dieses Pseudonym hat Elizabeth sich nach dem Kinderlied »Nelly Bly« zugelegt (der Rechtschreibfehler geht aufs Konto der *Dispatch*-Redaktion), soll nun nur noch über »Frauenthemen« berichten. Zusammen mit einem weiteren Artikel reicht sie schon bald ihre Kündigung ein.

Nellie beschließt, nach Mexiko zu reisen. Sie will eine Reisereportage schreiben. Doch sie kann nicht aus ihrer Haut. Als sie die unrechtmäßige Verhaftung eines Journalisten in Mexiko anprangert, steht sie bald selbst auf der schwarzen Liste der mexikanischen Regierung und kehrt überstürzt in die USA zurück – diesmal allerdings nach New York, wo sie nach einigen erfolglosen Monaten, die sie an den Rand des Ruins bringen, von *The New York World* – der Verleger ist übrigens der spätere Stifter des Pulitzer Preises, Joseph Pulitzer – mit einer ganz besonderen Reportage beauftragt wird. Nellie schafft es mit einer beeindruckenden schauspielerischen Leistung, von den zuständigen Ärzten für verrückt gehalten und in die »Irrenanstalt« auf Blackwell's Island eingewiesen zu werden. Ungenießbares Essen, untragbare hygienische Bedingungen, körperliche Bestrafung, Frauen, die eigentlich gar nicht krank sind und nur irgendwie weggesperrt werden sollen – als Nellie zehn Tage später von ihren Kollegen »befreit« wird, ist der Skandal perfekt. Wie kann es sein, dass die Ärzte nicht erkannt haben, dass Nellie gar nicht krank ist? Vor allem als sie auf Blackwell's Island aufgab, sich zu verstellen, und völlig normal argumentierte? Noch schlimmer aber: die menschenverachtenden Bedingungen, bei denen sich den Lesern die Nackenhaare aufstellen. Nellies Report bleibt nicht folgenlos: Untersuchungen werden eingeleitet, Reformen angestoßen, neue Gelder bewilligt.

Nellie selbst ist mit einem Schlag eine Berühmtheit, und ihre Art der investigativen Recherche macht sie zum Vorbild für zahlreiche junge Journalistinnen, die »Stunt Girls«, die es ihr gleichtun wollen. Nellie deckt Korruption in Regierungskreisen auf, versucht sich als Elefantenpflegerin, lässt sich von einem Zuhälter ansprechen. 1888 dann ihr größter Coup. Sie beschließt, den fiktiven, von Jules Vernes' Phileas Fogg im Roman *In 80 Tagen um die Welt* aufgestellten Rekord zu unterbieten und die Welt allein, als Frau, kaum mit dem Notwendigsten ausgestattet zu umreisen. 32 000 Kilometer, Schiffe, Pferde- und Eselrücken, Rikschas, Züge, kleine Bötchen. Um das Ganze noch spannender zu machen, darf auf die genaue Dauer der Reise gewettet werden. Als Preis winkt eine Europareise. Und weil Konkurrenz das Geschäft belebt, schickt die *Cosmopolitan* eine eigene Mitarbeiterin mit demselben Auftrag in die entgegengesetzte Richtung um die Welt. Selbstredend gewinnt Nellie. Sie schafft die Weltumrundung in 72 Tagen, 6 Stunden, 11 Minuten und 14 Sekunden. Und jetzt ist sie nicht mehr nur berühmt, sie ist ein internationaler Star. Eigenes Brettspiel und Nellie-Bly-Globus inklusive.

Wegen diverser Streitigkeiten zieht Nellie sich kurz nach ihrer Reise von der *World* zurück. Sie schreibt wenig erfolgreich Belletristik, kümmert sich um die Witwe ihres Bruders. Nach einem kurzen Comeback heiratet sie schließlich 1895 einen mehr als doppelt so alten, steinreichen Industriellen, den Besitzer einer Metallfabrik, und scheint an seiner Seite wirklich glücklich zu werden. Als ihr Mann an einer Lungenentzündung stirbt, steht Nellie als erste Frau weltweit an der Spitze eines vergleichbar großen Industrieunternehmens. Sie meldet sogar ein neues Milchkannendesign zum Patent an. Weshalb die Firma doch bankrottgeht? Böse Stimmen werfen Nellie mangelndes kaufmännisches Geschick vor. Sie habe den Arbeitern in alter Sozialistenmanier unbezahlbare Zugeständnisse gemacht. Allerdings weisen andere Quellen darauf hin, dass Nellie vermutlich von betrügerischen Geschäftspartnern ziemlich über den Tisch gezogen wurde.

Doch warum lamentieren, solange frau noch einen gesunden Arm und einen Stift zum Schreiben hat? Nellie arbeitet während des Ersten Weltkriegs als erste weibliche Kriegskorrespondentin. Eigentlich wollte sie nur einen Freund in Österreich besuchen – sie bleibt mehrere Jahre. Nach dem Krieg schreibt sie bis zu ihrem Tod eine Kolumne für *The Evening Journal*. 1922 stirbt die Erfinderin des groß angelegten

Investigativjournalismus an einer Lungenentzündung. Ich denke, da sollten wir den Begriff »Wallraffiade« wirklich noch einmal überdenken.

Rebellinnen der Macht

Katharina II.
Die Größte

Sie ist die einzige Herrscherin, der jemals der Beiname »die Große« verliehen wurde – und das dürfte ja eigentlich schon alles sagen. Wer hätt's gedacht angesichts der eher »bescheidenen« Herkunft der kleinen »Fieke«? Jekaterina, so heißt Katharina auf Russisch, wird 1729 als Prinzessin Sophie Auguste Friederike von Anhalt-Zerbst in Stettin in einem jener winzigen Duodez-Fürstentümer geboren, wie sie typisch sind für das Heilige Römische Reich Deutscher Nation. Als die Zarin Elisabeth Petrowna 1743 eine passende Gemahlin für ihren Thronfolger Großfürst Peter Fjodorowitsch sucht – intelligent soll sie vor allem sein –, wird ihr die aufgeweckte 14-jährige Fieke von Friedrich dem Großen wärmstens ans Herz gelegt. Und eine schlaue Frau braucht Peter in der Tat, er scheint nicht zu den hellsten Kerzen auf der Torte zu gehören. Manche Quellen sprechen gar von Schwachsinn.

Wovon, liebe Leserinnen, haben Sie als 14-Jährige geträumt? Je nach Jahrgang vermutlich von Elvis, den Beatles, David Cassidy, Tommi Ohrner, Nick Carter oder doch Harry Styles. Die Träume der kleinen Fieke sehen ganz anders aus. In Zeiten, in denen Prinzen auf Schimmeln durchaus keine Seltenheit sind, strebt sie nicht nach der Liebe, sondern, wie sie später in ihren Memoiren schreibt, nach der »Krone von Russland«. Doch der Weg dahin ist steinig. Fieke wird als jene welche ausgewählt und reist Anfang 1744 nach Russland. Voller Ehrgeiz lernt sie die russische Sprache, konvertiert am Tag vor der Verlobung zum orthodoxen Glauben und erhält den Namen Jekaterina Alexejewna. Die Hochzeitsfeierlichkeiten sind schillernd – sie dauern zehn Tage.

Die Hochzeitsnacht dagegen fällt nicht ganz so glanzvoll aus. Der nur wenig ältere Peter betrinkt sich fast bis zur Besinnungslosigkeit. Da weiß selbst die zielstrebige Fieke nicht viel mit ihrem Gatten anzufangen. Auch sonst ist die eheliche Spielwiese Schauplatz eher absonderlicher Belustigungen. Zu Beginn der Ehe schläft Peter zwar mit Katharina in einem Bett, spielt aber vor dem Schlafengehen lieber mit seinen Zinnsoldaten. Er begeistert sich fürs Militärische, ist gar ein Vordenker des Live-Rollenspiels. Also verbringt Katharina anfangs so manche Stunde in einer Uniform, um gute Miene zum bösen Spiel zu machen. Was frau nicht alles tut aus Liebe – in diesem Fall zur Krone von Russland! Irgendwann wird es ihr doch zu blöde, und die beiden Eheleute entfremden sich immer mehr voneinander. Die kluge deutsche Prinzessin soll dem grenzdebilen Großfürsten schlichtweg Angst gemacht haben. Es verwundert nicht, dass erst nach neunjähriger Ehe das erste Kind zur Welt kommt. Obwohl vieles auf einen Liebhaber hindeutet, erkennt Peter die Vaterschaft ohne Umstände an. Quellen behaupten sogar, er habe seiner Frau den Liebhaber persönlich zugeführt.

Als Zarin Elisabeth Ende 1761 stirbt, gelangt Katharinas nichtsnutziger Gatte als Zar Peter III. an die Macht. Dass er sich weigert, für Elisabeth Trauer zu tragen, kommt beim

Katharina II.

Volk nicht wirklich gut an. Alter Militärfan, der er ist, bewundert er Preußen, schließt deshalb nach dem Siebenjährigen Krieg einen für Russland nachteiligen Sonderfrieden mit dem Feind und stößt ein aufklärerisches Reformprogramm an. Letzteres dürfte gar nicht mal so sehr gegen Katharinas eigene Überzeugungen verstoßen haben. Sie hat sich in den letzten Jahren viel mit der Philosophie der Aufklärung auseinandergesetzt. Später wird sie sogar einen Briefwechsel mit Voltaire pflegen und dessen Bibliothek aufkaufen, den Grundstein für die spätere Sankt Petersburger Nationalbibliothek. Was Katharina allerdings zu denken gegeben haben dürfte: Offenbar schmiedet Peter Pläne, sie nach Deutschland zurückzuschicken und durch eine Geliebte zu ersetzen, durch die er sich (wie böse Zungen behaupten) nicht eingeschüchtert fühlt. Also lässt Katharina sich an einem Morgen im Juli 1762 von ihrem aktuellen Geliebten Grigori Orlow und dessen Bruder von Garderegiment zu Garderegiment führen und versichert sich deren Treue. Sie wird in Sankt Petersburg durch den Metropoliten Setschin zur Alleinherrscherin erklärt und rückt anschließend mit der Garde nach Schloss Peterhof vor, um Peter zur Abdankung zu bewegen. Der tut, was ein Mann angesichts einer Frau wie Fieke tun muss: Er gibt nach. Die kleine deutsche Prinzessin ist nun Katharina II. von Russland, eine Ausländerin wird Zarin durch einen Putsch gegen ihren eigenen Mann – und das nur wenige Monate nach der Geburt ihres dritten Kindes, das offensichtlich nicht von ihm ist. Das soll ihr erst mal jemand nachmachen. Dass Peter nur kurz darauf unter nicht wirklich geklärten Umständen zu Tode kommt, ist hier nur noch das Tüpfelchen auf dem i.

Es folgen 34 Jahre Herrschaft über Russland. Katharina

etabliert im Zuge einer Reform eine einheitliche Verwaltung für das gesamte Reich. Sie gründet Volksschulen und Gymnasien. Gab es zu Beginn ihrer Amtszeit erst sechs staatliche Schulen, sind es 1796 bereits 316. Der Schulbesuch ist freiwillig und vor allem kostenlos. Deshalb besuchen auch Bauernkinder die Schulen. 30 Prozent der Schüler kommen aus der Bauernschaft, 22 Prozent aus dem Mittelstand.

Ein weiteres wesentliches Anliegen ist Katharina die Armenfürsorge und die medizinische Versorgung der Zivilbevölkerung. Um als leuchtendes Vorbild in Sachen Impfschutz voranzugehen, lädt die Zarin den englischen Arzt Thomas Dimsdale 1768 nach Sankt Petersburg ein und lässt sich persönlich von ihm impfen. Das bedeutet damals: Eine Lanzette wird in menschlichen Pockeneiter getaucht und der Arm Katharinas damit geritzt. Sie übersteht die Prozedur ohne Komplikationen. Eine Frau wie Katharina wirft so leicht nichts um.

Auch militärisch ist Katharina äußerst erfolgreich. Als Polen sich vier Monate vor den französischen Revolutionären die erste schriftliche Verfassung Europas geben will, marschiert sie kurzerhand dort ein und lässt die Verfassung annullieren. Nach einigem Hin und Her werden ganze Teile Polens Russland zugeschlagen. Die Krim hat Katharina übrigens schon Jahre vorher dem russischen Reich einverleibt.

Sosehr sich Katharina also für aufklärerisches Gedankengut begeistert, mit der Demokratie hat sie nicht wirklich etwas am Hut – vor allem, wenn es um russische oder ganz konkret *ihre eigenen* Machtansprüche geht. Deshalb verbessert sich die Situation der russischen Bauern unter ihr auch nicht wirklich, denn die Interessen des Adels, der ihr beim Putsch zur Macht verholfen hat, müssen gewahrt bleiben.

Katharina II.

So zwiegespalten man angesichts der Leistungen dieser faszinierenden Frau sein kann, eines ist auf jeden Fall klar: Katharina ist durchaus nicht nur »die Große«, die »Mutter des Vaterlandes«, sondern auch eine ganz Große unter den großen Frauen der Geschichte – und vor allem auch das Vorbild einer anderen herausragenden Frau: Auf Angela Merkels Schreibtisch steht ein Bild der gar nicht mehr so kleinen Fieke.

Zenobia von Palmyra
Die arabische Heldin

Vielleicht erinnern Sie sich an den Mai 2015, als Mitglieder der Terrororganisation »Islamischer Staat« die antike Oasenstadt Palmyra (arabisch Tadmur) im heutigen Gouvernement Homs in Syrien einnahmen? Oder als Russland im März 2017 meldete, der IS habe die Stadt räumen müssen? Diese Meldungen waren natürlich in militärischer Hinsicht von Bedeutung. Den Westen beschäftigte jedoch vor allem eine Sache: künstlerische und architektonische Denkmäler von unschätzbarem Wert, die der IS während seiner Besatzung systematisch zerstört hatte. Antike Tempelanlagen und Skulpturen, die übrigens seit 1980 zum UNESCO-Weltkulturerbe gehörten. Für die arabische Welt bedeutete die Besatzung und teilweise Zerstörung von Palmyra noch viel mehr. Die Stadt ist eng verbunden mit der »Kaiserin des Ostens«, Zenobia von Palmyra, einer antiken Herrscherin, die bei der säkular-nationalistisch geprägten Identitätssuche vieler Araber im 19. und 20. Jahrhundert zum Dreh- und Angelpunkt wurde und somit nicht nur mich mit ihrem Streben nach Wissen, ihrem Willen zur Macht und ihrem Draufgängertum fasziniert.

Zenobia wird um 240 in Palmyra geboren. Unauffällig lebt

sie neben ihrem Gatten Septimius Odaenathus, der Stellvertreter des römischen Kaisers im Orient ist. Als er 267 stirbt – manche Quellen behaupten, sie habe hier etwas nachgeholfen, aber so ist das wohl immer, wenn Frauen einen Tick zu mächtig werden –, übernimmt Zenobia für ihren ältesten, noch minderjährigen Sohn Vaballathus die Herrschaft über einen Großteil des römischen Orients, unter anderem über die Provinz Syrien. Doch das ist Zenobia nicht genug. Als es im Norden des Römischen Reiches zur Krise kommt, nutzt sie die Gunst der Stunde und weitet ihr Einflussgebiet auf Arabien und Ägypten aus. Sie selbst bezeichnet sich als Nachfahrin Kleopatras, was ihr viele Sympathien einbringt und in gewisser Weise als Rechtfertigung ihrer Machtansprüche dienen soll. Doch Zenobia hat mehr als das zu bieten: sie ist hochgebildet. Neben ihrer Muttersprache spricht sie Griechisch, Ägyptisch und Latein. An ihrem Hof umgibt sie sich mit Philosophen und anderen Gelehrten.

Während Kaiser Gallienus und später Claudius Gothicus Zenobia unterschätzen und nichts gegen diese Machtergreifung im Osten unternehmen, erkennt Kaiser Aurelian, dass von ihr eine größere Gefahr ausgeht als von der Entwicklung eines Gallischen Sonderreichs. Er beschließt, gegen Zenobia vorzugehen, die sich inzwischen zur »Augusta«, zur Kaiserin des Ostens ausgerufen hat. Es kommt zu zwei Schlachten in Antiochia und Emesa und schließlich zur Belagerung Palmyras. Mit Waffen ist die Stadt hervorragend ausgestattet, mit Nahrungsmitteln jedoch weniger. Als die Stadt fällt, flieht Zenobia. Auf ihrem Weg nach Persien wird sie von den Römern gefasst und zu Kaiser Aurelian gebracht, der jedoch nicht wirklich triumphiert. Er weiß, dass sein Ansehen leidet, weil ihm eine Frau derartige Probleme macht. Ein Haufen wilder Barbaren, schon gut. Aber eine Frau?

Unklar ist, was mit Zenobia nach ihrer Verhaftung geschieht. Quellen behaupten, sie sei auf dem Weg nach Rom gestorben, möglicherweise an den Folgen eines Hungerstreiks. Andere berichten, sie sei, in goldene Ketten gefesselt, gemeinsam mit ihren Söhnen und dem gallischen Usurpator Tetricus I. vor dem Triumphwagen Aurelians durch die Stadt geführt worden und dann als alte Matrone in der Nähe von Rom gestorben.

Was man jedoch weiß oder zu wissen glaubt: Zenobia war nicht nur klug, sondern auch wunderschön und geradezu draufgängerisch mutig. In literarischen und populärhistorischen arabischen Quellen wird sie als eine antiimperialistische Rebellin dargestellt. Was sie zur Projektionsfläche säkularer arabischer Selbstfindung machte, gerade auch in Syrien unter Hafiz al-Assad, dem Vater des jetzigen Präsidenten Baschar al-Assad. Auch die aufkeimende arabische Frauenbewegung fand in ihr eine hervorragende Identifikationsfigur. Als der IS Palmyra besetzte und teilweise zerstörte, griff er in gewisser Weise also auch diese faszinierende Frau an – und damit das Selbstbild vieler AraberInnen.

Margarethe I.
Der Wind kommt immer von vorn

Februar 1389. Eine Frau Mitte 30 bereitet sich auf die alles entscheidende Schlacht vor. Es geht um den schwedischen Thron. König ist derzeit Albrecht von Mecklenburg, der jedoch schwerwiegende Probleme mit dem Reichsrat hat. Einflussreiche schwedische Kreise haben Margarethe um Hilfe gegen ihren Widersacher gebeten. Und Margarethe ist nur allzu bereit dazu. Ihr Lebensziel, ihre Lebensaufgabe: die drei skandinavischen Reiche unter einer Herrschaft zu vereinen. Herrscherin über die Dänen und Norweger ist sie bereits. Kurz vor der Schlacht von Åsle bei Falköping schickt Albrecht ihr einen Schleifstein. Sie solle damit ihre Nähnadeln und Schneiderscheren wetzen. Das ist nicht der erste Witz des alten Chauvinisten Albrecht, der unter die Gürtellinie zielt. Er bezeichnet Margarethe konsequent als »Königin Ohnehose« oder als »Munke Deja«, Mönchsfrau, um ihr eine zu große Vertraulichkeit mit ihrem Beichtvater zu unterstellen. Margarethe lässt sich von all dem nicht irritieren, sie kann über den Brief nur müde lächeln und wetzt anstelle des Nähzeugs die Schwerter.

Margarethe wird 1353 als jüngste Tochter des dänischen Königs Waldemar und seiner Frau Helvig geboren. Die nordischen Völker sind in dieser Zeit zerstritten bis aufs Blut. Schon die Ehe ihrer Eltern ist eine Hochzeit aus Staatsräson, um jahrelang verfeindete Herrschaftszweige wiederzuvereinigen. Mit zehn Jahren heiratet Margarethe den norwegischen König Håkon VI. Magnusson, der zugleich Anwärter auf den schwedischen Thron ist. Die blutjunge Königsgemahlin kommt also nach Norwegen. Von königlichen Freiheiten kann jedoch keine Rede sein. Die ersten Jahre sind geprägt von Anpassung und einer Erziehung, die auch auf Gewalt nicht verzichtet. Ihre Erzieherin ist Merete Ulvsdatter, die Tochter der später heiliggesprochenen Birgitta von Schweden.

Mit 17 Jahren bringt Margarethe mitten in einer Pestwelle ihren Sohn Olav Håkonsson zu Welt. Wenige Jahre später, 1375, stirbt überraschend ihr Vater. Wer soll sein Nachfolger sein? Es herrscht das Wahlkönigtum, doch natürlich ist Olav ganz vorne mit dabei im Rennen. Allerdings sind die Söhne von Margarethes Schwester älter. Indem Margarethe geschickt verhandelt und großzügig über Reichseigentum verfügt, das ihr gar nicht gehört, sichert sie sich wertvolle Unterstützung. Was frau fast 700 Jahre später noch daraus lernen kann: Eine Prise Skrupellosigkeit kann manchmal durchaus nicht schaden. Olav wird im Alter von fünf Jahren König von Dänemark. Und weil ein so kleiner Junge einer so großen Aufgabe noch gar nicht gewachsen ist, übernimmt Margarethe das für ihn.

Dann 1380 der nächste Schlag: Margarethes Ehemann stirbt. Olav wird König von Norwegen, also übernimmt Margarethe auch in diesem Fall die Regierungsgeschäfte für ihn – der Beginn der norwegisch-dänischen Personalunion. Überseebesitzungen wie Grönland, Island oder die Färöer fallen nun ebenfalls unter Margarethes Herrschaft.

Margarethe I

Diese wird wahrscheinlich schon sehr traurig gewesen sein über den Tod ihres Mannes – ihrem großen Ziel, der Herrschaft über ein skandinavisches Großreich, ist sie so aber sicherlich einen Schritt näher gekommen. Was für ein Schock muss es da sein, als ihr Sohn mit 17 Jahren überraschend stirbt! Schließlich hat sie ja nur stellvertretend für ihn die Geschäfte geführt. Doch Margarethe lässt sich nicht ins Bockshorn jagen. Sie tritt energisch auf und überzeugt den dänischen Reichsrat, sie als Interimsherrscherin einzusetzen – natürlich nur, bis ein geeigneter *Mann* gefunden ist. Der Reichsrat von Norwegen handelt ähnlich. Er wählt sie 1388 zur Herrscherin, obwohl es eigentlich einen Erben als Thronanwärter gibt.

Zu diesem Zeitpunkt hat der Ärger mit dem alten Albrecht schon längst an Fahrt aufgenommen, und so stehen sich die beiden im Februar 1389 auf dem Schlachtfeld gegenüber. Margarethe siegt triumphal. Vermutlich dürfte sich eine Frau wie diese große Königin von misogynen Sticheleien eher angestachelt als verunsichert gefühlt haben. Noch so eine kleine, aber feine Lehre, die Frauen auch im 21. Jahrhundert aus dieser Geschichte ziehen können. Doch zurück zu Albrecht. Der wird nämlich verhaftet. Er wird erst 1395 unter der Bedingung wieder entlassen, dass er den schwedischen Thron an Margarethe abgibt.

Mit dieser Machtfülle ausgestattet, ernennt Margarethe Erik von Pommern, den Sohn ihrer Nichte Marie, zu ihrem Nachfolger. Als er 1397 volljährig wird, wird er zum König von Dänemark, Schweden und Norwegen zugleich gekrönt. Margarethe behält jedoch die Generalvollmacht für die Reichsverweserschaft. 1412 rafft sie im Flensburger Hafen auf diplomatischer Mission die rote Ruhr dahin. Manche sterben einfach zu früh.

Himiko
Starke Frauen braucht das Land

Die Geschichte der ersten historisch fassbaren Herrscherin über das Land Yamatai (Forscher streiten noch, inwiefern dieses als Vorläufer des heutigen Japans betrachtet werden kann), ist wieder so ein Fall, bei dem man nicht so genau weiß, wie viel Wahres eigentlich an der ganzen Sache dran ist. Dennoch möchte ich sie Ihnen nicht vorenthalten, denn erstens kennen einer Umfrage zufolge 99 Prozent aller japanischen Schulkinder den Namen dieser ersten großen Königin – an ihr kommt also niemand vorbei, zweitens ist sie der – nicht mehr ganz so lebende – Beweis, dass immer die Frauen ranmüssen, wenn testosterongesteuerte Männer den Karren in den Dreck gefahren haben. Was mich – ganz am Rande bemerkt – zu der Überzeugung bringt, dass der nächste US-Präsident eigentlich eine Präsidentin sein müsste. Aber zurück zum Thema, denn in Yamatai steckt der Karren ordentlich im Dreck ...

So berichtet das *Weizhi* – die Chronik der chinesischen Wei-Dynastie und Teil der »Chronik der Drei Reiche« – über das Land, in dem Himiko bis 248 nach Christus herrschte. Jahrelang hat die Vereinigung kleiner Gemeinschaften in Yamatai Männer zu Königen gemacht, zu einer Art Oberhaupt der verschiedenen Stammesführer. Die Folge: Krieg,

Unruhen, ständige Streitigkeiten. Also entschließt man sich – es handelt sich hier offenbar um ein Wahlkönigtum –, eine Frau an die Spitze zu stellen. Fortan herrscht Friede. Und zwar so richtig. 50, 60 Jahre lang. Mit derartig langen Friedensperioden kann sich normalerweise nur das beginnende 21. Jahrhundert brüsten.

Die anscheinend etwas reifere Dame bedient sich dabei, wie die chinesischen Berichterstatter beobachten, einer Art Schamanismus, um das Volk zu leiten. Das ist nichts Neues. Weibliche Schamanen gibt es in jener Zeit *en masse*. Besonders daran ist, dass Himiko auch politische Funktionen übernimmt. Und das nebenbei ganz höchstpersönlich – und nicht als Stellvertreterin für irgendjemanden. Ihren Zielen wiederum ist jede Esoterik fremd, sie sind ganz bodenständig, geradezu pragmatisch. Ihr geht es um den Aufbau eines zuverlässigen und geordneten Staatswesens. Himiko erlässt Gesetze, baut eine schlagkräftige Armee auf.

Verheiratet ist Himiko – wie so viele erfolgreiche Frauen – nicht. Zurückgezogen lebt sie in einem riesigen Palast – allein. Nun ja, mehr oder weniger allein. Sie wird bewacht von 100 Wachen, 1000 ausschließlich weibliche Diener bedienen sie. Ihr jüngerer Bruder fungiert unterdessen als Sprachrohr. So kann Himiko Handelsbeziehungen zu China knüpfen, um Yamatai aus der Rückständigkeit herauszuholen. Sie schickt Geschenke, die mit Gegengeschenken erwidert werden. Erfolg auf ganzer Linie also!

Als Himiko stirbt, wird sie mit 100 Sklaven in einem Hügelgrab beigesetzt. Ein Mann folgt ihr in ihrem Amt nach und versagt kläglich. Erneut herrschen Krieg und Unruhen in Yamatai. Erst als die 13-jährige Toyo, eine Tochter Himikos auf den Thron gewählt wird, heißt es wieder: Friede, Freude, Eierkuchen im Königreich Yamatai. Wie sah noch einmal eine Welt ohne Männer aus? Keine Kriege und lauter dicke, glückliche Frauen.

Madame de Pompadour
Zu schlau fürs Bett

Wie sagte die großartige Heidi Kabel so schön: »Die Emanzipation ist erst dann vollendet, wenn auch einmal eine total unfähige Frau in eine verantwortliche Position aufgerückt ist.« In diesem Sinne dürfte mit Madame de Pompadour, der nach Meinung des französischen Volkes Hauptverantwortlichen für die verheerende Niederlage im Siebenjährigen Krieg, die Emanzipation der Frau in Frankreich Mitte des 18. Jahrhunderts einen ersten Höhepunkt erreicht haben.

Doch wir sollten nicht zu hart mit Madame de Pompadour ins Gericht gehen. Ja, sie ist es, die dem König zu einem letztlich verhängnisvollen Bündnis mit Österreich gegen Preußen und England geraten hat. Doch schon erfahrenere Politiker haben gerade im militärischen Bereich schlechtere Entscheidungen getroffen. Außerdem hat Madame auch auf der Habenseite so einiges anzuführen. So lässt Pompadour die Place Louis XV., die heutige Place de la Concorde sowie eine Militärakademie für Söhne von Kriegsversehrten errichten. Sie fördert zahlreiche Künstler, darunter Jean-Jacques Rousseau, Denis Diderot, dessen *Encyclopédie* sie überhaupt erst möglich macht, sowie Voltaire, den sie zum offiziellen Historiografen Frankreichs kürt, und bringt durch ihre Unterstützung die

Madame de Pompadour

königliche Porzellanmanufaktur von Sèvres, die fortan dem Meissner Porzellan Konkurrenz macht, auf die Erfolgsspur. Nicht schlecht, all das, für eine Bürgerliche, denn als solche wird Madame de Pompadour, bürgerlicher Name: Jeanne-Antoinette Poisson, zu gut Deutsch: Hanna-Antonia Fisch, am 29. Dezember 1721 in Paris geboren.

Schon mit neun Jahren sagt eine Wahrsagerin Fräulein Fisch voraus, dass sie einmal die Geliebte von Ludwig XV. sein wird. Wie das so ist mit selbsterfüllenden Prophezeiungen, lässt ihr ihre Mutter die denkbar beste Erziehung angedeihen und schickt sie fleißig auf Spaziergänge in Ludwigs bevorzugtem Jagdgebiet. Dass Hanna zu diesem Zeitpunkt eigentlich bereits eine verheiratete Frau ist – sie hat 1741 den unansehnlichen Neffen ihres Vormunds, den Seigneur d'Étiolles, geheiratet (ihr Vater musste sich kurzfristig wegen drückender Schulden für einige Jahre davonmachen) –, ist in diesem Kontext irrelevant. Da ging es ja nur um den Titel, ein wichtiger Schritt, um aus Klein-Hanna mätressengeeignetes Material zu machen. Relevant ist allerdings, dass der aktuellen Geliebten des Königs die lustwandelnde Schöne ein Dorn im Auge ist, weshalb Hanna auch entsprechende Spaziergänge bis auf Weiteres untersagt werden. Weiteres tritt ein, als die Geliebte mit gerade einmal 27 Jahren stirbt. Nein, sie ist nicht vergiftet worden. Per Obduktion ausgeschlossen!

Ludwig ist untröstlich und tröstet sich doch mit dem bezaubernden Fischlein, das ihm nun, endlich, auf einem Maskenball vorgestellt wird. Schnell wird sie zu einer Art »Obergeliebten«, der *maîtresse en titre*, knüpft Kontakte und stellt sich auch mit der kränkelnden Königin gut, die sie sogar zu ihrer Hofdame macht. Weil Hanna, die inzwischen von Ludwig zur Marquise de Pompadour geworden ist, inklusive Ländereien und Wappen, sich der Vergänglichkeit ihrer Schönheit bewusst ist und es eigentlich auch nicht so mit der Liebe hat, tut sie alles, um Ludwigs geistiges Interesse an ihr zu stärken, ihn in Freundschaft an sich zu binden und ihm gerade auch in politischen Entscheidungen mehr als nur beratend zur Seite zu stehen. Für sein leibliches Wohl hebt sie den »Harem von Versailles« aus der Taufe, der hübsche junge Frauen aus dem Volk allein zum *plaisir* des Königs in einem Haus unweit des Palasts versammelt. Reiche Belohnung inklusive, sobald deren Dienste nicht mehr benötigt werden.

Dennoch hat Madame de Pompadour, die obendrein eine schwächliche Konstitution kennzeichnet, gerade, als es in den letzten Jahren ihres Lebens mit ihrer Gesundheit rapide bergab geht, zu kämpfen. Neue Mätressen, Politiker, die ihr ihren Einfluss neiden. Glücklich ist sie, die immer nach Macht, nach Größe verlangt hat, nicht. Dennoch setzt sie der Wahrsagerin, die ihr vor so vielen Jahren ihr Schicksal vorhergesagt hat, bei ihrem Tod eine Rente von 600 Livres aus. Sie stirbt am 15. April 1764 in Versailles, beim Volk verhasst für ihre Prasserei – so manches ihrer Schlösser hat die Pompadour mehr als üppig ausstatten lassen – und für die Niederlage im Siebenjährigen Krieg, der den Staatssäckel dann restlos geleert hat.

Doch zu ihrer Ehrenrettung muss gesagt werden: Vielleicht war es ja gar nicht so sehr Unfähigkeit, die sie zu so »schlechten« Entscheidungen getrieben hat. Vielleicht war es vielmehr blanker, kalter Eigennutz. Schließlich erhält sie von der österreichischen Kaiserin Maria Theresia angeblich ein kostbares Lackpult sowie goldenes Schreibzeug im Wert von 30 000

Madame de Pompadour

Gulden als Dank dafür, dass sie die Allianz zwischen den sich zuvor nicht wirklich freundlich gesinnten Habsburgern und dem Haus Bourbon so wesentlich vorangebracht und so den Siebenjährigen Krieg überhaupt erst möglich gemacht hat. Oder wie sagte Madame de Pompadour so schön nach der entscheidenden Niederlage: »Nach uns die Sintflut.« Wenn jeder an sich denkt, ist an jeden gedacht.

Amalasuntha
Immer diese Verwandtschaft!

Selbst heute, in einer Zeit, in der man sich so ganz grundsätzlich auf die Gleichberechtigung von Mann und Frau als erstrebenswertes Gut geeinigt hat, haben sich die Grenzen zwischen Dingen und Aufgabenbereichen, die als »typisch weiblich« und »typisch männlich« gelten, noch nicht vollständig aufgelöst. Natürlich können Männer auch kochen – aber eigentlich machen sie das nur, wenn es sich um ganz besonders aufwendige Gerichte handelt, die Frauen in ihrer Komplexität einfach nicht zuzutrauen sind. Deshalb sind ja die meisten Spitzenköche auch Männer. Putzen wiederum ist nie so komplex, dass es ein Mann machen müsste. Eine Aufgabe, die nicht nur in reaktionären Köpfen als ganz typisch weibliche gilt, ist außerdem die Kindererziehung. Natürlich kann sich der Mann hier gern beteiligen und, sagen wir, die Kinder zu Tränen kitzeln oder Sonntagmorgen mit den Kleinen auf den Spielplatz gehen, damit Mama in Ruhe kochen kann. Aber eine Frau, die Erziehungsdinge Dritten überlässt, darf sich im Grunde nicht ernsthaft als »Mutter« bezeichnen.

Paradoxerweise wird der ostgotischen Königin Amalasuntha gerade aus der Erziehung ihres Sohnes ein Strick gedreht. Sie ist die Tochter des ostgotischen Königs Theoderich des

Amalasuntha

Großen und mit Eutharich verheiratet, mit dem sie zwei Kinder hat. Eines davon ist Athalarich, um dessen Erziehung der Streit entbrennt.

Doch stellen wir uns kurz erst noch einmal blöd und fragen: Wer sind denn eigentlich diese Ostgoten? Die Goten sind ein germanisches Volk, die während der Völkerwanderung, etwas mehr als 400 Jahre nach Christi Geburt, nach Italien kommen und eigene Reiche auf dem ehemals von Rom beherrschten Gebiet errichten. Federführend dabei: Amalasunthas Vater Theoderich. Als der 526 stirbt, wird auf seinen Wunsch Amalasunthas Sohn König: Athalarich. Und weil der, wir kennen das schon, zu jung ist zum Regieren, übernimmt sie als sein Vormund für ihn die Herrschaft.

Und hier beginnen die Probleme, denn nach gotischer Tradition darf eigentlich nur ein Mann als Vormund agieren – allein Theoderichs ausdrücklicher Wunsch ermöglicht Amalasuntha überhaupt die Machtübernahme. Das stinkt den Goten gewaltig, genauso, dass die selbst hochgebildete Amalasuntha ihren Sohn in der römischen Tradition erziehen lässt, ihn also eher zu einem Feingeist denn zu einem harten gotischen Krieger machen will.

Amalasuntha muss diverse gotische Führer verbannen und ermorden lassen, zudem holt sie sich die Unterstützung des in Byzanz sitzenden Kaisers Justinian (ein Oströmisches Reich gibt es nämlich noch), doch all das hilft nichts. Von ostgotischen Adeligen beeinflusst, versucht Athalarich sich gegen seine Mutter zu stellen – aller Erziehung zum Trotz. Er verfällt dem Alkohol, und sein ausschweifendes Leben rafft ihn schließlich schon 534 dahin.

Ab diesem Zeitpunkt teilt Amalasuntha nun den Thron mit

ihrem Cousin Theodahad, der sich jedoch als noch unzuverlässiger als ihr lieber Sohn erweist. Er verbannt Amalasuntha auf die Insel Martana im Bolsenasee, wo sie schließlich 535 im Bad erdrosselt wird – sehr wahrscheinlich auf das Betreiben Theodahads hin, wobei böse Zungen behaupten, auch Theodora, die eifersüchtige Frau von Kaiser Justinian, hätte die Finger mit im Spiel gehabt.

Das hat man nun davon, wenn man sich als gute Mutter um die Erziehung seiner Kinder kümmert. Also wirklich!

Margaret Thatcher
Die Hexe von 10 Downing Street

Im Alter von neun Jahren steht die kleine Margaret Hilda Roberts vor ihren Mitschülern. Ihr soll ein Preis verliehen werden. Der Lehrer fragt sie, ob sie sich über ihr Glück freue. Darauf Margaret: »Das war kein Glück. Ich habe ihn [diesen Preis] verdient.« Also wirklich! Ihr einfach nur Glück zu unterstellen. Unverschämt.

Egal, was an dieser Anekdote über die kleine Thatcher wirklich dran sein mag – sie verrät viel über das Denken der britischen Politikerin, das vor allem eine Überzeugung auszeichnet: Wer etwas bekommen, wer etwas erreichen will, der muss hart dafür arbeiten, der muss sich das *verdienen*. Du bist arm und lebst auf der Straße? Na, vielleicht hast du dich einfach nicht genug *angestrengt*! Doch diese Ansicht bezieht sich nicht nur auf all jene Menschen, denen sie in späteren Jahren die sozialen Zuwendungen streichen wird. Sie ist vor allem und in erster Linie ein Anspruch, den sie an sich selbst stellt. Es sind nicht »typisch weibliche« Eigenschaften – Kompromissfähigkeit, Empathie –, die Margaret Thatcher den Weg an die Spitze einer der wichtigsten Industrienationen der Welt ebnen werden, sondern ein eiserner Wille, der sich niemals beugt, und die Bereitschaft, für ihre Ziele alles zu geben.

»Kompromiss« ist für Margaret Thatcher mehr oder weniger ein Unwort. Nachgeben ist Scheitern.

Schon als Schülerin glänzt Margaret durch unbedingte Leistungsbereitschaft. Ihr Vater ist Kolonialwarenhändler (»Krämer« wie ihre politischen Weggefährten später abfällig hinter ihrem Rücken lästern werden) und Methodistenprediger, die Mutter Hausschneiderin. Den Gedanken, dass jeder seines eigenen Glückes Schmied ist, bekommt sie von den beiden mit auf den Weg gegeben. Das heißt aber nicht, dass die Familie Margaret nicht nach Kräften unterstützen würde. Die Eltern nehmen große Entbehrungen auf sich, damit diese nach Oxford gehen kann. Dort studiert sie nicht irgendwelche Wolkenkuckucksheimfächer, sondern ganz bodenständig Chemie. Nach dem erfolgreichen Abschluss geht sie in die Industrie. Ob sie tatsächlich an der Entwicklung des Softeises beteiligt ist? Unklar. Auf jeden Fall arbeitet jene Eiserne Lady, an der sich später die Gegner die Zähne ausbeißen werden, daran, die Konsistenz von Süßspeisen zu verbessern. Wie Zucker!

Doch Stillstand ist Rückschritt. Margaret beschließt, dass ihr diese Tätigkeit nicht ausreichend Weiterentwicklungsmöglichkeiten bietet. Als sie 1951 den wohlhabenden Unternehmer Denis Thatcher heiratet und ihre Scones nicht mehr selbst verdienen muss, hängt sie ihren Beruf an den Nagel und nimmt ein Studium der Rechtswissenschaften auf. Möglicherweise hat sie schon da höhere politische Ziele im Blick – bereits 1950 hat sie für die Tories fürs Unterhaus kandidiert, allerdings ohne Erfolg.

1953 kommen die Zwillinge Carol und Mark zur Welt, später wird Thatcher ihre Rolle als Hausfrau und Mutter als ideale Vorbereitung auf politische Aufgaben beschreiben. Schließlich weiß eine – zumindest jede gute – Hausfrau, dass man nicht mehr ausgeben sollte, als man einnimmt. Sie zeichnet sich durch Multitaskingfähigkeit aus, ist es gewohnt, Konflikte zu klären, klar Ja und Nein zu sagen und Werte zu vermitteln. Und tatsächlich ist vermutlich gerade der letzte Punkt das, was Thatcher heute für viele zu einer Sehnsuchtsgestalt macht: Werte, eine Idee, eine Agenda – etwas, das vielen Politikern heute fehlt. Was man von Thatchers Zielen im Einzelnen halten mag, steht auf einem ganz anderen Blatt ... Vor allem aber lässt Thatchers Äußerung tief blicken: Wenn sie die kluge und umsichtige Hausfrau ist, die alles im Blick hat, dann sind die anderen – sowohl ihre Parteigenossen als auch der Rest des britischen Volks – wohl die ungezogenen, frechen Bengel, denen man ab und zu einmal hart, aber bestimmt auf die Finger klopfen muss.

1959 schafft sie es, ins Unterhaus gewählt zu werden – elf Jahre später wird sie Kultur- und Wissenschaftsministerin. Endlich kann sie unter Beweis stellen, wie knallhart sie für etwas kämpfen kann, das sie sich in den Kopf gesetzt hat. Der Etat ihres Ressorts ist zusammengekürzt worden, und jetzt heißt es: sparen. Was macht also die gute Hausfrau und Mutter? Sie streicht den Grundschülern die kostenlose Milch. Thatcher wird zum »milk snatcher« – zum Milchdieb – und trägt die Beschimpfungen mit Fassung. Schließlich ist den größeren Schülern die Milch auch schon gestrichen worden – und zwar ein ganzes Stück vor ihrer Zeit.

In den Folgejahren geht es Schlag auf Schlag. Als die Tories bei den Wahlen 1974 keine Mehrheit erringen können und Labour die Macht übernimmt, fordert Thatcher 1975 den bisherigen Parteiführer heraus – und gewinnt. Bei den Wahlen 1979 führt sie ihre Partei mit 339 von 635 Sitzen zum Sieg. Doch es bleibt kaum Zeit, sich zu freuen, denn vom Glanz des einstigen Empires ist in dieser Zeit nicht mehr viel übrig. Großbritannien dümpelt wirtschaftlich nur noch vor sich hin, geschwächt durch Inflation, kampflustige Gewerkschaften und einen alles verschlingenden Wohlfahrtsstaat. Da hilft nur noch eine Rosskur – und wer, wenn nicht Thatcher, wäre so mutig, diese auch zu verordnen? Ihre Mittel der Wahl: Privatisierungen, Kürzungen in allen Bereichen des Wohlfahrtsstaates, dafür Steuergeschenke für die Reichen, um die Wirtschaft anzukurbeln. Für Thatcher gibt es so etwas wie »die Gesellschaft« nicht – sie kennt nur den Einzelnen, der alles für seinen individuellen Erfolg tun muss, und allenfalls die Familie. Alles andere ist für sie quasi schon Sozialismus.

In den ersten Jahren nach ihrem Amtsantritt sieht es aus, als könnte sie sich ihre Wiederwahl in die Betonfrisur schmieren, so unbeliebt sind ihre Reformen. Doch Maggie hat Glück: Als auf den Falklandinseln, einem autonomen britischen Überseegebiet, neue Ölvorkommen entdeckt werden, überrennt Argentinien am 2. April 1982 die Inseln. Thatcher wird davon eiskalt erwischt, doch sie wäre nicht die Eiserne Lady, wenn sie sich davon ins Bockshorn jagen lassen würde. Von April bis Juni 1982 kämpfen die Briten in einer blutigen Militärkampagne um die Inseln. Fast 1000 Menschen sterben, etwa ein Drittel davon Briten. Egal ist Thatcher das nicht, doch ihre Prioritäten liegen anders: gewinnen. Koste es, was es wolle! Alle Vermittlungsversuche seitens der USA und anderer Verbündeter lehnt sie ab. Sie will den Sieg. Und sie gewinnt. Damit erringt Thatcher eine urmännliche Trophäe –

den militärischen Triumph über den Feind. Sollen ihre politischen Gegner doch sehen, wer hier die Hosen anhat. Dieser Sieg sichert Thatcher 1983 mit großem Abstand die Wiederwahl – und in den Folgejahren wird Maggie immer wieder den Geist der Falklands beschwören, besonders dann, wenn sie der Bevölkerung einmal mehr besonders harte Einschnitte abverlangt.

Auch im Bergarbeiterstreit 1984/85 kann Maggie ihren berühmt-berüchtigten Killerinstinkt unter Beweis stellen. Den Zechen drohen Schließungen und Privatisierungen. Die Arbeiter entschließen sich zu streiken. Doch Thatcher ist vorbereitet. Große Kohlevorräte wurden angelegt. Kohlekraftwerke auf Öl umgestellt. Für den Fall, dass die Eisenbahner aus Solidarität in den Ausstand treten, hat sie bereits Verträge mit LKW-Speditionen abgeschlossen. Nach einem Jahr sind die Streikkassen leer, und der Widerstand der Bergarbeiter ist gebrochen. Ohne irgendwelche Erfolge errungen zu haben, nehmen sie die Arbeit wieder auf. Nun kann Thatcher all jene Änderungen auf den Weg bringen, welche die Macht der Gewerkschaften im Land brechen sollen.

Während Thatcher nur wenig für die »alten« Industrien tut, leistet sie für den Finanzsektor umso mehr. Sie liberalisiert den Finanzmarkt derart, dass London zum attraktiven Standort für zahlreiche Banken wird. Gleichzeitig plant sie die Einführung einer Kopfsteuer, wohl eines der ungerechtesten Mittel der Besteuerung. Entsprechend rapide sinkt gegen Ende der 80er-Jahre Thatchers Beliebtheit. Da hilft es nicht, dass es ihr gelungen ist, den legendären Britenrabatt gegen die EU durchzusetzen.

Doch es ist nicht die Bevölkerung, die Maggie zu Fall

bringt, sondern ihre eigene Partei. Als sie 1990 nicht mit der notwendigen Mehrheit als Parteichefin wiedergewählt wird, erklärt sie am 22. November 1990 ihren Rücktritt. Noch Jahre später hält sich Thatcher mit politischen Kommentaren und Ratschlägen nicht zurück – und nachfolgende Regierungen zehren von ihren Reformen, denn tatsächlich erholt sich das Königreich wirtschaftlich deutlich, auch wenn die Inflationsrate unverändert hoch bleibt.

Was soll man nun von so einer Frau halten? Sie hat die Gesellschaft gespalten in einer Form, wie man es nicht für möglich glaubte – die Mittelschicht hat sie in Großbritannien mehr oder weniger abgeschafft. Auch scheinen Thatchers wirtschaftliche Errungenschaften angesichts der Finanzkrise, die durch ihren Liberalisierungskurs erst möglich gemacht wurde, durchaus nicht mehr so großartig. Sie wirkte als eine der Speerspitzen des Neoliberalismus und des Turbokapitalismus, die sich vor allem nach ihrer Amtszeit und dem Ende des Kalten Kriegs Bahn gebrochen haben. Als Thatcher im April 2013 stirbt, wird »Ding-Dong! The Witch is Dead« aus dem *Zauberer von Oz* zum Topseller bei iTunes. Doch schon 2002 und 2003 wissen die Briten nicht recht, wie sie Thatcher einordnen sollen – sie wird einerseits auf Platz 16 der größten 100 Briten gewählt, aber auch auf Platz 3 der schlechtesten.

Agrippina die Jüngere
Auch du, mein Sohn ...

Es ist ja nicht so, als ob Agrippina es nicht gewusst hätte, schließlich hatte die ehrgeizige Mutter eigens um einen Orakelspruch bezüglich der Zukunft Neros gebeten. Ob die Antwort wirklich nach ihrem Wunsch ausfiel? Nero werde herrschen, aber seine Mutter töten. Das setzte der machthungrigen Agrippina der Jüngeren nicht sonderlich zu: »Mag er mich töten, wenn er nur herrscht!«

Dass nicht nur Agrippinas Selbsterhaltungstrieb stark verkümmert, sondern auch ihr innerer Kompass ziemlich aus dem Gleichgewicht geraten ist, lässt sich an zahlreichen Untaten schon in jungen Jahren ablesen.

Mit 13 Jahren wird Agrippina verheiratet, im Jahr 37 bringt sie mit Anfang 20 ihren ersten und einzigen Sohn zu Welt: Lucius Domitius Ahenobarbus – der Nachwelt besser bekannt als »der durchgeknallte Nero«, der bösen Zungen zufolge später Rom anzündet, um dazu seine Lieder zum Besten zu geben. Als Agrippinas Bruder Caligula ebenfalls im Jahr 37 Kaiser wird, veranlasst dieser, sie und ihre Schwestern wie Göttinnen zu verehren. Sie sehen, so ganz bei Trost war auch Caligula nicht. Die Göttinnensache hält Agrippina jedoch nicht davon ab, sich an einer Verschwörung gegen ihren Bruder zu beteiligen – übrigens unter anderem Seite an Seite mit ihrem Schwager, der auch noch ihr Liebhaber ist. Das Ganze fliegt auf, doch Agrippina wäre nicht Agrippina, gelänge es ihr nicht jederzeit, den Kopf irgendwie aus der Schlinge zu ziehen. Während diverse Köpfe rollen, wird sie nur verbannt.

Als Caligula ermordet wird, holt ihr Onkel Claudius, der inzwischen Kaiser ist, seine Nichte aus dem Exil, sie erhält ihr eingezogenes Vermögen zurück, und weil ihr erster Mann, vermutlich krankheitsbedingt, verschieden ist, angelt Agrippina sich eilig einen neuen – einen prominenten Senator. Angeblich hat die machthungrige Agrippina schon da ihre Finger nach Claudius ausgestreckt, doch dessen Frau Messalina hat das zu verhindern gewusst. Die ist nämlich nicht nur wie Agrippina machthungrig, sondern auch richtig grausam. Auf ein Kräftemessen will Agrippina es daher vermutlich lieber nicht ankommen lassen – vor allem, weil Messalinas Stern sowieso bereits im Sinken ist. Und als diese nun im Herbst 48 ermordet wird (ein Verhältnis wurde der angeblichen Nymphomanin zum Verhängnis, doch da steckt noch weit mehr dahinter; ausführlich zu dieser vogelwilden Geschichte an späterer Stelle), stirbt – was für ein glückliches Unglück – auch Agrippinas Mann ganz überraschend an einem vergifteten Pilzgericht. Jetzt muss nur noch das Gesetz geändert werden, das eine Heirat zwischen Onkel und Nichte verbietet.

Nach der Eheschließung dreht Agrippina richtig auf. Sie sorgt dafür, dass Claudius' Sohn Britannicus in der Thronfolge durch Nero ersetzt wird. Sie selbst erhält als erste Frau den Titel »Augusta« – und ist damit die erste römische Kaiserin, mit eigener Leibgarde, entsprechender Münzprägung und was sonst noch so dazu gehört. Etwas übrigens, auf das ihre

Agrippina die Jüngere

Vorgängerin jahrelang hartnäckig hingearbeitet hat – allerdings ohne Erfolg. In your face, Messalina!

Irgendwann ist jedoch auch der heftigste Liebesrausch vorbei, und Claudius kommen Bedenken. Er will Britannicus wieder zu seinem Recht verhelfen, doch bevor es so weit ist, kostet er leider von Agrippinas legendärem Pilzgericht, und Nero wird Kaiser.

Zu diesem Zeitpunkt wäre ich an Agrippinas Stelle langsam nervös geworden. Ich sage nur: Orakelspruch! Agrippina tut alles, um Nero zu beeinflussen, doch dieser lässt sich nur kurze Zeit von seiner dominanten Mutter in die Regierungsgeschäfte reinquatschen. Nach und nach entzieht er ihr alle Privilegien. Im Jahr 59 lässt Nero, der sich selbst ja für einen besonders feinfühligen Schöngeist hält, seine Mutter schließlich ermorden. Angeblich versucht sie noch kurz vor ihrem Tod, ihn zum Inzest zu verführen, um ihren anscheinend immer noch sehr hübschen Hintern zu retten. Aber wo bleibt da der Stolz, Madame? Wie gesagt: Es ist ja nicht so, als ob sie es nicht gewusst hätte.

Golda Meir
Ich und die anderen

Es ist ihre größte Stärke und zugleich ihre größte Schwäche: Ihre Fähigkeit zu vereinfachen, klare Linien zu ziehen, klar zu unterscheiden zwischen Schwarz und Weiß, und auf dieser Grundlage Entscheidungen zu treffen – manchmal die richtigen, manchmal nicht ganz so richtige. Golda Meir ist ein gebranntes Kind. Sie weiß, was es bedeutet, unterscheiden zu müssen zwischen »wir« und »die anderen«. Sie ist gerade einmal vier Jahre alt, als sie miterlebt, wie ihr Vater in Pinsk im russischen Zarenreich, heute Ukraine, die Tür vor kosakischen Pogromen verbarrikadieren muss. Aus der Enttäuschung darüber, anders zu sein, entsteht die Überzeugung, dass nur überleben wird, wer bereit ist, sich knallhart für seine Interessen einzusetzen. Schwarz und Weiß. Wir und die anderen.

Der Vater emigriert schon bald in die USA, kurz darauf holt er die Familie nach. Golda macht eine Ausbildung zur Lehrerin, als die Liebe ihren Weg kreuzt. 1917 heiratet sie. Schon bei der Verlobung mit Morris Myerson – in den 50er-Jahren wird Golda ihren Nachnamen offiziell hebräisieren – steht fest: Sie will nach Palästina auswandern. In Denver ist Golda mit dem sozialistischen Flügel der zionistischen Bewegung in Verbindung gekommen. Da hilft nichts. Morris muss mit.

1921 ist es schließlich so weit: Die beiden ziehen nach Palästina in einen Kibbuz und erleben die glücklichste Zeit ihres Lebens – sagt zumindest Golda. Der weite Schaffenskreis gefällt ihr, aufgrund ihrer anpackenden Art wird sie hochgeschätzt. Der sensible Morris dagegen fühlt sich einsam, erkrankt an Malaria. Ihm zuliebe zieht Golda mit ihm nach Tel Aviv, dann nach Jerusalem. Zwei Kinder kommen zur Welt, doch ein Hausfrauendasein ist nichts für Meir. Sie wird zunächst Sekretärin in der Einheitsgewerkschaft (»Histadrut«). 1940 wird sie zu deren politischen Leiterin, gleichzeitig ist sie unter Ben Gurion in der Führung der jüdischen Arbeiterpartei aktiv.

Noch existiert kein eigener jüdischer Staat. Palästina steht unter britischem Mandat, Meir ist wohl eine der bedeutendsten Vertreterinnen der jüdischen Sache – auch in finanzieller Hinsicht. 1945 geht es für sie zum Spendensammeln in die USA, zurück kommt sie mit unfassbaren 50 Millionen. Ihr Erfolgsrezept: ihre Beharrlichkeit, ihre Ausdauer – und der Verzicht auf jeden Kompromiss. Schwarz und Weiß. Wir und die anderen. Deutlich ablesbar auch in ihrer berühmten Chicagoer Rede vom Januar 1948: »Ihr könnt nicht entscheiden, ob wir kämpfen sollen oder nicht. Das werden wir sowieso. [...] Die Entscheidung ist gefallen. Daran kann niemand etwas ändern. Aber ihr könnt eines entscheiden: Ob wir siegen – oder die Muftis!«

Am 14. Mai 1948 gehört Meir zu den 25 Unterzeichnern der Unabhängigkeitserklärung und damit zu den Begründern Israels. Sie wird zunächst Botschafterin in der Sowjetunion. Ab 1949 ist sie Arbeitsministerin und leistet einen gewaltigen Beitrag zum wirtschaftlichen Erfolg Israels. Die zahlreichen

Einwanderer werden schnell mit Arbeit versorgt, ein funktionierendes Sozialsystem auf den Weg gebracht. Mitten in der Wüste entsteht ein blühender Industriestaat. Vieles davon ist Meirs Verdienst. 1956 wird sie Außenministerin. Auch hier kommt ihre alte Stärke zum Einsatz: Vereinfachung. Klare Linien. Keine Kompromisse. Wir und die anderen. Schwarz und Weiß. »Frieden wird es erst geben, wenn die Araber ihre Kinder mehr lieben, als sie uns hassen.« Da liegt er bei den anderen – der Schwarze Peter.

Meir will nicht am Amt kleben. 1965 tritt sie zurück. Als es 1969 zu Führungsstreitigkeiten kommt, gilt Madame »Keine Kompromisse« – Ironie des Schicksals – als Kompromisskandidatin und wird am 17. März 1969 zur Ministerpräsidentin gewählt. Auch in dieser Funktion liegt ihr ein Mittelweg fern. Nach dem Sechstagekrieg, aus dem Israel im Juni 1968 als triumphaler Sieger hervorgegangen ist, und dem Abnutzungskrieg von 1967 bis 1970, der an den Grenzen von 1967 nichts verändert, gilt Israels Armee als unbesiegbar. Eine Verhandlung über die besetzten Gebiete für eine Friedenslösung lehnt Meir ab. Schwarz und Weiß. Wir und die anderen. Sie ist sich ihrer Sache sicher. Zu sicher.

1973 wird Meir vom Jom-Kippur-Krieg eiskalt überrascht. An jenem jüdischen Feiertag überfallen Ägypten, Syrien und weitere arabische Staaten Israel und verbuchen zunächst große militärische Triumphe, bis die israelische Armee mobilisiert ist. Letzten Endes siegt Israel, doch der Krieg wird zum Trauma eines Landes, das sich für unbesiegbar gehalten hat. Nach einer Regierungskrise wird Golda Meir 1974 zwar wiedergewählt, zieht sich jedoch schon wenige Monate später von allen Ämtern zurück. Es muss auch mal gut sein.

Elisabeth II.
Der Boss

Ich will mich kurz fassen. Gerade weil es über Königin Elisabeth so viel zu erzählen gäbe, will ich das anderen überlassen, die das in dicken Büchern und langen Berichten, zum 90. Geburtstag, zum saphirnen Thronjubiläum oder der Gnadenhochzeit (ja, so heißt das witzigerweise nach 70 Jahren) auch bereits so ausführlich getan haben, dass doch im Grunde ein jeder von uns bereits ziemlich gut über die Queen Bescheid weiß.

Deshalb lieber gleich zur Frage, weshalb Lizbet oder Lilibet, wie die auf den Namen Elizabeth Alexandra Mary getaufte als Kind genannt wird, in diesem Buch gelandet ist. Nicht etwa, weil sie am 9. September 2015 Königin Victoria in ihrer Herrschaftsdauer übertroffen hat oder weil sie seit Oktober 2016 die längste Amtszeit aller derzeit lebenden Monarchen vorzuweisen hat. Das wäre doch schon ziemlich langweilig.

Nein – sie steht an dieser Stelle, weil sie in diesen vielen Jahren so zahlreiche außergewöhnliche Situationen mit so viel Selbstbeherrschung, Disziplin und Mut gemeistert hat, wie sie in Zeiten, in denen gern allzu schnell die Flinte ins Korn geworfen wird, ihresgleichen suchen – und weil es über sie einfach so viele beeindruckende, witzige, berührende Geschichten zu erzählen gibt (zum Beispiel die, wie Elisabeth sich bei einem Besuch des rumänischen Gewaltherrschers Ceaușescu hinter einem Gebüsch versteckte, um eben jene legendäre Selbstbeherrschung nicht zu verlieren). Ich will mich auf einen Bruchteil davon beschränken und all die Lady-Di-Sachen weglassen, die ein jeder von uns schon hunderttausendmal gehört hat und über die man sich sowieso nur in die Haare gerät (Wie hätte Elisabeth angesichts des Todes ihrer Schwiegertochter denn nun *wirklich* reagieren sollen?). Keine Sorge, die Auswahl an herzerwärmenden Galgenstrickgeschichten ist dennoch groß genug.

Im zarten Alter von 18 Jahren tritt Lilibet zum Beispiel der Frauenabteilung des britischen Heeres bei. Sie macht den LKW-Führerschein und eine Ausbildung als Mechanikerin und scheut sich nicht, sich die Hände schmutzig zu machen, sodass sie schon bald ehrenhalber zum Junior Commander befördert wird. Und wer fest mit anpackt, der soll auch ordentlich feiern. Am VE-Day, dem »Victory in Europe«-Day, also dem Tag der Befreiung, mischt sie sich mit ihrer vier Jahre jüngeren Schwester inkognito und ganz ohne Bewacher unter die freudentaumelnden Massen und feiert fleißig mit – wobei sie, da wären wir wieder bei der für sie typischen Selbstbeherrschung, darauf verzichtet, sich wie ihr aktuell populärster Enkel sinnlos zu betrinken, Strip-Poker zu spielen oder sich als Nazischerge zu verkleiden. Dennoch eine beeindruckende Volksnähe, die sie auch als Königin beibehält. So versucht Elisabeth seit den 70er-Jahren bei Staatsbesuchen nicht nur offizielle Hände zu schütteln und auf roten Teppichen herumzustehen, sondern sie macht – allerdings nicht mehr inkognito – »royal walkabouts«, um mit dem »normalen Volk« ins Gespräch zu kommen.

Wie abgezockt Elisabeth sein kann, wenn es denn sein muss, zeigt sich 1982, als ein arbeitsloser Vater von vier Kindern über eine Dachrinne in den Buckingham-Palast eindringt. Die Alarmanlagen sind ausgeschaltet oder gerade defekt – angesichts der Tatsache, dass im Vorjahr bereits ein junger Mann bei einer Parade Schüsse auf die Queen abgefeuert hat, ein Unding. Der Leibwächter, der eigentlich vor Elisabeths Tür sitzen sollte, führt gerade ihre Hunde aus. Mit einer gestohlenen Flasche Wein in der Hand dringt der Mann in Elisabeths Schlafzimmer ein und setzt sich auf ihre Bettkante. Sie erwacht und verwickelt ihn in ein Gespräch. Währenddessen drückt sie mehrmals den Notrufknopf unter ihrem Bett – doch dieser ist ebenfalls defekt. Aber selbst ist die Queen: Unter dem Vorwand, dem unliebsamen Besucher Zigaretten holen zu wollen, geht Elisabeth ins Nebenzimmer, wo sie eine Hausangestellte alarmiert. Es gehört einiges dazu, in so einer Situation die Nerven zu bewahren.

Aber der »Boss«, wie Prinz Harry seine Oma gerne nennt, hat ja auch reichlich Erfahrung in Sachen Selbstbeherrschung, schließlich ist sie seit Jahrzehnten mit Prinz Philipp, der Liebe ihres Lebens, an ihrer Seite unterwegs, dem »Duke of Hazard«, dessen freche Sprüche ihr sicherlich so manches Mal den Schweiß auf die Stirn getrieben haben. So fragte er 1995 einen schottischen Fahrlehrer: »Wie schaffen Sie es, die Leute hier so lange vom Saufen abzuhalten, bis sie ihre Fahrstunde bestanden haben?« Bei einem Festakt der Gehörlosenvereinigung ermahnte er einen Mann: »Sie sind taub? Kein Wunder, wenn Sie so dicht bei der Musik stehen!« und begrüßte 1997

Helmut Kohl mit einem markigen »Willkommen, Herr Reichskanzler«.

Vermutlich hätte man keine Bessere finden können für die schwierige Aufgabe, über so viele Jahre hinweg einem so komplizierten Staatenkonstrukt vorzustehen, derartig viele Konflikte beizulegen oder auszusitzen oder auch einfach mal ein Auge zuzudrücken. Schließlich lobte bereits Lilibets Gouvernante deren ausgeprägtes Verantwortungsbewusstsein. Churchill, der Elisabeth 1928 erstmals begegnete, wunderte sich, welche Autorität und Nachdenklichkeit die damals gerade Zweijährige ausstrahlte. Ja, manchmal ergeben die seltsamsten Zutaten eine wahre Rebellin.

Cosima Wagner
Besessen

»Sie spürt einen Dämon in ihrem Inneren, dem sie alles opfern wird«, so schreibt Cosima Wagners Mutter, die Schriftstellerin Marie d'Agoult, schon früh über ihre Tochter und beweist damit erstaunliche Weitsicht. Das ist aber auch schon alles, was man Frau d'Agoult in Sachen Muttersein zugutehalten kann: die Kenntnis des töchterlichen Seelenlebens. Denn tatsächlich sind Aufopferung und Selbstaufgabe bis zur Auflösung des eigenen Ichs zugunsten einer höheren Sache *die* zentralen Themen in Cosimas Leben, was sicherlich zum großen Teil auch daher kommt – Achtung, Küchenpsychologie! –, dass Cosima schon früh in ihrem Leben beigebracht bekommen hat, wie bedeutungslos sie ist. Als uneheliches Kind ihrer Mutter mit dem ungarischen Komponisten Franz Liszt wird sie erst sieben Jahre nach ihrer Geburt als Liszts Tochter legitimiert, was jedoch nicht heißt, dass dieser – oder die Mutter – sich für Cosima interessiert hätten. Ganz im Gegenteil. Sie wird von Gouvernanten und Freundinnen der »Familie« aufgezogen.

Was macht man also mit so einem Leben, in dem man sich überflüssig fühlt wie ein Sandkasten in der Sahara? Cosima beschließt, dieses »Nichts«, das sie vermeintlich ist, einem aufzuopfern, der dieses Opfers würdig ist. Ihre Wahl fällt auf Hans von Bülow, einen Schüler ihres Vaters, wodurch sich auch gleich der Nachsatz ihrer Mutter bestätigt: »Die Umstände haben sie in eine Ehe hineingetrieben, in der, wie ich befürchte, niemand sein Glück finden wird.« Wo Marie d'Agoult recht hat, hat sie recht: Die Ehe mit von Bülow erweist sich in der Tat als echter Reinfall. Unverschämterweise ist der nämlich nicht bereit – oder unfähig –, zu göttlicher Größe aufzusteigen, um dann Cosimas bereitwilliges Opfer zu fordern. Von Bülow stellt sich lieber selbst in den Dienst des von ihm glühend verehrten Richard Wagner. Doch wer wirklich will, der findet schnell ein anderes Objekt der Bewunderung. Vor allem wenn der eigene Mann es einem so aktiv vorlebt. Es ist also Wagner selbst, den Cosima erwählt. Wagner ist 24 Jahre älter als sie und ein ganzes Stück kleiner. Aber nur oberflächliche Geister halten sich mit Äußerlichkeiten auf. Denn aufgepasst – das hier ist die wahre Liebe. »Alle 5000 Jahre glückt es«, wird Wagner am Ende seines Lebens über seine Liebe zu Cosima schreiben. Die hat Anfang der 1860er-Jahre allerdings bereits zwei Kinder und ist noch immer mit Hans von Bülow verheiratet.

Doch die Liebe ist stärker. Im Sommer 1863 gestehen sich Wagner und Cosima auf einer Kutschfahrt dieselbige. Aber so richtig romantisch ist das Ganze dann doch nicht, für Cosima beginnt ein doppeltes Spiel. Beide Familien lassen sich in München nieder, wo Wagner in Ludwig II. endlich einen finanziellen Unterstützer gefunden hat. Fast schon lächerlich klischeehaft arbeitet Cosima als Wagners Sekretärin und bringt ihm – noch in der Ehe mit von Bülow – zwei Kinder zur Welt. Kurz vor der Geburt der zweiten Tochter schließlich verlässt Cosima von Bülow, doch erst nach der Geburt des dritten Kindes, des Stammhalters Siegfried – oder »unseres Lebens Steuerruder«, wie Cosima die Töchter angeblich an dessen 34. Geburtstag singen lässt –, wird die Scheidung eingereicht. Keine besonders glänzende Zeit im Leben der Cosima Wagner, die als gute Katholikin bei der Hochzeit mit Wagner zum Protestantismus konvertiert, entsprechend darunter leidet und in den Ereignissen jener Jahre wertvolles Material für ihre lebenslange Selbstkasteiung findet.

Und glücklicherweise gibt es ja nun, als Wagners Frau, schier unerschöpfliche Möglichkeiten, sich wieder und wieder aufzuopfern. Er mag der Komponist, der Denker hinter den Wagner-Festspielen sein, sie macht das Ganze durch ihre unermüdliche Lobbyarbeit finanziell erst möglich. Cosima zieht Fäden, nutzt ihr Netzwerk und sorgt dafür, dass die Ringaufführung 1876 mit einer illustren Zuhörerschar auch als das wahrgenommen wird, was es ist, nämlich *das* gesellschaftliche und kulturelle Ereignis des Sommers.

Finanziell ist das Ganze ein Desaster, doch gesellschaftlich ein Triumph, was wieder Cosimas Seelennöte nährt. Wenn sie elegant parlierend einen großartigen Abend verbringt, quält sie in der Nacht das schlechte Gewissen. Wie kann sie nur! Spaß haben?! Leid und Elend und Selbstzweifel sind das Einzige, was ein Nichts wie sie verdient hat! Wie gut, dass sie auch fortan im Staub kriechen darf, denn da die Kassen leer sind, muss gebuckelt werden, um die *Parsifal*-Aufführung im Sommer 1882 möglich zu machen. Friedrich Nietzsche wird später Cosima die »Schuld« am *Parsifal* geben, schließlich sind es ihre Lebensthemen – Opfer, Selbstaufgabe –, die darin verhandelt werden. Es ist ein Werk, an dem sich die Geister scheiden.

Als Wagner 1883 stirbt, macht sich Cosima zur Gralshüterin seines Erbes und übernimmt die Leitung auf dem Grünen Hügel. Seine Werke sollen nur noch im streng Wagner'schen Sinne aufgeführt werden – und diesen Sinn kennt Cosima am besten. Deshalb sitzt sie bei den Proben auch gern einmal in einem gezimmerten Kasten hinter schwarzen Tüchern verborgen (Selbstaufgabe bis zur Auflösung des eigenen Ichs) und teilt mit Hilfe kleiner Zettel den Künstlern ihre Verbesserungsvorschläge mit, die in der Tat wohl Hand und Fuß haben.

Im Hinblick auf den bekannten Wagner'schen Antisemitismus legt Cosima noch eine Schippe drauf. Während Wagner ein Fähnchen im Wind war, jemand, der über Juden lästern und gleichzeitig mit ihnen zusammenarbeiten konnte, solange diese denn künstlerisch etwas zu bieten hatten, fährt Cosima eine strengere Linie. Jüdische Künstler werden in Bayreuth eine noch größere Ausnahme. Dass parallel dazu in der Villa Wahnfried fleißig am modernen Antisemitismus gefeilt wird – unter anderem unter reger Beteiligung des Chefrassisten Houston Stewart Chamberlain –, ist allgemein bekannt. Dieser Geist ist es dann auch, der die enge Verbandelung der Wagners, vor allem der Schwiegertochter Winifred, mit »Onkel Wolf« alias Adolf Hitler, erst möglich macht. Da scheint noch jemand seinen Dämon gefunden zu haben ...

Es folgen unter Cosimas Nachkommen und Nachkommen der Nachkommen: zahlreiche Intrigen, Erbschaftsstreitigkeiten, körbeweise in der Öffentlichkeit gewaschene schmutzige Wäsche. Lassen wir es gut sein. Cosima hat sich selbst schon genug gequält.

Aber ist es nicht faszinierend, welche Bedeutung man auf dieser Welt mit vermeintlicher Selbstaufgabe erringen kann?

Messalina
Die dumme Augustine

Messalina kennen Sie schon aus diesem Buch. Das ist jene Dame, die Agrippina im Weg steht, als diese aus dem Exil zurückkehrt und Kaisergattin werden will. Erst nach ziemlich viel Gezicke, dem einen oder anderen speziell gewürzten Pilzgericht und Messalinas Tod kann Agrippina die erste offizielle »Augusta«, die erste Kaiserin des Römischen Reichs werden.

Aber selbst wenn Sie dieses Buch nicht von vorne nach hinten durchlesen, haben Sie sicherlich schon einmal von Messalina gehört. Kennen Sie zum Beispiel die Geschichte jener römischen Kaisergemahlin, die so unersättlich war, dass sie sich mit der leistungsstärksten Dirne Roms auf einen Wettstreit einließ? Innerhalb von 24 Stunden brachte Letztere es auf 25 »concubitus«. Wie viele die Kaisergattin schaffte, ist unklar, doch sie siegte mit deutlichem Abstand. Nun, das ist Messalina. Die ist nämlich nicht nur grausam, herrschsüchtig, böse und nachtragend, sondern angeblich auch eine Nymphomanin erster Güte – wobei sich die Frage stellt, was an der ganzen Sache wirklich dran ist. So wird nämlich gern Agrippina als Urheberin solcher Geschichtchen angeführt – denn die will ja Messalinas Mann, Kaiser Claudius, ihren Onkel, heiraten, und zwar so schnell wie möglich, um ihrem

Sohn Nero die Thronfolge zu sichern. Da ist ihr jedes Mittel recht.

Gehen wir also einmal davon aus, dass die Geschichte mit den 25 Männern erstunken und erlogen ist – das schüchterne Veilchen im Moose scheint Messalina trotzdem nicht gewesen zu sein. Sie ist gerade einmal 20, als sie den wesentlich älteren Claudius heiratet, und der dürfte nicht wirklich von der lebhaften Truppe gewesen sein. Als Caligula, sein Neffe, ermordet wird, kann Claudius ihm nur deshalb auf den Thron folgen, weil er sich in den Vorjahren extrem unauffällig verhalten hat und somit diversen Säuberungsaktionen entgangen ist. Ein fader Restposten also, nach dem sich Messalina nicht wirklich die Finger geleckt haben dürfte. Dazu kommt ein geradezu unmenschliches Arbeitspensum, nachdem er den Thron bestiegen hat. Und eine schöne, junge und leidenschaftliche Frau wie Messalina will unterhalten werden. Also drückt Claudius ein Auge zu, wenn Messalina feuchtfröhliche Feste feiert, die gern auch mal in der einen oder anderen Orgie ausarten. Damals sind die Sitten einfach um einiges lockerer.

Problematisch ist jedoch, dass Messalina ihren Einfluss bei Claudius vor allem dazu nutzt, um verflossene Liebhaber und solche, die sich weigern, welche zu werden, ordentlich abstrafen zu lassen – gerne auch mit dem Tod. Ein weiterer Grund, der dafür sorgt, dass bei Messalina Köpfe schneller rollen, als man »hinterhältige Hexe« sagen kann: Habgier. Einen hoch angesehenen zweifachen Konsul bringt sie bei Claudius in Misskredit (mit Todesfolge), weil sie es auf dessen Gärten des Lucullus abgesehen hat. Als Motive ebenfalls vorne mit dabei: Neid oder Angst vor Konkurrenz um die Thronfolge, schließlich hat sie gemeinsam mit Claudius einen Sohn, Britannicus, der ihm als Kaiser nachfolgen soll. Ihn geboren zu haben macht ihre Position an der Seite ihres Mannes, ganz nebenbei bemerkt, noch ein bisschen sicherer.

Was Messalina letztendlich dazu treibt, diese Position aufs Spiel zu setzen, ist unklar. Ist es wirklich irrwitzige, verblendete Liebe? Seit 47 nach Christus hat sie ein Verhältnis mit dem Senator Gaius Silius, dem angeblich schönsten Mann Roms. Nachdem dieser seine Frau für sie verlassen hat, will angeblich auch Messalina Ernst machen. Sie berichtet Claudius von einem vermeintlichen Traum: Es werde ein Unglück geschehen, wenn sie nicht Gaius Silius heirate. Claudius stimmt zu. Er denkt, es handle sich dabei nur um eine Scheinehe, um dem Schicksal ein Schnippchen zu schlagen. Nun ja, meine Meinung über Claudius habe ich ja bereits geäußert ...

Als Claudius im Herbst 48 nach Ostia reist, feiert Messalina ohne sein Wissen in aller Öffentlichkeit Hochzeit. Die durchtriebene, machtversessene Messalina kennt wohl gar keine Grenzen mehr. Möglicherweise hat Messalina auch Angst vor dem wachsenden Einfluss Agrippinas, die ihren Sohn Nero an der Stelle von Britannicus sehen möchte. Also wettet sie auf ein neues Pferd: Sie will Claudius stürzen, um mit Gaius Silius einen anderen ihr hörigen Mann auf den Thron zu hieven, der Britannicus die Thronfolge sichern wird. Oder ist Messalina in ihrer maßlosen Selbstüberschätzung davon überzeugt, dass Claudius ihr sowieso alles durchgehen lassen wird? Vielleicht hätte er das auch, wäre da nicht Narcissus gewesen ...

Narcissus, ein mächtiger Freigelassener, der als Berater von Claudius fungiert, begibt sich nämlich aus Angst vor einem

Sturz Claudius' mit anderen Freigelassenen nach Ostia, um ihn zu warnen. Sie fürchten um ihren Einfluss. Narcissus ist übrigens angeblich ebenfalls ein ehemaliger Geliebter von Messalina (wer ist das nicht?), der einmal mit ihr gemeinsame Sache gemacht hat, um ihren Stiefvater ans Messer zu liefern (weil der sich angeblich geweigert hat, Messalinas Liebhaber zu werden). Dennoch scheint Narcissus die guten alten Zeiten vergessen zu haben, möglicherweise weil Messalina den einen oder anderen Freigelassenen unlängst hat umbringen lassen und Narcissus ihr das übel nimmt.

Sie verlieren langsam den Überblick? Ja, Messalinas Netz aus Liebschaften und Intrigen ist komplizierter als die Handlung eines Vierteljahrhunderts GZSZ.

Aber zurück zum gehörnten Ehemann. Als der nun nach Rom zurückkehrt, nachdem Messalina Hochzeit mit Gaius Silius gefeiert hat, die eher Sein als Schein war, verhindert Narcissus, dass Messalina ihrem Göttergatten mit den Kindern auf dem Weg entgegengeht, um ihn zu beschwichtigen. Sie wird mit dem Hinweis weggeschickt, es werde ihr später ein Gespräch gewährt. Als Claudius nun nach dem Essen in ausgeglichener Stimmung und bereit ist, seiner Frau zu verzeihen, gibt Narcissus eigenmächtig den Tötungsbefehl.

Als sich die Schergen den Gärten des Lucullus nähern, in denen Messalina auf Nachricht von Claudius wartet, tut Messalinas Mutter, was jede Mutter wohl in so einem Augenblick tun würde: Sie gibt ihr den Rat, heroisch Selbstmord zu begehen. Doch Messalina stellt sich ziemlich an, sie ist anscheinend eher zum Austeilen geboren. Vielleicht ist ihr auch bewusst, dass sie bei Claudius noch etwas bewirken könnte, wenn sie ihn doch nur zu fassen bekäme – was ihr allerdings

Messalina

nicht mehr gelingt. Als Claudius die Nachricht ihrer Ermordung überbracht wird, reagiert er kaum, er lässt sich nur Wein nachschenken.

Claudius will nun eigentlich nicht mehr heiraten, doch charakterschwach wie er ist, lässt er sich Agrippina aufquatschen. Sollte man nun Mitleid haben mit einem Mann, der zwei der schlimmsten Ehefrauen der Historie abbekommen hat? Ein bisschen ist er ja selbst schuld. Und für Messalina gibt es auch noch einen kleinen Trost: Agrippina wird später nicht nur Claudius vergiften. Sie sorgt auch dafür, dass der einflussreiche Narcissus sehr schnell den Löffel abgibt. Der hat Claudius nämlich zu einer anderen Ehefrau geraten. Und so etwas verzeiht eine Agrippina nicht.

Ethelfleda
Raus aus meinem Land!

Sicherlich ist Ihnen schon aufgefallen, dass viele der Frauen in diesem Buch erst dann richtig durchstarten, wenn die Männer in ihrem Leben krank werden oder sterben. So auch der Fall bei der großartigen Ethelfleda, der Tochter von Alfred dem Großen von Wessex, die im 9. und 10. Jahrhundert nach Christus im heutigen England lebt.

Damals sieht England allerdings noch ein bisschen anders aus. Vor allem ist es zu großen Teilen von dänischen Wikingern besetzt. Doch Alfred wäre nicht der Große, wenn er nicht nach und nach mit seinen Verbündeten ganze Landstriche wieder von den Invasoren zurückerobern würde – unter anderem auch Mercia, das bis zu diesem Zeitpunkt vor allem im Osten von Wikingern besetzt ist, deren Einfluss sich jedoch bis in den Westen Mercias erstreckt. Ganz vorne mit dabei bei der Rückeroberung: Æthelred von Mercia, der von Alfred für seine Leistungen im Kampf besonders belohnt wird. Er erhält den Titel »Earl of Mercia« und Alfreds Tochter Ethelfleda zur Frau.

Sie ist noch ein Teenager, als sie sich im Jahr 886 auf den Weg macht zu ihrer Heirat mit Æthelred. Da fallen plötzlich Wikinger über sie her, die den Bund von Wessex mit Mercia

Ethelfleda 227

verhindern wollen. Die Hälfte von Ethelfledas Wachen wird getötet, doch das kümmert das tapfere Mädchen nicht. Gemeinsam mit den verbliebenen Männern verschanzt sie sich und schlägt die Angreifer zurück. Sie können sich also gut vorstellen, um welche Art von Mädel es sich bei Ethelfleda handelt.

Æthelred und Ethelfleda heiraten und bekommen eine gemeinsame Tochter. Seite an Seite kämpfen die beiden nun gegen die Dänen und erobern nach und nach immer mehr Gebiete, unter anderem in den Midlands und im Norden, zurück. Der Überlieferung zufolge bringt Ethelfleda großes militärisches Geschick und Strategiedenken mit. Angeblich kämpft sie zum Beispiel in der Schlacht bei Chester mit besonders perfider Taktik. Sie gibt vor, sich mit ihren Truppen in die Stadt zu flüchten und lässt die Tore hinter den Wikingern, die den Flüchtenden hinterherstürmen, herab, um sie im Inneren der Stadt niederzumetzeln. Darüber hinaus drängt Ethelfleda darauf, die von ihr eroberten Städte gut zu befestigen, und trägt so wesentlich zum Erhalt der zurückeroberten Gebiete bei.

Ab 902 ist Æthelred immer wieder krank, Ethelfleda kümmert sich fast allein um die Geschäfte. Sie unterschreibt Urkunden, übernimmt die Kriegsführung. Daran ändert sich nicht viel, als ihr Mann 911 schließlich stirbt. Nur ihr Titel ist ein neuer. Er lautet jetzt: »Lady of Mercia«. In dieser Eigenschaft kämpft und erobert Ethelfleda in Absprache mit ihrem Bruder, der dem Vater auf den Thron von Wessex nachgefolgt ist, weiter und immer weiter, bis die Wikinger ganz aus Zentral- und Südengland hinausgeworfen sind. Es gelingt ihr sogar, die von Wikingern regierte Stadt York im Norden Englands dazu zu bringen, ihr ihre Loyalität auszusprechen. Ethelfleda stirbt jedoch am 12. Juni 918, zwei Wochen bevor sie in die Stadt reisen kann, um diese Bekundung entgegenzunehmen. Ich denke, wir alle hätten der draufgängerischen Ethelfleda diesen Triumph von Herzen gegönnt.

Ruchlose Rebellinnen

Gisela Werler
»Hände hoch, oder ich schieße!«

Nein, nicht so und auch nicht ein bisschen anders formuliert es Gisela Werler, die ab Mitte der 1960er-Jahre deutsche Banken um mehr als nur ein paar Mark erleichtert, bei ihren Überfällen. Ich bitte Sie – derartige Drohungen kämen doch einer Dame, die schon bald als Banklady eine mehr als zweifelhafte Karriere hinlegt, nicht über die Lippen. Immer höflich, immer freundlich, tipptopp gekleidet. Ja, so raubt die Frau von heute Banken aus.

Als brave Tochter eines Bauschlossers lebt Gisela noch mit dreißig bei ihren Eltern. Ein nettes Mädchen, sagen die Nachbarn. Hilfsbereit und pünktlich, sagen die Arbeitgeber. Solche Fälle kennen Sie auch aus dem eigenen Bekanntenkreis? Ja, vielleicht gar aus der Nachbarschaft? Na, dann wird es vielleicht Zeit, etwas nachzubohren, denn die liebe, pünktliche, nette, hilfsbereite Gisela war – O-Ton *Hamburger Abendblatt* – nicht nur die »Chefin der gefährlichsten Bankräuberbande der Nachkriegszeit«, sondern auch die erste Bankräuberin Deutschlands überhaupt.

Tatsächlich haben Banküberfälle in Deutschland in den 60er-Jahren des letzten Jahrhunderts Hochkonjunktur. Während 1962 gerade einmal 53 Banken ausgeraubt wurden, sind es vier Jahre später schon 389. Und weil es damals anscheinend so viele Bankräuber gibt, hat auch Gisela einen im Bekanntenkreis. Hugo Warncke, ein Taxifahrer, mit dem sie immer wieder einmal ausgegangen ist, sieht im Schlafzimmer der bei den Eltern lebenden Gisela ein ideales Versteck für die Beute eines Bankraubs, den er gemeinsam mit dem Taxiunternehmer Hermann Wittorff durchgeführt hat. Doch Gisela fungiert nicht nur als Schatzhüterin, sie verliebt sich auch in Hermann Wittorff, der in der braven Gisela das böse Mädchen wachküsst. Sie will selbst aktiv werden.

Am 29. Juli 1965 erbeutet Gisela bei ihrem ersten Banküberfall stattliche 3100 Mark. Es folgen 18 weitere Überfälle, bei denen Gisela entweder plant oder selbst vor den Schalter tritt. Das Vorgehen in fast allen Fällen: In einem gestohlenen VW Käfer fahren Gisela und Hermann vor der Bank vor. Das Kennzeichen: gefälscht. Während er im Auto wartet, betritt sie verkleidet die Bank und fordert die Bankbeamten auf, ihr das Geld zu geben. Es folgt die Flucht im gestohlenen Käfer. Wenige Kilometer entfernt steigen sie in ein Taxi mit einem Geheimfach um, in dem sie Geld, Verkleidung und Waffen verstecken. »Waffen?«, fragen Sie jetzt. Bei der Banklady? Oben hat sich das aber ganz anders angehört! Waffen haben die beiden in der Tat dabei – zur Sicherheit eben –, auch wenn Gisela sie in den seltensten Fällen zücken muss. Stattdessen fragt sie gern mal höflich, ob man das Geld auch einpacken könne. Fehlt nur noch die freundliche Rückfrage: »Darf's auch ein bisschen mehr sein?« Es darf.

Lange Zeit geht alles gut. Gisela ist hervorragend maskiert, deshalb führen die Phantombilder zu keinem nennenswerten Fahndungserfolg. Doch bei ihrem 19. Überfall am 15. Dezember 1967 verlässt Hermann und Gisela das Glück. Anders als sonst setzen sich die Bankbeamten zur Wehr – diesmal geht es schließlich um 100 000 Mark – und verfolgen die beiden Flüchtenden. Hermann schießt die Bankbeamten nieder, doch an einer geschlossenen Bahnschranke werden sie schließlich von der Polizei gestellt. Vielleicht wäre das Ganze noch etwas Bonnie-und-Clyde-hafter abgelaufen, wäre Hermann nicht das Magazin aus seiner Maschinenpistole gefallen. So bleiben die beiden am Leben, am 27. Dezember 1968 beginnt der Prozess gegen die Banklady und ihre Bande.

Bis dahin hat in Giselas Umfeld niemand etwas mitbekommen. Natürlich beneiden Freundinnen sie um den feschen Hermann, der ihr immer wieder kleine Geschenke macht, doch die Ausgaben bleiben unauffällig. Vorhänge, kleinere Reisen, ein gebrauchter VW Käfer, eine neue Schlafzimmereinrichtung – mehr Luxus gönnen sich die beiden nicht. Und so ist die Mutter ehrlich erbost, als sie von Giselas Schandtaten erfährt. Das Mädchen hätte doch etwas abgeben können! Sogar Sorgen hat sich die Mutter gemacht, ob Gisela den armen Hermann wohl finanziell allzu sehr ausnutzt. Diese undankbaren Kinder!

Doch was ist mit dem Geld geschehen? Haben die beiden es doch irgendwie verjuxt? Ist es von Komplizen geklaut worden? Man weiß es nicht. Gefunden wird die Beute nie. Offenbar aber haben Gisela und Hermann das Geld nicht irgendwo gebunkert, denn als Hermann 1985 aus der Haft entlassen wird, überfällt er als Erstes – Sie ahnen es schon – eine Bank. Er will sich seine Altersversorgung sichern. Gisela hat das Licht der Freiheit übrigens schon einige Jahre früher wieder erblickt. Während Hermann zu dreizehneinhalb Jahren verurteilt wurde, waren es bei ihr nur neuneinhalb. Gisela sagte aus, sie habe nur »aus Liebe« gehandelt. Und Frauen – seien wir doch mal ehrlich – fehlt es doch an krimineller Energie und, nun ja, an Intelligenz, um so etwas Kompliziertes wie eine Bankraubserie wirklich eigenständig auszutüfteln. Oder? So wurde auf jeden Fall Giselas niedrigeres Strafmaß begründet. Sollen die Richter denken, was sie wollen – Gisela genoss die Freiheit sicherlich. Manchmal hat es eben doch seine Vorteile, eine Frau zu sein. In der Haft haben Hermann und Gisela übrigens geheiratet – und sie blieben es auch bis zum Ende ihres Lebens. Ein echtes Happy End also.

Bevor Sie sich jetzt aber glücklich aufseufzend in Ihrem Sessel zurücklehnen, noch ein kleiner Tipp: Schauen Sie sich mal in Ihrer Nachbarschaft um. Vielleicht schlummern da auch in einem biedermeierlichen Schlafzimmer Hunderttausende von Euronen. Und möglicherweise sucht Ihr Nachbar ja eine Komplizin – die ideale Gelegenheit für Sie, um als »Banklady 2.0« Geschichte zu schreiben.

Elisabeth Báthory
Das Grauen von Čachtice

»Wenn Grausamkeit und Blutdurst den Mann entehren, ihn dem allgemeinen Abscheu preisgeben, und mit dem Fluch der beleidigten Menschheit brandmarken; so findet die Sprache keinen Ausdruck, die Gefühle der empörten Natur zu bezeichnen, wenn ein Weib diesen unnatürlichen Trieben fröhnt. […] Die Geschichte aller, leider! auch der neuesten Zeiten, liefert uns zwar nicht wenig schauderhafte Beispiele von unmenschlichen, durch Weiber ausgeübten Grausamkeiten; allein stets erklären doch Liebe, Rache, oder beleidigte Ehre diese unnatürlichen Verirrungen, wenn sie dadurch gleich nie gerechtfertigt werden. Höchst selten ist aber wohl die Erscheinung eines weiblichen Ungeheuers, das blos aus teuflischem Vergnügen an fremden Schmerzen, mit Verachtung aller natürlichen und bürgerlichen Gesetze, wie ein blutdürstiges Raubthier, mehrere hundert unschuldige Geschöpfe, ihrer Mordlust aufopferte.«

So schrieb Freiherr von M[ednyansk]y 1812 im *Hesperus, ein Nationalblatt für gebildete Leser*. Und in der Tat sind uns nur wenige Serienmörderinnen bekannt, Frauen, die allein aus Freude am Töten morden. Das macht Elisabeth Báthory zu so einem herausragenden Exemplar der weiblichen Gattung. Denn die Blutgräfin, die Hyäne von Čachtice, die Tigerin in Menschengestalt, tötete nicht aus Habgier, Eifersucht oder um ihre Kinder zu rächen – nein, sie tötete einfach, weil es ihr Spaß machte. Weil sie es konnte. Und zwar angeblich über 600 junge Frauen und Mädchen, was ihr sogar einen Eintrag ins *Guinnessbuch der Rekorde* verschaffte.

Geboren wird die Blutgräfin 1560 in eine der reichsten und einflussreichsten Familien Ungarns. Ihre Amme verliert der Überlieferung zufolge zwei Kinder, weil Elisabeth so unersättlich ist und den beiden alle Milch wegtrinkt. Die Vorfahren von Elisabeth sollen außerdem über Jahrzehnte, wenn nicht gar Jahrhunderte hinweg, Inzest betrieben haben, dessen Folgen die Familie nun offensichtlich einholen. Alkoholismus, Sadismus, sexuelle Ausschweifungen ganz allgemein gehören in Elisabeths Sippe zum Alltag. Da deutet sich bereits an, woher die Blutgräfin ihre sadistische Veranlagung hat – ob vererbt oder anerzogen, diese »nature oder nurture«-Debatte wollen wir lieber Fachleuten überlassen. Dass Elisabeth angeblich im Alter von neun Jahren bei einem Bauernaufstand mit ansehen muss, wie ihre Schwestern vergewaltigt und ermordet werden, wird seinen Teil dazu beigetragen haben. Angeblich macht sich Klein-Lieschen vor Freude in die Hose, als die Bauern später vor ihren Augen hingerichtet werden.

Mit elf Jahren wird Elisabeth mit Franz Nádasdy von Fogarasföld verlobt. Als sie 14 Jahre alt ist, heiraten die beiden. Sie leben gemeinsam auf der Burg Čachtice, allerdings wird Elisabeth nicht sonderlich viel von ihrem Mann mitbekommen haben. Er ist damit beschäftigt, sich als Kommandant im Kampf Ungarns gegen die Osmanen durch seine besondere Grausamkeit hervorzutun. Er erhält deshalb den Beinamen »Der schwarze Ritter«. Wie erzählt wird, bringt Franz seiner Frau, wenn er denn mal daheim ist, so einiges an Foltermethoden bei. Allgemein pflegen die beiden ein eher unorthodoxes Sexualleben, dass auch erfahrenen *Fifty-Shades-of-Grey*-Leserinnen die Farbe aus dem Gesicht treiben dürfte. So entjungfert Franz angeblich vor Elisabeths Augen ein zwölfjähriges Mädchen, das diese währenddessen auspeitscht. Andere Quellen nehmen Franz in Schutz und behaupten, er habe Elisabeths wildes Wesen wenigstens in einem gewissen Maße im Zaum gehalten. Man weiß es nicht.

Als Franz stirbt, erhält Elisabeth sein gesamtes Vermögen, und als die Tigerin kurz darauf auch ihren Bruder beerben darf, vereint sie in ihren Händen eine unglaubliche Fülle an Macht: Ländereien, Schlösser, Lehen, die sie ganz nach eigenem Ermessen vergeben kann. Vielleicht versteigt sich das in ihrem Kopf zu einem Gefühl der Allmacht, denn nun dreht Elisabeth so richtig auf. Ein ununterbrochener Strom junger Mädchen fließt in Elisabeths Burg – Bauerntöchter, die von der Blutgräfin und ihren Helfern misshandelt, missbraucht und ermordet werden. Frauen, die mit glühenden Stangen vergewaltigt, im Winter mit kaltem Wasser begossen werden, Frauen, denen Elisabeth angeblich selbst mit den Zähnen das Fleisch von den Knochen reißt.

Lange geht dieses Treiben gut, die Bauern schicken immer weiter ihre Töchter, weil sie sich bei allen Gerüchten doch ein besseres Leben für sie erhoffen. Erst als Elisabeth beginnt, sich an Angehörigen des niederen Adels zu vergehen, wird gegen die Blutgräfin ermittelt. Am 29. Dezember 1610 wird das Schloss auf Befehl von König Matthias II. hin gestürmt. Auf dem gesamten Gelände, so heißt es, liegen tote und sterbende Mädchen.

Es kommt zum Schauprozess. Während die Diener zum Teil getötet oder zu harten Strafen verurteilt werden, kann Elisabeth, weil sie dem Hochadel angehört, nur unter Hausarrest gestellt werden. Ob sie tatsächlich, wie manche Quellen behaupten, in ihrem Zimmer eingemauert wird, ist unklar. Sie stirbt am 21. August 1614.

Was ist dran an der Geschichte der Blutgräfin? Zu den Schauergeschichten, die über sie erzählt werden, gehört die Behauptung, sie habe im Blut ihrer Opfer gebadet, um sich so ihre Jugend und Schönheit zu bewahren. Allerdings haben Wissenschaftler zeigen können, dass dies gar nicht möglich ist, weil das Blut zu schnell gerinnt. Infolgedessen behaupten einige, die Berichte um die Blutgräfin seien mehr oder weniger frei erfunden, um ihr, der mächtigen Frau, die vielen in ihrer Machtfülle zu gefährlich wurde, zu schaden. Die Dienerschaft ein bisschen zu prügeln, das war damals doch wirklich völlig normal. Doch warum dann derart detaillierte Vorwürfe? Üblicherweise reichten ja schon weniger fantasievolle Anklagen aus, um unliebsame Adelige zu Fall zu bringen. Darüber hinaus ist bei den Berichten über die Gräfin immer wieder auch die Rede von schwarzer Magie. Warum hat man es sich nicht einfach gemacht und sie wegen Hexerei verurteilt? Irgendetwas scheint wohl doch an der Gier der Blutgräfin dran gewesen zu sein …

Adele Spitzeder
Anlagebetrug für Quereinsteiger

Stellen Sie sich vor, Sie sind Mitte dreißig. Der Traum Ihres Lebens: gescheitert. Ihre Finanzen: alles andere als rosig. Stattdessen haben Sie sich einen Lebensstil angeeignet, der Sie – O-Ton Ihrer Mutter – auf dem »schönsten Wege an den Bettelstab« führt. Was würden Sie tun?

Vor der gleichen Frage steht 1869 die aus angesehener Künstlerfamilie stammende Adele Spitzeder. Als Schauspielerin hat sie versucht, reich und berühmt zu werden. Leider erfolglos. Über einen Geliebten, den frau in so einem Fall zu Finanzierungszwecken immer in der Hinterhand haben sollte, verfügt Adele ebenfalls nicht. Als sie im Herbst 1869 im Hotel Deutsches Haus in München eincheckt, hat sie vielmehr ihre »Gesellschafterin« dabei, mit der sie auch Tisch und Bett teilt. Die beiden sind hoch verschuldet. Ständig nimmt Adele neue Kredite auf, nur um bestehende abzulösen. Die Geldverleiher sitzen ihr im Nacken.

Ihren Lebensstil zu ändern, kommt Adele dahingegen nicht in den Sinn. Auch profane Tätigkeiten zum reinen Broterwerb scheinen nicht so ganz ihr Ding zu sein. Ich bitte Sie, schließlich wurde ihre elitäre Erziehung von König Ludwig I. himself – einem Fan ihrer Eltern – finanziert! Stattdessen hat sie eine grandiose Idee. Sie überredet ein Münchner Zimmermannspaar, ihr seine gesamten Ersparnisse in Höhe von 100 Gulden auszuhändigen, und verspricht den verrückten Zinssatz von unglaublichen 10 Prozent im Monat. Das lässt nicht nur heutige Ohren aufhorchen. Um ihre vermeintliche Seriosität zu untermauern, zahlt sie die Zinsen für die ersten zwei Monate gleich aus. Sie nimmt das Geld dafür – Schweinchen Schlau, das sie ist – von der Einlage selbst.

Schon bald spricht sich der irrsinnige Zinssatz herum, und halb München rennt Adele die Hotelbude ein. Sogar aus dem Umland und von noch weiter her kommen die Menschen, um ihr das Ersparte anzuvertrauen. Und vertrauenswürdig scheint Adele unbedingt. Sie gibt sich burschikos und dominant, raucht Zigarren und begibt sich nie in die Bittstellerposition. Ihr ganzes Auftreten vermittelt: Wenn sie das Geld der Sparer annimmt, dann tut sie diesen einen großen Gefallen. »Kalbsköpfe [...], ich habe euch Pack nicht gerufen! Ihr könnt euch alle zum Kuckuck scheren.« Ihr bisweilen derber Ton unterstreicht ihre Glaubwürdigkeit noch. Außerdem macht sie sich rar, gibt sich schwer erreichbar. Adele Spitzeder steht für ihre Kunden nur wenige Stunden am Tag zur Verfügung. Ihr Geld säckeweise in den Händen, warten vor ihrer Tür die künftigen Anleger darauf, dass sie endlich öffnet. Der allgemein verbreitete Antisemitismus mag ihr dabei noch geholfen haben: Warum die Juden in ihren zwielichtigen Geschäften unterstützen? Da gehe ich doch lieber zu einer »von uns«.

Gleichzeitig pflegt Adele ein frommes Auftreten. Hochgeschlossener Kragen. Gute Taten. Sie weiß, wie wichtig ein guter Ruf ist, schließlich muss sie immer neue Geldgeber fin-

Adele Spitzeder

den, um ihr System – Sie haben es inzwischen sicherlich schon völlig richtig als Schneeballsystem erkannt – am Laufen zu halten. Also eröffnet sie eine Volksküche im Orlandohaus am Platzl, nordöstlich des Marienplatzes. Das kontinuierliche Wachstum Münchens kommt ihr zu Hilfe, weil ständig neue gierige Kunden nachkommen. Jeder will bei der scheinbar günstigen Gelegenheit mit dabei sein. Außerdem entwickelt sie ein Provisionssystem, das für die Anwerbung neuer Kunden großzügige Prämien vorsieht. Darüber hinaus besticht sie Zeitungsredakteure, um positive Presse zu erhalten, und gründet zu diesem Zweck später sogar eine eigene Zeitung. Und es läuft und läuft und läuft.

Schon bald verlässt Adele ihr Hotel und zieht in ein großes Haus in bester Lage, das sie für ihre Zwecke umbauen lässt. Die Einzahlungen pro Tag belaufen sich zum Teil auf bis zu 100 000 Gulden. Sie stellt Dutzende von Mitarbeitern ein. Die meisten von ihnen haben genau wie sie keine Ahnung von Bankgeschäften. Doch das schadet ihr – vorerst – nicht. Gerade das einfache Volk vertraut Adele sein Geld an. Diener, Knechte, Handwerker, Mägde tragen ihre Ersparnisse zur Spitzederschen Privatbank. Bauern verkaufen Höfe, weil sie sich von Zinsen mehr versprechen als von den Früchten ihrer täglichen Arbeit. In München gibt es einen regelrechten Arbeitermangel. Warum auch schuften, wenn die Zinsen höher sind als ein mickriger Lohn? Die Sparkassen geraten in Schieflage, weil die Sparer ihr Geld abziehen, um es bei Adele anzulegen.

Die Behörden sind schon lange auf Spitzeders Geschäfte aufmerksam geworden, doch es fehlen die entsprechenden Vorschriften und Regelungen, um ihr das Handwerk zu legen. Sie selbst beauftragt angeblich immer wieder Anwälte mit der

Frage, ob dieses Prinzip des Geldverleihs problematisch sei. Doch die scheinen keine schwerwiegenden Einwände vorgebracht zu haben, und so floriert das Geschäft weiter, bis die Blase am 12. November 1872 schließlich platzt. Dutzende von Kunden stürmen die Bank, um sich ihre Einlagen auszahlen zu lassen. Adele kann dieser Aufforderung nicht nachkommen. Ob der gesammelte Ansturm von Gegnern gezielt organisiert wurde oder die Folge einer Warnung von Innenministerium und Polizei ist, ist nicht ganz klar – was jedoch deutlich wird: Sinnvoll gewirtschaftet hat Adele, die über »keinerlei merkantile Kenntnisse« verfügt, mit dem ihr anvertrauten Geld nicht. Als Polizei und Gerichtskommission die Bank schließlich durchsuchen, finden sie Chaos vor. Geldsäcke, Schmuck, Gold hinter Schränken und Kommoden. Ein bisschen wie Aladins Höhle der Wunder. Handelsbücher, ein Überblick darüber, was mit dem Geld gemacht wurde – all das gibt es nicht.

32 000 Bürger hat Adele um 38 Millionen Gulden (heute entspricht das etwa 400 Millionen Euro) geprellt. Als ihre Bank zusammenbricht, erschüttert eine Reihe von Selbstmorden München und das Umland. Sie selbst wird zu über drei Jahren Zuchthaus verurteilt. Als mildernder Umstand wird ihr angerechnet, dass sie ihren Kunden keine Sicherheiten versprochen und darauf auch immer wieder explizit hingewiesen hat.

Kein Fall also zum Nachmachen. Vor allem weil die Strafverfolgungsbehörden heute bei Schneeballsystemen bedeutend schneller und schärfer reagieren. Eine geniale Vordenkerin war Adele Spitzeder dennoch auf jeden Fall – wenn auch eher im kriminellen Bereich.

Mary Read
Pirate of the Caribbean

Und wir kommen zum nächsten Beweis dafür, dass die Geldgier der Menschen manchmal die absonderlichsten Blüten treibt. Da wird Oma Mina noch Jahre nach ihrem Tod im Kühlhaus versteckt, um die karge Rente ein paar Jahre länger zu kassieren – oder aber man verkleidet seine uneheliche Tochter als Jungen, um von der Schwiegermutter noch länger finanzielle Unterstützung für den vermeintlichen Enkelsohn abzugreifen. So geschehen im Fall der kleinen Mary Read, die um 1685 in London das Licht der Welt erblickt.

Ihre Mutter ist die Frau eines Matrosen, mit dem sie gemeinsam ein eheliches Kind hat: Mark Read. Als der Vater jedoch von seiner letzten Fahrt nicht zurückkehrt, sucht sich die Frau einen Geliebten. Das Ergebnis der Affäre: die kleine Mary. Dann stirbt auch Mark, und da verkleidet die Mutter die kleine Mary als Jungen. Damit schlägt sie zwei Fliegen mit einer Klappe: Die illegitime Geburt Marys wird mehr oder weniger vertuscht, und die großzügige Unterstützung der Schwiegermutter bleibt ihr in den folgenden Jahren erhalten; der Mutter gelingt es, die alte Dame bis in die Teenagerjahre Marys bluten zu lassen.

Mary selbst fühlt sich wohl in der männlichen Rolle. Das

wird niemanden verwundern, denn sie genießt die Freiheiten, die sich ihr bieten, und arbeitet als Laufbursche für eine reiche Französin. Doch bei allen Möglichkeiten, die man so als Junge – im Gegensatz zum stickenden, kochenden, putzenden Frauendasein – hat, ist Mary ihr Leben noch immer viel zu langweilig, und so heuert sie auf einem Kriegsschiff der britischen Marine an. Vermutlich nicht unbedingt das, was *unsereinem* jetzt als Erstes in den Sinn gekommen wäre, aber schauen wir mal, wie es der kleinen Mary ergangen ist ...

Das Kriegsschiff verlässt Mary schon bald, um sich auf dem Festland für das Heer von Flandern anwerben zu lassen, wo sie besonders durch ihre Tapferkeit auffällt. Dann wechselt sie von der Infanterie zur berittenen Truppe, wo sie den jungen Corporal Max Studevend kennenlernt. Und das ist der Punkt, an dem romantische Komödien so richtig an Fahrt aufnehmen: Die beiden verlieben sich ineinander, und als mit Marys Männlichkeit auch das letzte vermeintliche Hindernis aus dem Weg geräumt ist, heiraten sie und eröffnen gemeinsam das Gasthaus »De Drie Hoefijzers« (Die drei Hufeisen).

Doch leider geht das Leben auch nach dem Happy End weiter, und so stirbt Marys geliebter Ehemann viel zu früh. Mary macht, was sie am besten kann: Sie verkleidet sich als Mann. Sie gibt ihr Gasthaus auf und heuert auf einem Sklavenschiff an – mit Kurs auf die Karibik. Das Schiff wird gekapert, und Mary wird Piratin. Als der König Ende der 1710er-Jahre allen Piraten einen Straferlass anbietet, lässt sie sich darauf ein und wird selbst Piratenjägerin auf einem Freibeuter – nur um bei einer Meuterei wieder auf die andere Seite zu wechseln.

Das hört sich zunächst etwas wankelmütig an, ist aber

Mary Read

durchaus verständlich. Zwar mag Mary ein ehrliches Leben gereizt haben – auf den damaligen Schiffen führte der Kapitän jedoch in der Regel ein hartes Regime, dem sich alle ohne Widerworte unterzuordnen hatten. Auf einem Piratenschiff dagegen ging es viel demokratischer zu. Das Schiff gehörte allen gemeinsam. Die Beute wurde annähernd gleich aufgeteilt, und mussten Entscheidungen getroffen werden, dann hatten alle eine Stimme. Und so erwartete Mary bei den Piraten ein gefährliches, aber eben auch ein freies Leben.

Nach einigem Hin und Her landet Mary schließlich auf dem Schiff von Calico Jack Rackham. Auf dem Boot befindet sich eine andere Frau: Die ebenfalls als Mann verkleidete Anne Bonny, die ihren Mann verlassen hat, um gemeinsam mit Calico Jack die Weltmeere unsicher zu machen. Anne findet Gefallen an Mark Read und tritt auf ihn zu, um ihn wissen zu lassen, dass sie eine Frau ist. Um Missverständnisse zu vermeiden, enthüllt Mary wiederum, dass sie kein Mann ist, und die beiden werden enge Freundinnen. Als Calico Jack eifersüchtig wird, was da zwischen Anne und dem neuen Matrosen läuft, verraten die beiden auch ihm, dass Mary eine Frau ist. Und so ziehen die drei kapernd und plündernd gemeinsam durch die Meere. Wobei man sich nicht einbilden muss, niemand auf dem Schiff habe etwas davon geahnt, dass es sich bei Anne oder Mary um Frauen handelte. Tatsächlich wagt ein Pirat, sich zu beschweren: Er fahre nicht mit Frauen auf einem Schiff. Anne tötet ihn mit einem Stich direkt ins Herz.

Auf Calico Jacks Schiff verliebt Mary sich in einen jungen Piraten. Als der für den nächsten Tag von einem viel älteren und erfahreneren Mitglied der Besatzung zu einem Duell herausgefordert wird, ahnt sie, dass der Geliebte diesen Kampf nicht überleben wird. Anstatt ihren Herzbuben schleunigst in ein Rettungsboot zu schubsen und mit ihm in den Sonnenuntergang davonzuschippern, provoziert Mary einen Streit mit dem älteren Piraten und fordert ihn ihrerseits zu einem Duell heraus. Die beiden werden auf einer Insel ausgesetzt, wo sie sich bekämpfen sollen. Und aufgepasst, jetzt wird es spannend! Während des erbitterten Kampfes reißt Marys Hemd auf, ihr Widersacher erkennt, dass Mark eigentlich eine Frau ist. Mary nutzt das Überraschungsmoment und tötet ihn. Und liefert damit ganz am Rande einmal mehr den Beweis für die traurige Tatsache, dass Männer nackten Brüsten einfach nichts entgegenzusetzen haben.

1720 wird Calico Jacks Truppe in Jamaika von einem Kriegsschiff angegriffen. Während Jack und die anderen männlichen Piraten sturzbetrunken sind und sich unter Deck verstecken, verteidigen Mary und Anne sich allein gegen die Angreifer. Vor Wut über die anderen schießt Mary in die Luke, um die Männer zum Kämpfen aufzufordern, und tötet dabei einen von ihnen.

Es hilft alles nichts. Die gesamte verbliebene Besatzung wird verhaftet. Indem Mary und Anne behaupten, schwanger zu sein, entgehen sie dem Galgen. Doch noch in der Haft stirbt Mary an den Folgen eines Fiebers.

Und was ist nun dran an der Geschichte dieser beiden vogelwilden Piratinnen? Im Grunde gehen die Erzählungen um die beiden in erster Linie auf eine Quelle zurück, die 1724 erschienene *Umfassende Geschichte der Räubereien und Mordtaten der berüchtigten Piraten*, die unser Bild des Piratendaseins maßgeblich prägt. Allerdings enthält zum Beispiel der 1728 erschienene zweite Band Biografien von drei Personen, die möglicherweise völlig fiktiv sind. Insofern ist es also schwer zu sagen, was eigentlich wahr ist an der Geschichte von Mary Read und Anne Bonny.

Wie auch immer – während Mary stirbt, überlebt Anne, und darf, auf Calico Jacks eigenen Wunsch, bei dessen Hinrichtung letzte Worte an ihn richten. Er wird seinen Wunsch möglicherweise bereut haben, denn Anne ruft ihm zu: »Wenn du wie ein Mann gekämpft hättest, dann würden sie dich jetzt nicht wie einen Hund aufhängen!« Mary aber hat gekämpft wie ein Mann und ist trotzdem gestorben wie ein Hund.

Ulrike Meinhof
»... und natürlich kann geschossen werden«

Es ist der 14. Mai 1970, als Ulrike Meinhof beschließt, ihr bürgerliches Leben endgültig hinter sich zu lassen.

Kennengelernt hat sie die Kaufhausbrandstifter Andreas Baader und Gudrun Ensslin, die später mit ihr den Kern der linksextremistischen terroristischen Gruppe »Rote Armee Fraktion« bilden werden, bei ihren Recherchen über deren Anschlag vom April 1968, einen »politischen Akt gegen den Konsum«. Schon damals hat Ulrike den beiden, als sie nach dem Anschlag untergetaucht sind, zwischenzeitlich Unterschlupf geboten. Dennoch wird Baader erneut gefasst. Daraufhin überredet Ensslin Ulrike Meinhof, sie bei einer Befreiungsaktion zu unterstützen. Die muss von langer Hand geplant sein: Meinhof bringt ihren Verleger Klaus Wagenbach dazu, einen Vertrag mit ihr abzuschließen. Das Projekt: im Heim lebende Jugendliche. Ihr Koautor: Andreas Baader. Angeblich kann sie dieses Buch nur mit ihm stemmen. Deshalb beantragt sie die Erlaubnis, im Deutschen Zentralinstitut für soziale Fragen mit Baader recherchieren zu dürfen. Und sie darf.

Und da ist er nun, der 14. Mai 1970. Im Zentralinstitut wartet Meinhof auf Baader. Zwei weitere Frauen sind bei ihr.

Ulrike Meinhof

Baader wird hereingeführt. Plötzlich: zwei bewaffnete Personen, die Baaders Aufpasser überwältigen. Es fallen Schüsse. Ein Bibliotheksmitarbeiter wird getroffen und schwer verletzt. Die Gruppe flüchtet durch das Fenster. Ulrike mit ihnen. Eigentlich hatte sie bleiben wollen. Eigentlich hatte sie sich überrascht und überwältigt geben wollen. Doch angesichts der unvorhergesehenen Schießerei beschließt Meinhof, mit in die Illegalität zu gehen. Es ist die Geburtsstunde der RAF. Bei der an die Flucht anschließenden Fahndung wird Meinhof als Haupttäterin hingestellt. Gesucht wegen Mordversuch.

Noch 1968, im Kontext der Studentenunruhen, hat die aus bürgerlichem Haus stammende Journalistin den Einsatz blinder Gewalt verurteilt. Jetzt sagt die Untergetauchte in einem – nicht von ihr freigegebenen, vom *Spiegel* aber trotzdem veröffentlichten – Interview: »... und natürlich kann geschossen werden«. Eine Aussage, die sich tief ins kollektive Gedächtnis einbrennt, auch wenn Meinhof sie kurz darauf relativiert und neu formuliert. Ich weiß nicht, wie es Ihnen geht. Aber all das macht die scheinbar so bürgerliche Meinhof für mich zu so einem erschreckenden Faszinosum (das Gleiche gilt übrigens für die Pfarrerstochter Ensslin). Wann und wie wurde aus der beobachtenden Schreiberin eine scheinbar eiskalte Terroristin? Was war die Initialzündung, der Punkt, der aus einem politischen Menschen eine politische Verbrecherin machte? Was sind die Mechanismen der Radikalisierung? Steht ein jeder von uns so nahe am Abgrund? Oder war es schlichtweg das Charisma von Baader, das Meinhof derart zum Umdenken brachte?

Im Sommer 1970 reisen Meinhof, Baader und Ensslin mit

weiteren Untergrundkämpfern nach Jordanien, um sich von der Untergrundarmee El-Fatah für ihren Kampf als »Stadtguerilla« ausbilden zu lassen. Für Meinhof, die sich in ihrem bürgerlichen Leben als Journalistin für die APO, die Auseinandersetzung mit der nationalsozialistischen Vergangenheit, für Demokratie und Bürgerrechte und gegen den Vietnamkrieg eingesetzt hat, ist es Zeit, das letzte Band zur Vergangenheit zu zerschneiden: Angeblich plant sie, ihre beiden Töchter, die aus der Ehe mit *konkret*-Redakteur Klaus Rainer Röhl stammen, in ein Heim für Waisenkinder in Jordanien bringen zu lassen. Die eigenen Kinder! Doch ihre politischen Ziele sind Meinhof wichtiger. Der Journalist Stefan Aust macht die beiden kurz zuvor in Sizilien ausfindig und bringt sie zum Vater, bei dem sie fortan leben.

In den Jahren 1970/71 ist die Gruppe um Baader, Meinhof und Ensslin vor allem damit beschäftigt, Geld für ihre Aktionen zu besorgen. Sie überfallen diverse Banken, am 29. September 1970 sogar drei innerhalb von zehn Minuten. Vor allem Baader und Meinhof ergänzen sich hervorragend. Während sie die Ideologin ist, das Sprachrohr nach außen, ist er der Macher, der nicht lange zaudert.

Im Mai 1972 kommt es zur sogenannten Mai-Offensive. Die RAF verübt sechs Bombenanschläge, zwei gegen die in Deutschland stationierte US-Armee, zwei gegen Polizeieinrichtungen und jeweils einen gegen den Axel Springer Verlag und gegen einen Ermittlungsrichter. Vier Menschen sterben, über 70 werden verletzt.

Während Baader am 1. Juni 1972 nach einer Schießerei vor einem Apartmenthaus in Frankfurt am Main festgenommen wird, erwischt es Ensslin kurz darauf in einer Boutique. Das

Ulrike Meinhof

ist fast ein bisschen lustig, weil Ensslin später gern auch abwertend und undifferenziert als »Waffen- und Klamottenfetischistin« durch die Medien geistert. Meinhof wird am 15. Juni 1972 festgenommen. Sie hat darauf gehofft, beim Lehrer Fritz Rodewald unterzukommen, der als dezidierter Vietnamgegner immer wieder fahnenflüchtigen Soldaten der US-Armee Unterschlupf gewährt hat, doch Rodewald meldet der Polizei, dass ihm das Auftauchen einer Frau angekündigt worden sei.

Die Haft wird zur Tortur für alle, doch für Ulrike Meinhof gestaltet sich der Gefängnisaufenthalt besonders hart. Isolationshaft – die Agitatorin soll niemanden durch Worte auf ihre Seite bringen können. Das Licht in ihrer Zelle wird niemals ausgeschaltet. Ständig wird kontrolliert, ob sie noch lebt. Immer wieder wird ihre Zurechnungsfähigkeit infrage gestellt. Bei einer Hirnoperation hat sie sich vor Jahren einen gutartigen Tumor entfernen lassen. Ist sie überhaupt noch schuldfähig? Doch Meinhof will mit keinem Gutachter sprechen.

Darüber hinaus kommt es angeblich zum Streit mit Baader und Ensslin. Letztere distanziert sich in der Verhandlung von bestimmten, von Meinhof orchestrierten Anschlägen. Baader soll im Gefängnis gar Meinhofs Pamphlete ungelesen zerrissen haben. Was wirklich dran ist? Unklar. Angeblich sind alle Streitigkeiten längst beigelegt, als sich Ulrike Meinhof in ihrer Zelle 719 im 7. Stock der Justizvollzugsanstalt Stuttgart-Stammheim in der Nacht vom 8. auf den 9. Mai 1976 erhängt. Mehrere Obduktionen und eine Untersuchungskommission schließen ein Fremdeinwirken aus, dennoch ranken sich Verschwörungstheorien um ihren Tod. Warum hat Meinhof, die normalerweise so viel zu sagen hat, keinen Abschiedsbrief hinterlassen? Allerdings schreibt sie tatsächlich schon Monate vor ihrem Tod an den Rand eines Zellenrundbriefs: »Selbstmord ist der letzte Akt der Rebellion.« Widerstand also bis zuletzt?

Bonnie Parker
Ein Traumpaar auf Ganoventour

Wann sind Sie zum ersten Mal mit Bonnie und Clyde in Kontakt gekommen? War es der Film von 1967 mit Faye Dunaway und Warren Beatty? Oder die Folge 12 in der 19. Simpsons-Staffel, »Die Liebe in Springfield«, in der Homer und Marge das schreckliche Schicksal von Bonnie Elizabeth Parker und Clyde Champion Barrow als ihre eigene Geschichte erleben? Oder sind Sie vielleicht wie ich 1996 durch das Album *Opium fürs Volk* der Toten Hosen und den grandiosen Song »Bonnie & Clyde« auf die beiden gestoßen? Egal wie – vorbeigekommen sind Sie an den beiden sicherlich nicht, denn Bonnie und Clyde sind Popkultur. Helden wie Robin Hood. Eines der großen Liebespaare der Geschichte, wie Romeo und Julia, mit dem obligatorischen Tod am Schluss, der die Liebe erst unsterblich macht.

Als sie sich kennenlernen, ist Bonnie 19, Clyde 21 Jahre alt. Es ist Liebe auf den ersten Blick, dabei ist Bonnie eigentlich schon verheiratet – und wieder getrennt. Bonnie träumt von einem besseren, einem besonderen Leben. Während sie kellnert, schreibt sie Gedichte. Da bringt der Hühnerdieb etwas Aufregung in ihr tristes Dasein.

Als Clyde ins Gefängnis muss, besorgt Bonnie ihm eine

Waffe. Er flüchtet, wird wieder verhaftet. Hinter Gittern wird er sexuell missbraucht, was ihn vom Kleingauner zum brutalen Gangster macht. Noch im Gefängnis tötet er seinen Peiniger eigenhändig. Um von der Arbeit befreit zu sein, hackt er sich außerdem seine Zehen ab. Clyde wird zeit seines Lebens hinken.

Als Clyde 1932 auf Bewährung freikommt, beginnt für Bonnie und ihn der Road Trip des Verbrechens. Texas, Oklahoma, Arkansas, Missouri, Iowa, Minnesota, Louisiana. Bei einem Autounfall wird Bonnie am Bein schwer verletzt, sodass die beiden nun gemeinsam durchs Leben hinken. Manchmal muss Clyde sie sogar tragen. Ihre Taten: Autodiebstähle, Überfälle, Kleinkram, der ihnen kaum Geld einbringt. Sie handeln allein und in der Gruppe mit anderen, was ihnen zeitweise den Namen »Barrow-Bande« einbringt. Immer wieder werden die beiden fast erwischt, immer wieder gelingt es ihnen zu entfliehen. Durch Mut. Durch Dreistigkeit. Durch Glück. Durch pure Gewalt. Sie schießen sich ihren Weg frei und töten dabei zahlreiche Polizisten. Die Öffentlichkeit ist außer Atem. Ein bisschen vor Angst. Vor allem aber aus Begeisterung. Bonnie ist berühmt.

Die Schuld für ihr Treiben sehen die beiden nicht bei sich. In einem selbst verfassten Gedicht macht Bonnie das System, die Polizei, die miesen Haftbedingungen, die Wirtschaftskrise für ihr Leben verantwortlich. Ganz unrecht hat Bonnie damit sicherlich nicht – und doch blendet sie hier eine Sache aus: ihre eigene eiskalte Bereitschaft, für ein besseres Leben über Leichen zu gehen.

Am Ende des Gedichts wird klar, dass Bonnie bereits ahnt, dass ihr Leben nicht mehr lange währen wird. Und tatsächlich ist die große Tour der beiden Ausnahmegangster schon bald vorbei. Am 23. Mai 1934 lauert ihnen Frank Hamer, ein pensionierter Texas Ranger, der sich rühmt, 53 Verbrecher erschossen zu haben, mit fünf Männern auf. Ein Bekannter von Bonnie und Clyde täuscht eine Reifenpanne vor. Als die beiden halten, werden sie ohne Vorwarnung erschossen. 167 Schüsse treffen das Paar. Clyde ist sofort tot, Bonnie schreit noch eine Weile, bis auch sie stirbt. In der leblosen Hand hält sie ein Sandwich.

Übrigens: Angeblich hat Bonnie die Waffe nie selbst abgedrückt.

Irma Grese
Der blonde Todesengel

Irma Grese wird am 7. Oktober 1923 in Mecklenburg-Strelitz geboren. Ihr Vater ist Landwirt, sie hat drei Geschwister. Ihre Mutter nimmt sich 1936 das Leben, angeblich wegen Eheproblemen. Nach ihrem Landjahr arbeitet Irma zwei Jahre als Hilfsschwester im SS-Sanatorium in Hohenlychen, doch eine Ausbildungsstelle zur Krankenschwester bekommt sie nicht. Als sie sich nach einem einjährigen Arbeitseinsatz in einer Molkerei erneut um eine Ausbildungsstelle bewirbt, wird sie wieder abgelehnt.

Dann eben ein ganz anderer Weg. Irma beginnt eine Ausbildung als SS-Aufseherin im Frauenkonzentrationslager Ravensbrück. Schon bald wird ihr die Aufsicht über kleinere Arbeitskommandos übertragen. 1943 wechselt Irma nach Auschwitz, wo sie erst für den Telefondienst eingesetzt wird und Arbeitskommandos führt. Dann, 1944, mit gerade einmal 20 Jahren, übernimmt Irma die Verantwortung über 30 000 Frauen. Zeitweise werden ihr zusätzlich einzelne Männerblöcke unterstellt. Und Irma spielt keineswegs die gütige Hausmutter von Auschwitz. Sie gilt schon bald als die schlimmste Frau im Lager. Irma hetzt abgerichtete Hunde auf Menschen. Sie schlägt und peitscht, nimmt an Selektionen teil

Irma Grese

und foltert nach eigenem Belieben und Ermessen. Wenn sie nicht gerade Uniform trägt, macht sie sich gerne schick und adrett. Die Koffer der ermordeten Jüdinnen bieten einen reichen Fundus an hübscher Damenkleidung.

»Schlimm«, werden Sie nun sagen, abgestumpft, wie wir leider mehr als 70 Jahre nach Kriegsende sind, »aber nichts, was man nicht schon gehört hätte.« Und in der Tat ist Irma Grese kein Einzelfall. Sie steht exemplarisch für viele Frauen, die in den Konzentrationslagern tätig waren. Hertha Bothe, Elisabeth Volkenrath und wie sie nicht alle heißen. Jede von ihnen hätte ich hier in diesem Buch anführen können. Bei Irma aber sind es ihre Jugend und Schönheit, die den Unterschied machen. Denn kaum könnte die Grausamkeit ihre hässliche Fratze noch offenkundiger zur Schau stellen als in Gestalt eines so jungen, hübschen und unschuldig wirkenden Mädchens, das im Lager gar als der »Blonde Engel« bezeichnet wird. Frauen ist eben doch alles zuzutrauen – diese eigentlich Mut machende Wahrheit zeigt bei Irma Grese ihre schreckliche Kehrseite.

1945 leitet der blonde Engel zwei Todesmärsche. Einmal von Auschwitz nach Ravensbrück, später dann weiter nach Bergen-Belsen. Dort wird Irma am 17. April 1945 verhaftet. In den Monaten darauf wird ihr gemeinsam mit 44 anderen in Bergen-Belsen Festgenommenen von den englischen Besatzern der Prozess gemacht. Vor Gericht tritt Irma mit neuer Frisur und wie immer todschick auf. Sie ist wieder der »Blonde Engel«, aber auch Betitelungen wie die »Hyäne aus Auschwitz« oder die »SS-Megäre« fallen. Immer mitschwingend: ein Hauch von erotisch-grausiger Faszination, die durchaus nichts Ungewöhnliches ist und in den 1960er-Jahren in Israel in Form der pornografischen Stalag-Hefte (Stalag = Stammlager) ihre groteskesten Blüten treiben wird. In diesen Heften, die sich in zigtausendfacher Auflage verkaufen, landet meist ein gefangener Pilot in einem nur von SS-Sexbomben geführten Lager, von denen er erniedrigt und sexuell missbraucht wird. Doch keine Sorge, das Ganze geht »gut« aus: Er kann sich befreien und rächt sich, indem er seine Peinigerinnen selbst vergewaltigt und umbringt.

Aber zurück zu Irma Grese: Die plädiert auf nicht schuldig, »denn ich erfüllte für mein Vaterland meine Pflicht«. Wie das eben so ist, wenn bei der Pflichterfüllung sämtliche moralischen Grundsätze über Bord geworfen werden. Als im November 1945 der Urteilsspruch fällt, verzieht Irma keine Miene. Sie wird gemeinsam mit dem Kommandanten Josef Kramer und neun anderen Angeklagten zum Tode verurteilt. Während des Wartens auf den Tod gibt sich Irma stoisch gelassen. Als Kramer einzubrechen droht, soll Irma ihn angeschrien haben: »Du weißt doch, dass die Zeit kommen wird, an der es einen Kramer-Platz und eine Irma-Grese-Straße geben wird.« So viel zur reinen Pflichterfüllung.

Am 13. Dezember 1945 wird Irma im Alter von 22 Jahren im Zuchthaus Hameln erhängt. Ihre letzten Worte richtet sie an den englischen Henker Albert Pierrepoint. Es ist die kaltschnäuzige Aufforderung: »Schnell!«

Zheng Shi
Die Piratenbraut

Der Name »Zheng Shi« bedeutet die Witwe des Zheng, und tatsächlich handelt es sich bei dieser Dame wieder einmal um eine Frau, die erst der Tod ihres Ehemannes zur vollen Entfaltung ihrer Fähigkeiten führt. Wobei man gerechtigkeitshalber erwähnen sollte: Auch die Variante »Zheng Yi Sao« – die Frau des Zheng – ist als Zheng Shis Name nicht ganz unbekannt. Ganz brach liegen lassen hat Zheng Shi das reiche Feld ihrer Talente jedoch auch schon vor ihrer Heirat nicht. So führt die 1775 eigentlich unter dem Namen Shi Xianggu geborene Schönheit in Kanton gerade ein äußerst erfolgreiches schwimmendes Bordell, als sie ihren späteren Mann Zheng Yi kennenlernt, einen der wichtigsten Piratenanführer im Südchinesischen Meer, der seine kriminellen Wurzeln über 150 Jahre zurückverfolgen kann. Die beiden heiraten 1801 und bekommen zwei Kinder. Während Zheng Yi kämpft, kümmert sich Shi Xianggu nicht nur um den Nachwuchs, sondern auch um Strategie und Planung. 1805 schließen sich mehrere Piratenflotten unter Zheng Yis Führung zusammen.

1807 stirbt Zheng Yi – wie genau ist nicht bekannt. Manche Quellen behaupten, er sei bei einem Sturm über Bord gegangen, andere berichten, er sei bei einem Kampf vor der Küste

Vietnams gestorben. Vielleicht ist er ja bei einem Kampf in einem Sturm bei Vietnam ins Wasser geschubst worden. Egal. Wichtiger ist: Shi Xianggu ist jetzt Zhengs Witwe, Zheng Shi, und übernimmt kurzerhand die Herrschaft über die Flotte. Sie heiratet den Adoptivsohn ihres Mannes, einen ehemaligen Fischerjungen, den dieser damals gefangen genommen und dann ins Piratendasein eingeführt hat. Sie horchen bei »Adoptivsohn« irritiert auf? Woody Allen hat 1997 die Adoptivtochter seiner Lebensgefährtin geheiratet. Gleiches Recht für alle!

Auch sonst weitet Zheng Shi ihre Tätigkeitsbereiche aus. Einfache Überfälle auf dem Meer sind für sie bald nur noch Bonusgeschäft. Auf Flüssen dringen ihre Piraten – sie befehligt an die 100 000 Mann auf fast 1000 Schiffen – tief ins Festland ein, wo sie nur am Rande rauben und brandschatzen und in erster Linie Schutzgelder erpressen.

Gleichzeitig stellt Zheng Shi strenge Regeln auf. Bauern, die ihre riesige Flotte mit Nahrungsmitteln versorgen, dürfen nicht angegriffen werden. Wer von ihren Männern das doch tut, hat mit empfindlichen Strafen zu rechnen. Auch der Umgang mit weiblichen Gefangenen ist streng geregelt. Diese dürfen nicht mehr einfach so vergewaltigt werden. Die Piraten können sich die Dame ihres Herzens als »Frau« erwählen, müssen dieser dann allerdings bitteschön auch treu sein.

Zheng Shis räuberisches Treiben ist der chinesischen Regierung natürlich ein Dorn im Auge. Doch weder deren Streitkräfte noch die zu Hilfe gerufenen portugiesischen und britischen Kopfgeldjäger können gegen Zheng Shi und ihre Riesenflotte etwas ausrichten. Erst flotteninterne Querelen bringen Zheng Shi schließlich dazu, ein Amnestieangebot anzunehmen. Sie selbst erhält völlige Straffreiheit, doch auch von ihren Männern wird kaum jemand wirklich zur Verantwortung gezogen. Die Beute dürfen die Piraten behalten, zahlreiche Männer treten in den Dienst der Marine – kein schlechtes Los für die perspektivlosen Herumtreiber, die Zheng Shi zuvor aufgelesen hat.

1810 zieht sie gemeinsam mit ihrem Mann nach Kanton. Während er dort als Marineoffizier eine ruhige Kugel schiebt und eine kleine Privatflotte von 20, 30 Schiffchen unterhält, eröffnet Zheng Shi ein Spielcasino mit angeschlossenem Bordell und mischt angeblich groß im Opiumhandel mit. Was man eben so macht als Piratin auf dem Altenteil. Zheng Shi stirbt 1844 im Alter von 69 Jahren als gesetzte Großmama.

Anna Margaretha Zwanziger
Arsen und Spitzenhäubchen

Es war einmal ein kleines Mädchen, das war ganz allein auf der Welt. Vater und Mutter und ihr Bruder waren schon in der frühesten Kindheit des Mädchens gestorben ...

Fast hört es sich an wie der traurige Beginn eines Märchens, in dem sich alles noch zum Guten wenden kann. *Sterntaler* vielleicht. Durch alle Widrigkeiten hindurch bewahrt sich die Heldin ihr reines Herz und wird am Ende reich belohnt. Doch leider schreibt die Wirklichkeit nur in den seltensten Fällen Märchen, in diesem Fall wohl eher Horrorgeschichten – und zwar eine der schaurigsten der deutschen Justizhistorie. Es ist die Geschichte der Nürnbergerin Anna Margaretha Zwanziger, einer Frau, beherrscht von Allmachtsfantasien und Hirngespinsten, getrieben von Rachsucht, Neid und blankem Hass, dass einem angst und bange wird.

Bis zu ihrem zehnten Geburtstag im Jahr 1770 wird Anna Margaretha Schönleben, das kleine Mädchen, das ganz allein ist auf der Welt, von Pflegefamilie zu Pflegefamilie weitergereicht. Dann nimmt ihr Vormund sie endlich zu sich und lässt ihr eine gute Erziehung angedeihen. Neun Jahre später verheiratet sich Schönleben auf Drängen ihres Vormunds mit dem mehr als doppelt so alten Notar Zwanziger. Ihr gemeinsames Leben ist freudlos – die meiste Zeit sitzt sie einsam daheim, während er unterwegs ist und trinkt.

Mit 21 wird Zwanziger jedoch ihr Erbe ausgezahlt, und ein lebhafteres Dasein beginnt. Feste, Gäste, zahlreiche Einladungen. Anna Margaretha findet Gefallen an dem neuen, ausschweifenden Leben. Als das Geld knapp wird, hat das Paar bereits zwei Kinder, die durchgebracht werden müssen. Und es ist an Anna Margaretha, das Geld anzuschaffen – im wahrsten Sinne des Wortes. Dabei hat sie, wie sie später berichten wird, »immer genug Delikatesse, mich nur zu Standespersonen zu halten, die stillschwiegen«. So nachzulesen in den *Merkwürdigen Verbrechen in aktenmäßiger Darstellung* des deutschen Rechtsgelehrten Paul Johann Anselm von Feuerbach. Bringt die junge Frau Geld nach Hause, ist alles eitel Sonnenschein, andernfalls hat sie jedoch mit dem heftigen Unmut ihres trunksüchtigen Gatten zu rechnen. Als Anna Margaretha sich verliebt, kommt es zum Streit zwischen den Eheleuten, und Zwanziger verlässt ihren Mann. Bald versöhnt sich das Paar jedoch und erneuert das Ehegelöbnis. Als ihr Mann nach 18 Jahren Ehe stirbt, ist Zwanziger angeblich ehrlich traurig.

Doch es wird nun nicht einfacher, sich und die zwei Kinder durchzubringen. Wenn das Leben für Alleinerziehende heute schwierig ist, ist es Anfang des 19. Jahrhunderts schlichtweg die Hölle. Aber Zwanziger hat nicht nur kein Glück – es kommt auch immer wieder eine ordentliche Portion Pech dazu. Sie arbeitet an unterschiedlichen Orten als Haushälterin, reist nach Wien, wieder nach Nürnberg, Frankfurt. Sie fällt auf Männer herein, die sie nur benutzen, ihre Gefühle nicht erwidern und ihre diversen Selbstmordversuche nicht wirklich ernst nehmen. Wobei man streng genommen sagen muss, dass diese Versuche auch nicht so ganz ernst gemeint sind ... Egal! Trotzdem! In einem Verhör sagt Zwanziger später aus: »Sooft ich nachher etwas Böses tat, dachte ich bei mir selbst: Mit dir hat kein Mensch Mitleid gehabt. So habe denn auch kein Mitleid, wenn andere unglücklich sind.«

Die Erniedrigungen in Verbindung mit den untergeordneten Stellungen tun Zwanzigers Psyche nicht gut. Sie ist manisch-depressiv, wie man heute vielleicht sagen würde. Als sie von einer Stelle ohne Kündigung einfach verschwindet und noch einen wertvollen Ring mitgehen lässt, wird Zwanziger steckbrieflich gesucht. Dem Mann, den sie bestohlen hat, schreibt sie einen empörten Brief, es sei eine Unverschämtheit, eine Privatsache so öffentlich zu behandeln. Wie kann er auch? Schließlich ist der Ring nur eine angemessene Bezahlung für die Seelenqualen, welche die in ihrem Anspruchsdenken verletzte Anna Margaretha märtyrerinnengleich erduldet hat. Ein Trostpflaster quasi, völlig legitim ...

Irgendwie kommt Anna Margaretha davon und will unter ihrem Mädchennamen Schönleben ein neues Leben beginnen. Als eine Art Hauswirtschaftslehrerin für junge Mädchen gelingt ihr das auch mehr oder weniger. Aber wieder kommen ihr die Männer in die Quere. Ein bejahrter General aus München macht sich mit Versprechungen an sie heran. Sie sieht in ihm einen rettenden Engel, der eine schützende Hand über sie halten wird, und verfolgt ihn nach einem kurzen Intermezzo voller Treueschwüre bis nach München, wo sie jedoch wieder und wieder – trotz Schwangerschaftsbehauptungen – abgewiesen wird. Womöglich ist das der Zeitpunkt, an dem in Zwanzigers Seele das letzte heile Stückchen zerbricht. Anna Margaretha will nie wieder schwach sein.

Sie tritt eine Stelle als Haushälterin bei einem Justizangestellten namens Glaser an. Dieser lebt schon viele Jahre von seiner Frau getrennt, und Zwanziger versteigt sich in die Vorstellung, ihr Dienstherr sei eigentlich in sie verliebt und habe ihr nur aus Loyalität zu seiner Frau noch nicht die Ehe angetragen. Die Frau muss weg – und diesmal will Zwanziger sich nicht allein auf ihr Glück und ihre allzu verblühten Reize verlassen. Sie hat ein neues Ass im Ärmel: Arsen. Dabei geht sie besonders perfide vor. Zwanziger tritt in Kontakt zu Frau Glaser und überredet sie mit zahlreichen Briefen, in das Haus ihres Mannes zurückzukehren. An jenem Tag hängt der von Zwanziger selbst verfasste Spruch »Der Witwe Hand knüpft dieses Band« über der Glaser'schen Eingangstür. Wie hilfsbereit, wie romantisch! Nur einen Monat nach der Versöhnung ist Frau Glaser tot – vergiftet von Zwanziger. Aber das weiß zu diesem Zeitpunkt noch niemand. Als Glaser nicht daran denkt, seine Haushälterin um ihre Hand anzuhalten, macht diese sich wenig später davon – auf zu einer neuen Stelle, ebenfalls bei einem allein lebenden Justizangestellten.

Grohmann ist Mitte 30 und schwer an Gicht erkrankt. Anna Margaretha, inzwischen firmiert sie unter dem Namen »Nannette«, pflegt ihren Dienstherrn aufopferungsvoll. Was sie dabei antreibt, ist unklar. Will sie sich als Pflegerin unersetzlich machen? Oder hofft sie, bald von ihrem Herrn geehelicht zu werden? Als herauskommt, dass Grohmann sich trotz seiner Krankheit verheiraten will – allerdings nicht mit der lieben Nanette –, stirbt er überraschend einen qualvollen Tod. Nannette gibt sich am Boden zerstört. Sie weint viel um ihren verehrten Grohmann.

So eine aufopferungsvolle Dienerin muss ein wahrer Segen

sein, denkt sich die hochschwangere Richtersgattin Gebhard, die dringend eine Haushälterin und Kinderfrau sucht, und engagiert Zwanziger. Schon von Anfang an ist Gebhard jedoch unzufrieden mit Zwanziger. Diese wiederum erträgt es nicht, gemaßregelt zu werden, und sinnt auf Rache. »Ich habe, ich muß es nur sagen, meinen Spaß dabei gehabt, wenn die Leute, die mich so quälten, sich erbrechen mußten.« Doch es bleibt nicht beim Erbrechen. Frau Gebhard stirbt noch im Kindsbett. »Um Gottes willen! Ihr habt mir Gift gegeben!«, soll sie in der Nacht vor ihrem Tod noch gerufen haben.

Langsam fällt auf, dass die Schönleben den Tod bringt – doch Herr Gebhard will nicht abergläubisch sein und ungerecht urteilen. Also bleibt Nannette als Kinderfrau, allerdings häufen sich die Fälle von Übelkeit und Erbrechen, die mit schwächeren Arsendosen einhergehen, sodass dem Richter die Sache doch unheimlich wird und er ihr kündigt. Zwanziger lässt auch jetzt die Maske aufopferungsvoller Biederkeit nicht fallen. Sie kocht zum Abschied Kaffee für die Dienstmägde, füttert das Baby mit einem in Milch getauchten Löffelbiskuit. Kaum ist sie zur Tür hinaus, beginnt das große Erbrechen.

Vom ersten Verdacht ist es nicht weit bis zu einer Exhumierung der Leichen – die in der Tat Anzeichen einer Arsenvergiftung zeigen – und zur Anklageerhebung. Untersuchungen können außerdem nachweisen, dass sie das Salzfass und die Salztonne bei Gebhards vergiftet hat, bevor sie ihren Dienstherrn verließ. Noch während der Verhandlung sieht es so aus, als käme Zwanziger mit ihrem Leugnen durch, erst nach einem zweistündigen Verhör und der Vorlage der Obduktionsergebnisse bricht sie ein. Sie gesteht – versucht jedoch zugleich, sich rauszureden. Wieso auch plötzlich mit dem Lügen aufhören? Also bezichtigt sie zum Beispiel Glaser, sie zu ihrem ersten Mord angestiftet zu haben. Und das Salzfass in der Küche bei Gebhard habe sie zwar vergiftet, aber doch nicht die ganze Tonne. Wo denke man hin!

Im Juli 1811 wird Zwanziger zum Tode verurteilt. Am 17. September 1811 wird sie enthauptet. Was hätte diese Serienmörderin wohl aufhalten können? Vielleicht etwas mehr finanzielle Sicherheit, die sie ein kleines bisschen unabhängiger vom Wohlwollen und der Zuneigung potenzieller Ehegatten gemacht hätte? Dann hätte die holde Nannette wohl nicht wie die sprichwörtliche Schwarze Witwe in ihrem Netz lauern müssen. Ob sie dann tatsächlich weniger Gift verspritzt hätte, bleibt dahingestellt.

Tonya Harding
Wer ist die Schönste im ganzen Land ...

Die Märchenschatztruhe ist ja eine reiche Fundgrube für bildliche Vergleiche jeder Art. Jemand sieht aus wie Zwerg Nase, schläft den Dornröschenschlaf oder ist eingebildet und verblendet wie der eitle Herrscher in *Des Kaisers neue Kleider*. Stellt sich nun die Frage, welcher im Fall von Tonya Harding der passendste Märchenvergleich ist ... Gern wird die amerikanische Ex-Eiskunstläuferin ja als »Eishexe« bezeichnet. Seit aber Disney mit seiner Eiskönigin Elsa 2013 unverfrorene Erfolge feierte, ist dieser Name vielleicht durchaus nicht mehr so negativ besetzt, wie man sich das als Schreiberling wünschen würde. Schließlich ist die arme Elsa gar nicht wirklich böse, sondern eine Gefangene emotionaler Kälte, die erst mit Liebe durchbrochen werden muss. Also muss ein anderes Märchen her. Lassen Sie mich kurz nachdenken ... Versuchen wir es doch lieber mit *Cinderella* und der bösen Stiefschwester (ja, es gibt zwei, aber eine reicht für unsere Zwecke). Das passt schon besser. Und ich verrate Ihnen so viel: Die Rolle des bescheidenen Aschenputtels übernimmt Harding in dieser Geschichte nicht.

Tonya Harding, eine erfolgreiche Eiskunstläuferin. 1991 landet sie den ersten dreifachen Axel in der Damenkonkurrenz bei US-Meisterschaften und holt damit den Gewinnertitel. Tonya trainiert hart, der Sport ist für sie eine emotionale Fluchtmöglichkeit aus den eher prekären Familienverhältnissen. Böse Zungen bezeichnen sie gar als »White Trash«. Finanziell bringen Harding ihre Erfolge allerdings nicht wirklich viel ein. Doch das soll anders werden. Nachdem Tonya 1992 bei den Olympischen Spielen in Albertville Vierte geworden ist, will sie bei den Olympischen Winterspielen 1994 endlich ganz oben auf dem Treppchen im satten Goldregen stehen. Wer ihr jedoch im Weg steht: Cinderella, bei der alles viel anmutiger und müheloser ist. Was bei Tonya Harding Athletik ist, ist bei Cinderella aka Nancy Kerrigan, ebenfalls Amerikanerin, Eleganz. Soll sich Tonya tatsächlich von so einer ihren Traum kaputt machen lassen? In Albertville ist Kerrigan schon auf dem Treppchen gelandet. Vor Tonya. Soll das abermals passieren? Nein! Cinderella darf nicht zum Ball gehen. Zur Not macht die böse Stiefschwester das Kleid kaputt – oder warum nicht lieber … das Bein?

Am 6. Januar 1994, nach dem Training für die US-Meisterschaften, bei denen die Teilnehmer sich für Olympia qualifizieren können, tritt ein Mann mit schwarzer Lederjacke auf Kerrigan zu und schlägt mit einem schwarzlackierten Teleskopschlagstock auf ihr Bein oberhalb des Knies. Das Bein bricht nicht, doch die Schmerzen sind schier unerträglich. Zufällig fängt eine Kamera die Augenblicke kurz nach dem Angriff ein. Völlig aufgelöst sitzt Kerrigan auf dem Boden der Halle und schreit immer wieder: »Why? Why? Why?« Es zerreißt einem das Herz.

Schon bald wird Hardings Mann als Drahtzieher hinter dem Attentat überführt. Harding selbst bestreitet jahrzehntelang, von den Plänen gewusst zu haben, erst im Nachhinein habe sie davon erfahren. Sie wird deshalb später nur wegen Behinderung der Ermittlungen zu einer relativ geringen Strafe verurteilt – allerdings wird sie vom amerikanischen Eislaufverband für den Rest ihres Lebens gesperrt.

Bevor es jedoch so weit ist, finden 1994 die Olympischen Winterspiele in Lillehammer statt – und Harding, die zu diesem Zeitpunkt noch nicht verurteilt ist, setzt durch, dort antreten zu dürfen. Und nun kommt in unserer Geschichte noch ein Schuss *Schneewittchen* dazu, denn die tot geglaubte Kerrigan, die übrigens auch sehr hübsch ist, mit ebenholzschwarzem Haar, Haut so weiß wie Schnee und Lippen so rot wie Blut, erwacht zu neuem Leben und holt sich mit der wohl besten Kür ihres Lebens Silber. Tonya tritt an, ihre Schnürsenkel reißen, sie fängt bitterlich an zu weinen. Die Preisrichter geben ihr eine zweite Startchance. Sie läuft. Und landet auf Platz acht. Es ist das Ende ihrer Karriere.

In den Folgejahren versucht Tonya auf unterschiedliche Arten ihr Glück. An der Seite ihres neuen Mannes, in einer funktionierenden Familie scheint sie es gefunden zu haben. Im Januar 2018 deutet sie zum ersten Mal, 24 Jahre nach dem Attentat, in einem Interview an, Gespräche über den geplanten Angriff belauscht zu haben. Vielleicht schmilzt dieses Geständnis ja noch das letzte Eis um das Herz der Eishexe.

Walpurga Hausmännin
Mit dem Teufel im Bunde

Was wäre ein Buch über wahre Rebellinnen ohne eine Frau, die gegen alle Regeln unseres menschlichen Daseins verstößt – eine »echte« Hexe? Die Auswahl hier ist groß, schließlich sind in der Frühen Neuzeit Schätzungen zufolge bis zu 60 000 Menschen allein in Europa Hexenverfolgungen zum Opfer gefallen. Wenn wir die Hexeriche und Zauberer sowie die Kinder (ja, auch Kinder können anscheinend richtig teuflisch sein) herausrechnen, bleibt immer noch eine stattliche Zahl übrig.

Meine Wahl ist schließlich auf die Ende des 16. Jahrhunderts in Dillingen an der Donau verbrannte Hebamme Walpurga Hausmännin gefallen. Erstens: dieser Name! Walpurga! Walpurgisnacht! Da läuten doch alle Alarmglocken. Zweitens: Als Hebamme ist sie nach damaligen Maßstäben quasi prädestiniert, um als kindermordende, schadenzaubernde Hexe angeklagt zu werden. Denn so viele erhebende Momente diese auch mit den gebärenden Frauen erleben dürfen, Hebammen sind eben leider meist auch mit dabei, wenn Elend, Leid, Krankheit und Tod ins menschliche Leben einfallen, woraus ihnen im Mittelalter gern mal ein Strick gedreht wird. So auch der Fall bei Walpurga Hausmännin, wo es in der Anklageschrift zum Beispiel heißt: »Vor acht oder zehn Jahren wurde sie zu Steinheim zu einer armen Frau […] gerufen. Auch dort hat sie das Kind durch ein Grifflein getötet.« Vor acht oder zehn Jahren – so genau scheint sich anscheinend niemand mehr zu erinnern – hatte offenbar noch niemand etwas Ungewöhnliches darin gesehen, dass ein Kind, so tragisch es auch sein mag, die Geburt nicht überlebte. Doch wenn die Umstände passen, dann wird aus so einem Unglück ein hervorragender Punkt für eine Anklageschrift…

Wobei wir da auch schon beim dritten Grund wären, weshalb es gerade Walpurga in dieses Buch geschafft hat. Denn was ist das nicht für eine herrliche Anklageschrift! Ihr Geständnis ist so reich an grotesken, abstrusen, durchgedrehten Enthüllungen, so üppig, so blumig, so sinnlos übertrieben, dass man laut loslachen müsste, wäre die ganze Anklage nicht so himmelschreiend ungerecht. In ihrem Geständnis, das Walpurga – selbstverständlich unter Folter – ablegt, liefert sie das volle Programm. Kindermord (siehe oben), Schadenzauber, Unzucht mit dem Teufel oder zumindest mit einem Teufel, Hostienschändung. Der Stadtschreiber von Dillingen ist von Walpurgas Geständnis so angetan, dass er die Prozessakten Dritten zugänglich macht, die dann natürlich auch nicht dichthalten können. Walpurgas Geschichte erscheint in der Augsburger *Fuggerzeitung* und findet auch als bebilderter Einblattholzschnitt reiche Verbreitung, sodass sich nicht nur der Pöbel an der wilden Geschichte ergötzen kann, sondern auch potenzielle zukünftige der Hexerei Beschuldigte sich ein Bild davon machen können, was in einem typischen Hexereigeständnis denn so von einem erwartet wird. Man weiß ja nie!

So hat Walpurga, die bei ihrer Anklage etwa um die 60 ist, gleich nachdem sie vor 31 Jahren Witwe geworden ist, sich mit einem Knecht zur »Unzucht« bei sich zu Hause verabredet. Nach dem Liebesspiel fällt ihr seine seltsam hölzerne Hand auf. Sie ruft vor Schreck »Jesus!«, und weg ist der böse Geist. Allerdings nur bis zur nächsten Nacht, denn da steht der Herr wieder vor der Tür, treibt erneut Unzucht mit Walpurga. Außerdem will er ihre Seele und lässt sie zu diesem Zweck einen entsprechenden Vertrag unterzeichnen. Aber Walpurga kann doch gar nicht schreiben? Jaja, der Teufel hat ihre Hand dabei geführt. Und das war wirklich der echte, große Teufel? Der kommt einfach zu der stinknormalen Walpurga Hausmännin? Na ja, das war so etwas wie ein Unterteufel, mit dem ist Walpurga manchmal ganz weit auf einer Gabel zu Hexentreffen geflogen. Aber muss die als Hebamme nicht immer verfügbar und in der Nähe sein? Nun ja, ganz so weit weg ist sie dann doch nicht weggeflogen. Und bei diesen Treffen waren eben der richtige Teufel und andere Dämonen da und haben das Übliche gemacht, Unzucht getrieben, gebratene Kinder gegessen, auf die Hostie gespuckt und »geharnt«. Wie bitte? Und da gab es weder Blitz noch Donner oder irgendeine Form des göttlichen Zorns? Schließlich lässt sich Gott doch nicht einfach so auf der Nase herumtanzen! Also, doch, schon, manchmal haben sich auf der Hostie kleine Blutstropfen gezeigt.

Ich erspare Ihnen den Rest des von mir zusammengefassten und mit Zwischenfragen versehenen Geständnisses. Und bitte verzeihen Sie mir den etwas flapsigen Ton. Manchmal muss man eben lachen, um nicht zu weinen. Offensichtlich ist die unter Folter stehende Walpurga bereit, alles nur Erdenkliche auszusagen, um endlich von ihren Schmerzen befreit zu werden. Und das wird Walpurga auch. Am 2. September 1587 wird sie bei lebendigem Leib auf dem Scheiterhaufen verbrannt. Der Wagen, der sie zur Richtstätte bringt, hält auf seinem Weg mehrere Male, damit Walpurga mit glühenden Zangen malträtiert werden kann. An der Richtstätte selbst wird ihr die rechte Hand abgeschlagen, jene, mit der sie ihren Hebammeneid geschworen und so viel Böses angerichtet hat. Das Gute, das sie damit getan hat – es wird einfach vergessen.

Wäre Walpurga Hausmännin doch nur eine wirkliche Hexe gewesen, dann hätte sie sich wenigstens auf ihre Rache freuen können ...

Marianne Bachmeier
»Mutterliebe«

Ein Grab. Davor eine Frau. Hier liegt sie. Ihre Tochter Anna. Das siebenjährige Mädchen ist von einem vorbestraften Sexualstraftäter umgebracht worden. Mit bloßen Händen vergräbt die hübsche, dunkelhaarige Frau eine Beretta, Kaliber .22, im Grab ihrer Tochter. »Wenn ich es gar nicht mehr aushalte, werde ich die Waffe holen.«

Und Marianne Bachmeier holt die Waffe. Am 6. März 1981, dem dritten Prozesstag gegen den Fleischer Klaus Grabowski, betritt sie den Lübecker Schwurgerichtssaal, die Beretta in den weiten Taschen ihrer Hose versteckt. Der Saal ist fast leer, das Publikum muss vorerst noch draußen bleiben. Doch Marianne zögert nicht. Sie zieht die Waffe und feuert. Einmal. Zweimal. Achtmal. Sechs Schüsse treffen. Tödlich. Das Training im schalldichten Keller, von dem später eine Freundin in einer Fernsehdokumentation berichten wird, hat sich gelohnt. Grabowski fällt. Er stirbt noch im Gerichtssaal. Draußen vor der Tür steht Annas Vater, mit dem Marianne nicht mehr zusammen ist. »Sie hat es getan. Sie hat es getan.« Marianne selbst bleibt kühl, beherrscht: »Ich wollte ihm ins Gesicht schießen. Leider habe ich ihn in den Rücken getroffen. Hoffentlich ist er tot.« Klingt so eine am Tod ihres Kindes zerbrochene Mutter?

Am 2. November 1982 wird Marianne wegen Mordes angeklagt. Hat sie die Tat kaltblütig geplant? Hatte sie die Waffe nur zu ihrer eigenen Sicherheit dabei und wollte eigentlich gar nicht schießen?

Doch es geht noch um ganz andere Fragen: Ist die Justiz in diesem Fall auch wirklich unabhängig? Schließlich trägt sie aus Mariannes Sicht eine Mitschuld am Tod Annas. Als vorbestrafter Sexualstraftäter wurde Grabowski erst nach einer Kastration aus der Haft entlassen. Draußen unterzog er sich allerdings einer Hormontherapie zur Wiederherstellung des Sexualtriebs – mit Erlaubnis der Verantwortlichen. Bewährungsauflagen wurden angeblich nicht eingehalten. Nach Annas Tod erstatteten Marianne und der Vater des Kindes Anzeige gegen den Urologen, der die Hormonbehandlung durchgeführt hatte. Die Staatsanwaltschaft verzichtete jedoch darauf, Anklage zu erheben. Besteht nun, bei Mariannes Prozess, nicht die Gefahr, dass sich die Justiz bei ihrem Urteilsspruch selbst schützen will?

Und noch ganz andere Punkte tun sich auf: Marianne verkauft ihre Geschichte für viel Geld an den *Stern*. Ein Ausdruck reiner Geltungssucht? Oder braucht sie das Geld tatsächlich, wie sie erklärt, um ihre Verteidigung zu finanzieren? Ist sie wirklich die liebende Mutter, als die sie sich ausgibt? Zwei Kinder hat sie bereits zur Adoption freigegeben. Auch bei Anna hat sie angeblich darüber nachgedacht. Vieles deutet darauf hin, dass Anna von Marianne vernachlässigt wurde. Das Mädchen schwänzte oft die Schule, spielte lieber mit Grabowskis Katze.

Es kommt auch ans Tageslicht, was Grabowski vermutlich zum Verhängnis wurde. Nicht allein die Tat selbst, so schändlich sie auch war. Vor Gericht behauptete er, er habe Anna gar nicht missbraucht, sondern sei von ihr erpresst worden. Er sollte ihr Geld zahlen, sonst würde sie erzählen, er habe sie angefasst. Aus Angst vor dem Gefängnis habe er sie umgebracht. Marianne Bachmeier – so wird sie viel später erklären – wollte das Andenken an ihre Tochter nicht derart beschmutzen lassen. Und schoss.

Am 2. März 1983 wird Marianne Bachmeier wegen Totschlags und unerlaubten Waffenbesitzes zu sechs Jahren Haft verurteilt. Der Verteidigung gelingt es, die Richter zu überzeugen, dass Marianne die Tat nicht geplant hatte, was schon etwas überrascht, wenn jemand mit einer Beretta, Kaliber .22, in der Hosentasche einen Gerichtssaal betritt. Schon Mitte der 1980er-Jahre kommt Marianne wieder frei, weil sie als selbstmordgefährdet gilt. Jahre später wird sie schließlich zugeben, den Mann nach »reiflicher Überlegung« erschossen zu haben.

Ein Großvater schickte ihr einen Blumenstrauß samt Grußkarte in die Haftanstalt, er hätte »genauso gehandelt«. Auch ohne Kinder zu haben, werden die meisten von uns im ersten Augenblick vermutlich mit Marianne Bachmeier sympathisieren. Und doch kommt man nicht umhin, sich zu fragen: Wie heroisch, wie erfüllt von wahrer Mutterliebe war ihre Tat wirklich ...

Susanna Fazekas
Verliebt, verlobt, verheiratet, gestorben

Nagyrév, ein Dorf in Ungarn, am Ufer der Theiß, 1914. Eine Zeit, in der man nicht aus Liebe heiratet. Ein Ort, an dem man sich später auch nicht mehr scheiden lässt, so unglücklich man auch sein mag. Als der Erste Weltkrieg beginnt und alle kriegstauglichen Männer eingezogen werden, atmen viele der Frauen von Nagyrév auf. Sie genießen die Freiheiten, die sich ihnen ohne ihre Männer in der tristen Einöde der nördlichen großen Tiefebene bieten – auch die sexuellen. Mit Kriegsbeginn hat nämlich ein Kriegsgefangenenlager in der Nachbarschaft Einzug gehalten. Für die Frauen ein Gefühl wie freie Auswahl im Süßwarenladen. Doch schon bald kommen die ersten Ehemänner zurück, versehrt, blind und desillusioniert. Sie wollen zurück in ihr altes Leben. Doch wollen ihre naschhaften Frauen das auch?

Es ist die gute Fee Susanna Fazekas, die den in Bedrängnis Geratenen in diesem Augenblick zu Hilfe eilt. Sie ist die Hebamme des Dorfes, die Krankenschwester, die einzige Person mit medizinischen Kenntnissen. Einen richtigen Arzt gibt es in dieser abgelegenen Gegend nicht. Als »Engelmacherin« hat Fazekas schon so manche Frau von ihren kleinen »Problemchen« erlöst. Auch angeklagt worden ist sie dafür, doch sie hat Glück gehabt mit ihren Richtern, die beide Augen zugedrückt haben.

Als »ihren« Frauen die Rückkehr der lieben Ehemänner und Verlobten so ganz und gar nicht in den Kram passt, ist Fazekas bereit, ihren Schaffenskreis auszuweiten und frustrierten Ehefrauen mit Rat und Tat zur Seite zu stehen – und mit Gift. Kistenweise schleppt sie Fliegenfänger nach Hause, die sie einlegt, auskocht, um an ihr Allheilmittel zu gelangen: Arsen.

Manchen Frauen verkauft sie es, manchen gibt sie es kostenlos – aus milder Barmherzigkeit. Frauen müssen schließlich zusammenhalten. Eine selbstgemachte Witwe nimmt Fazekas' Dienste gar sieben Mal in Anspruch. Eine andere macht sich mit dem Tod ihres Mannes zu Weihnachten ein ganz besonderes Geschenk. Die gehäuften Todesfälle erregen zunächst keine Aufmerksamkeit – und als sie es doch tun, bleibt die offizielle Untersuchung nur an der Oberfläche. Schließlich sind für alle Ermordeten ordnungsgemäße Totenscheine ausgestellt worden. Natürlich, das macht ja auch ein enger Vertrauter Fazekas. Niemand wundert sich. Das Sterben geht weiter. 15 Jahre lang. Auch Brüder oder Eltern sind dran, wenn eine Dame den Hof gerne für sich allein haben möchte. Eine andere macht es besonders geschickt: Sie vergiftet ihre Mutter, wirft sie in den Fluss: »Tod durch Ertrinken«, heißt es auf dem Totenschein. Nicht schlecht. Die Mörderin brüstet sich gar damit – niemanden interessiert's.

Weshalb die Behörden doch irgendwann genauer ermitteln, ist nicht ganz klar. Ist tatsächlich eines der potenziellen Opfer misstrauisch geworden und hat den ihm angebotenen Wein untersuchen lassen? Hat ein Student in einer angetriebenen

Wasserleiche eine überraschend hohe Menge Arsen festgestellt? Fazekas wird verhört und wieder auf freien Fuß gesetzt. Sie hält sich für ganz schlau, glaubt, ihre Verfolger genarrt zu haben. Doch die haben inzwischen ihr Haus durchsucht und ihr Giftarsenal entdeckt. Sie beobachten nun, wie Fazekas von Haus zu Haus schleicht, um zu erklären, dass das Morden ein Ende haben muss – oder vielleicht auch nur, dass die Damen es etwas ruhiger angehen sollen. Bis Weihnachten vielleicht. Ja, bis Weihnachten lässt es sich wohl mit Ach und Krach aushalten. Es sind alles Häuser von Frauen, die ihre Dienste in den letzten Jahren in Anspruch genommen haben. Nun wissen die Ermittler, welche Leichen sie exhumieren müssen. Aber die Naschkatzen von Nagyrév sind nicht dumm. Des Nachts sind sie auf den Friedhof geschlichen, um Grabsteine zu versetzen, doch das verzögert die Aufdeckung nur. Verhindern können sie sie nicht mehr.

In Dutzenden von Leichen wird Arsen gefunden, 26 Frauen werden schließlich verurteilt. Acht zum Tod durch den Strang, sieben erhalten eine lebenslange Freiheitsstrafe, der Rest Gefängnisstrafen unterschiedlicher Länge. Fazekas selbst schluckt ihre eigene Medizin, als sich die Häscher ihrem Haus nähern.

In Nagyrév, einem kleinen Dorf am Ufer der Theiß.

Nur ein paar Ortschaften weiter häufen sich die Todesfälle ebenfalls.

Niemand weiß, weshalb.

Rebellinnen des Geistes

Christine de Pizan
Working Girl

Schon einmal vom *Roman de la Rose* gehört? Der *Rosenroman* gilt als das erfolgreichste und bekannteste Werk der französischen Mittelalterliteratur. In Form einer Ich-Erzählung, gespickt mit zahlreichen allegorischen Gestalten erzählt der Versroman ein Traumgeschehen, nämlich die Suche des Erzählers nach einer Rose, in die er sich unsterblich verliebt hat. Der Roman ist ein Musterbeispiel für die höfische Minnedichtung, mit Widerständen, die überwunden, und wertvollen Lehren, die gezogen werden müssen. Dumm nur, dass der Verfasser des *Rosenromans* vermutlich vor Fertigstellung verstirbt und der Roman von einem, sagen wir, weniger idealistisch veranlagten Autor zu Ende gebracht wird. In der zweiten Hälfte des *Rosenromans* passiert handlungsmäßig nicht viel. Dafür wird gegen alles und jeden vom Leder gezogen – vor allem gegen die holde Weiblichkeit. Die Frau als Versuchung, von der es sich fernzuhalten gilt, ja als »Misthaufen«, der noch genauso stinke, egal, wie sehr man ihn mit Blumen und Seidentüchern bedecke.

Kein Wunder, dass eine Frau wie Christine de Pizan, die es gewohnt ist, für die eigenen Rechte einzustehen, so eine Beleidigung des weiblichen Geschlechts nicht auf sich sitzen lassen kann. Sie kritisiert öffentlich die pauschalisierte Frauenfeindlichkeit des *Rosenromans* und entfesselt so die »Querelle du Roman de la rose«, den ersten Literaturstreit in der Geschichte der französischen Literatur. Außerdem steht sie damit am Anfang der sich über Jahrhunderte hinziehenden »Querelle des femmes«, des Streits über die Frauen, über die Stellung der Frau in der Gesellschaft, in der Welt. Möglich ist all das überhaupt erst, weil Christine am eigenen Beispiel erkannt hat, dass Frauen den Männern in keiner Weise unterlegen sind, wenn man ihnen nur nicht ständig Steine in den Weg legen würde ...

Christine ist vier Jahre alt, als sie mit ihren Eltern aus Venedig nach Paris kommt. Ihr Vater ist als Leibarzt und Astrologe an den königlichen Hof berufen worden – ganz Europa hat sich um den talentierten Mann gerissen. Christines Kindheit ist unbeschwert, glücklich. Ihr Vater teilt sein Wissen mit ihr, fördert ihr Talent für Sprache. Nur die Mutter hat Angst, dass aus Christine auf diese Art und Weise ein unverheiratbares Ding wird. Wieso soll sie lesen können, wenn sie nicht ins Kloster will? Also geht von Christines wertvollen Studierstunden viel Zeit ab für Nähen, Stopfen, Hauswirtschaft. Mit Erfolg. Christine ist gerade einmal 15 Jahre alt, als sie verheiratet wird. Die Ehe verläuft glücklich. Doch Christine weiß, dass dies eher die Ausnahme als die Regel ist. Ihrer Tochter wird sie später nahelegen, in ein Kloster einzutreten, anstatt sich einem Mann auszuliefern.

Zehn Jahre währt das Eheglück, dann stirbt 1390, wenige Jahre nach Christines Vater, ihr geliebter Mann an einer Seuche. Viele hungrige Augen richten sich nun auf die 26-Jährige, die nicht nur drei Kinder und ihre Mutter, sondern auch

Christine de Pizan

diverse andere Verwandte zu versorgen hat. Vom Schicksal in die Ecke gedrängt, zeigt Christine ihre Zähne. Als Abschreiberin – der Buchdruck wird erst gut 60 Jahre später erfunden – verdient sie ihr erstes Geld. Doch zu wenig. Schließlich beginnt sie selbst zu schreiben, nicht unter Pseudonym, unter männlichem Deckmantel, sondern unter ihrem eigenen Namen.

Sie verfasst Gedichte über die Liebe zu ihrem Mann, ihren schweren Verlust, dann das erste Buch, über Erziehung, und findet ein mageres Auskommen. 1399 löst sie mit ihrem *Sendbrief vom Liebesgott*, der sie mit einem Schlag berühmt macht, die »Querelle du Roman de la rose« aus. Es folgen zahlreiche andere Bücher, darunter eine Biografie Karls V. Schließlich 1405 ihr aus heutiger Sicht wichtigstes Werk: *Das Buch von der Stadt der Frauen*. Es ist die Beschreibung einer allegorischen Stadt, bevölkert von den besten aller Frauen (eine herzliche Leseempfehlung an alle, denen dieses Buch hier zu viele mordende, hinterlistige und schlichtweg böse Frauen enthält), die Utopie einer Welt, wie sie sein könnte, wenn Frauen denn nur die gleichen Rechte gewährt würden wie Männern. Und Christine schreibt weiter. Über das Staatswesen, das Militär, den Krieg, Frieden, das Schicksal. Sie ist die erste französische Schriftstellerin, die von ihrem Schaffen leben kann.

1418 schließlich zieht sich Christine in ein Dominikanerinnenkloster zurück. Ihre Tochter lebt dort schon eine ganze Weile. Die Welt da draußen, gebeutelt vom Hundertjährigen Krieg ist für Christine unerträglich geworden. Nur einmal meldet sie sich noch zu Wort. 1429 veröffentlicht sie einen Lobpreis auf Johanna von Orléans. Deren trauriges Ende am 30. Mai 1431 in Rouen erlebt Christine glücklicherweise nicht mehr mit. Sie stirbt vermutlich 1430.

Marie Curie
Die Frau mit den Röntgenaugen

Die 1867 in Warschau als Maria Salomea Skłodowska geborene Marie Curie kann man wohl mit gutem Recht als Meryl Streep der Wissenschaft bezeichnen. Was es in den Naturwissenschaften zu reißen gab – sie hat es gerissen. 1903 erhält sie gemeinsam mit Henri Becquerel und ihrem Mann Pierre Curie, mit dem sie seit Mitte der 1890er-Jahre zur Radioaktivität forscht, als erste Frau den Nobelpreis für Physik – es ist der erste Nobelpreis für eine Frau überhaupt. Möglich gemacht hat das auch ihr Schwiegervater, der sich in all den Jahren aufopferungsvoll um die Curie-Kinder gekümmert hat. Davon kann sich der eine oder andere Opa gern mal eine Scheibe abschneiden. Curie ist zudem die einzige Frau, die den Nobelpreis zweimal erhält. 1911 wird sie mit dem Nobelpreis für Chemie ausgezeichnet, für ihre Verdienste um den Fortschritt für die Chemie durch die Entdeckung von Polonium und Radium. Dieses Kunststück ist in der Geschichte des Nobelpreises bisher erst vier Personen gelungen. Nur zwei davon haben es geschafft, den Preis in zwei unterschiedlichen Kategorien zu bekommen. Marie ist eine davon. Sie ist auch die erste Frau, die an der Sorbonne lehrt, die erste Frau, die dort eine Professur erhält. Ja, Sie sehen schon: Da kommt man fast ein bisschen außer Atem beim Leben dieser Vorzeigewissenschaftlerin. Doch ein Selbstläufer, wie sich das im ersten Moment anhört, ist Curies Karriere durchaus nicht.

Nach Paris kommt Marie, weil sie in Polen nicht die Universität besuchen darf. Frauen ist das schlichtweg verboten – auch wenn sie, wie Maria Salomea Skłodowska, schon mit 15 ihr Abitur als Klassenbeste gemacht haben. Und obwohl sie in Frankreich ihr Studium der Physik als Beste und das Studium der Mathematik als Zweitbeste abschließt, wird sie später noch jahrelang für Pierres Assistentin gehalten. Entsprechend soll der Nobelpreis 1903 ursprünglich auch gar nicht an sie gehen, sondern nur an Becquerel und an Pierre. Erst als sich ihr Mann querstellt, entscheidet die Schwedische Akademie der Wissenschaften, Marie ebenfalls mit dem Preis auszuzeichnen. Auch an Herrn Curie an dieser Stelle also ein großes Lob!

Die Professur an der Sorbonne erhält Marie dann auch nur, weil ihr geliebter Mann und Partner überraschend einen tödlichen Unfall erleidet: Er gerät unter die Räder eines Lastfuhrwerks und stirbt am 19. April 1906. Niemand anderes als Marie scheint geeignet, seine Vorlesungen fortzuführen. Sie erhält allerdings nicht sofort eine ordentliche Professur, ihr wird zunächst nur die Kursverantwortung und die Leitung des Labors übertragen. Man muss ja erst mal sehen, was diese Assistentin, Verzeihung, »Wissenschaftlerin« zu leisten vermag. Erst 1908 wird ihr die ordentliche Professur verliehen.

In die Académie des sciences, die Vereinigung besonders herausragender Wissenschaftler, wird Marie trotz ihrer Leistungen nicht aufgenommen. Sie bewirbt sich 1911 um einen Platz, doch die Académie entscheidet mit 85 zu 60 Stimmen, nicht mit der Tradition, nur Männer aufzunehmen, brechen zu wollen. Zwar wird Marie entgegen diesem Beschluss trotzdem nominiert, doch sie verliert knapp. Erst 51 Jahre später nimmt die Académie eine Frau als korrespondierendes Mitglied in ihre Reihen auf: Curies frühere Assistentin, die französische Chemikerin und Physikerin Marguerite Catherine Perey.

Selbst ihr zweiter Nobelpreis, den »nur sie allein« erhält, wird überschattet von einer aus heutiger Sicht fast schon lächerlichen Affäre. Seit Mitte Juli 1910 hat sie ein Verhältnis mit dem fünf Jahre jüngeren Paul Langevin. Der ehemalige Schüler ihres Mannes ist verheiratet und hat vier Kinder. Die beiden treffen sich in einer gemeinsam angemieteten Wohnung, schicken sich Liebesbriefe. Langevins Frau merkt schon bald, wie der Hase läuft. Sie droht mit Mord, und gerade die rechte Presse stürzt sich auf die Affäre, die insgesamt fünf Duelle nach sich zieht – unter anderem zwischen Paul und einem Journalisten, bei dem es allerdings zu keinem Schusswechsel kommt. Wissenschaftler wie Albert Einstein oder Jean-Baptiste Perrin stellen sich auf Maries Seite. Und dennoch: Svante Arrhenius, Chemienobelpreisträger von 1903 und Mitglied der Königlich Schwedischen Akademie der Wissenschaften, schreibt Marie Curie mit der Bitte, lieber nicht persönlich zur Nobelpreisverleihung zu kommen. Sie tut es trotzdem, erhobenen Hauptes. Danach bricht sie zusammen. Vor Erschöpfung, und auch ihre jahrelangen Experimente mit der Radioaktivität fordern ihr Tribut. Doch sie erholt sich. Stirbt erst 20 Jahre später, 1934.

Was ist also die Geschichte der Marie Curie? Der Beweis, dass Frauen es doch können, wenn sie nur wollen? Die

Geschichte einer beeindruckenden, klugen, willensstarken Frau, die jungen Mädchen zeigt, wie großartig die Naturwissenschaften sein können, wenn man sich nur darauf einlässt? Oder ist es die Erzählung von all den Knüppeln, die Frauen zum Teil heute noch auf ihrem Weg nach oben zwischen die Beine geworfen werden – nicht nur, aber eben auch im wissenschaftlichen Bereich?

Hypatia
Märtyrerin für die Wissenschaft

»Verteidige dein Recht zu denken. Denken und sich zu irren ist besser, als nicht zu denken.« Ein Zitat, das der spätantiken Mathematikerin, Philosophin und Astronomin Hypatia zugeschrieben wird. Und wer wüsste besser als sie, wie wichtig es ist, frei denken zu können, frei denken zu dürfen. Letztendlich ist das mit ein Grund, weshalb sie im März des Jahres 415 hingemetzelt wird.

Hypatia wird irgendwann zwischen 355 und 370 nach Christus als Tochter des Astronomen und Mathematikers Theon von Alexandria geboren. Ihr Vater unterrichtet am Museion, jenem Hort der Wissenschaft, wo die ersten Leichen seziert wurden und wo der noch heute verwendete Kalender entwickelt worden ist. Wie sich das für einen guten Vater gehört, teilt Theon sein umfassendes Wissen mit seiner begabten Tochter, die schon bald selbst Mathematik, Astronomie, Philosophie und Mechanik unterrichtet. Zunächst einen kleinen Kreis von Schülern, die sie um sich schart, später höchstwahrscheinlich als Leiterin des Lehrstuhls für platonische Philosophie. Dabei macht Hypatia keinen Unterschied nach Religion. Wer bereit ist, vorurteilsfrei zu denken, der ist bei Hypatia gern gesehen.

Hypatia

Das ist durchaus keine Selbstverständlichkeit im Alexandria dieser Zeit. Das Christentum hat endgültig die Vormachtstellung in der antiken Welt errungen, nachdem es im Jahr 380 zur Staatsreligion erhoben worden ist. Es beginnt ein finsteres Kapitel in der Geschichte der Kirche, die viele Errungenschaften, viele Fragestellungen der antiken Wissenschaft und Philosophie als heidnisch, ja als teuflisch betrachtet. Eine Linie, die auch Kyrill, der am 15. Oktober 412 zum Patriarchen von Alexandria ernannt wird, vertritt. Ihm ist das Museion ein Dorn im Auge. Noch mehr stört ihn, dass der Präfekt Orestes, der Statthalter der römischen Provinz Ägypten und ehemalige Schüler Hypatias, zwar ein getaufter Christ ist, doch die Dinge durchaus nicht so eng sieht wie Kyrill. Der hat inzwischen eine eigene Miliz aus Laienpriestern um sich geschart – die Parabolani: eine Horde von Kampfpriestern und Schlägermönchen. Das muss man sich mal auf der Zunge zergehen lassen. Zwar beschwert sich Orestes beim Kaiser über diesen Machtmissbrauch, doch erfolglos – Ostern 415 eskaliert die Gewalt.

Und hier wären wir wieder bei Hypatia, jener Person, an der all die angestaute Gewalt ihr Ventil findet. Hypatia ist eine enge Vertraute von Orestes, Anhängerin eines paganen Neoplatonismus, eine Heidin also. Außerdem ist ihre wissenschaftliche Arbeit ein Schlag ins Gesicht eines jeden gläubigen Christen. Darüber, dass Hypatia unter anderem einen 13-bändigen Kommentar zur *Arithmetica* des Diophantos, des Vaters der Algebra, verfasst, Jahrhunderte vor Johannes Kepler zu elliptischen Bahnen der Planeten forscht und das Astrolabium, mit dem sich der sich drehende Himmel in größter Genauigkeit darstellen lässt, wesentlich weiterentwickelt, ließe sich vielleicht noch hinwegsehen. Doch dass sie an einem heliozentrischen Weltbild forscht, und das auch noch als Frau, das bringt das Fass zum Überlaufen.

Wie es genau dazu kommt, dass ein rasender Mob sich aufmacht, um Hypatia zur Strecke zu bringen, ist nicht ganz klar. Möglicherweise lässt Kyrill das Gerücht verbreiten, Hypatia beinflusse Orestes gegen die Interessen der Christen. Immerhin geht Orestes gegen diese vor, nachdem es Übergriffe auf Juden und ihre Synagogen gegeben hat, was im Reich gesetzlich verboten ist. Auf jeden Fall lauern die Christen Hypatia auf, zerren sie nackt durch die Straßen, in die Kirche Kaisarion, wo sie ihr – je nach Übersetzung mit Dachziegeln oder Muschelschalen – bei lebendigem Leib das Fleisch vom Körper schneiden. Hypatias Tod ist der traurige Schlusspunkt im Niedergang des wissenschaftlichen Alexandrias.

Doch damit nicht genug. Später wird die christliche Hagiografie sich Hypatias Geschichte auf besonders perfide Art und Weise zu eigen machen. Die Rollen von Heiden und Christen werden einfach getauscht, aus der großen heidnischen Denkerin wird die kluge, fromme Katharina von Alexandrien, die dem Glauben an Gott so anhängt, dass sie die klügsten Gelehrten im Gespräch von ihrer Religion überzeugen kann und dafür schließlich ähnlich zu Tode kommt wie Hypatia. Belege für eine real existierende Katharina von Alexandria gibt es nicht. Ihr Kult wird erst für das 7. Jahrhundert nach Christus bezeugt. Im Mittelalter wird deshalb immer wieder versucht, die heilige Katharina aus dem Heiligenkalender zu streichen – einfach weil es sie nie gegeben hat. Doch die Kathi-Lobby ist zu stark. Immerhin gehört die kluge Jungfrau inzwischen zu den beliebtesten Heiligen der Kirche.

Ist ja auch eine tolle Frau – mit ihrem unfassbaren Wissen, ihrer Standhaftigkeit, ihrer Ungerührtheit. Also bleibt es dabei – und die böse, anmaßende Heidin Hypatia wird auf diesem Umweg unter anderem zur Schutzpatronin der Schulen und Universitäten.

Ganz schön schräg.

Denke ich.

Hedy Lamarr
Das Danaergeschenk

Haben Sie schon einmal von Hedy Lamarr gehört? Nein? Dann ist das die perfekte Gelegenheit für ein kleines Ratespiel: War Hedy Lamarr …

A: … die schönste Frau der Welt, die in den 30er-Jahren nackt und einen Orgasmus simulierend in einem tschechischen Arthousefilm zu sehen war und danach Hollywood im Sturm eroberte?
Oder war Hedy Lamarr …
B: … eine österreichische Erfinderin, die eine Funksteuerung entwickelte, die es möglich machte, Torpedos störungsfrei ans Ziel zu schicken, und deren Frequenzsprungverfahren außerdem die Grundlage für moderne Kommunikationstechnologien wie Bluetooth und WLAN schuf?
Nun, die Antwort ist ganz leicht: Hedy Lamarr war …
… beides.

1914, vielleicht auch ein bisschen früher oder später, wird Hedy Lamarr als Hedwig Eva Maria Kiesler in Wien geboren. Schon früh zieht es Hedwig zum Film, dank jahrelangem

Klavier-, Ballett- und Gesangsunterricht ist sie bestens darauf vorbereitet. 1931 spielt sie neben Heinz Rühmann eine Hauptrolle in *Man braucht kein Geld*, zwei Jahre später kommt es zum Skandal. Im tschechischen Kunstfilm *Ekstase* ist Hedwig nicht nur in einer langen Szene nackt zu sehen. Sie simuliert auch einen Orgasmus, bei dem die Kamera nur auf ihr Gesicht hält. Angeblich wird Hedwig bei dieser Szene mit einer Sicherheitsnadel in den Hintern gestochen, um das Ganze möglichst realistisch aussehen zu lassen – einer anständigen Frau ist ja auch nicht zuzutrauen, dass sie tatsächlich weiß, wie so ein Orgasmus denn wohl aussieht.

Ekstase wird von den Nazis als jugendgefährdend eingestuft und nur gekürzt in ausgewählten Kinos gezeigt. Hedy kann das egal sein. Sie zieht sich aus dem Filmgeschäft zurück und heiratet noch im selben Jahr den schwerreichen österreichischen Waffenfabrikanten Fritz Mandl. Der ist zwar wie sie Jude, macht aber trotzdem fleißig Geschäfte mit Hitler und Mussolini. In seinem Salon wird ausführlich über die neuesten Waffentechnologien und deren Probleme geplaudert, Hedwig absolviert zahlreiche Geschäftstermine mit ihrem Mann, der sie nicht von seiner Seite lässt, und anstatt einfach nur schön auszusehen und ihr Gehirn – so denn unschicklicher Weise tatsächlich vorhanden – auszuschalten, saugt sie alles auf wie ein Schwamm.

1937 hat sie schließlich die Nase voll von ihrem Göttergatten, der sie behandelt wie einen Gegenstand und eifersüchtig ist auf ihre Filmvergangenheit, die er am liebsten auslöschen möchte. Er versucht sogar – glücklicherweise erfolglos –, sämtliche Kopien von *Ekstase* aufzukaufen. Hedwig verkleidet sich kurzerhand als Zimmermädchen und flieht. Andere

Quellen behaupten, sie habe Mandl überredet, an einem Abend all ihren Schmuck tragen zu dürfen, und sich dann davongemacht. Egal, was nun stimmt: Die Flucht gelingt, und in London trifft Hedwig auf MGM-Chef Louis B. Mayer, der sie nicht nur unter Vertrag nimmt, sondern ihr auch den passenden Künstlernamen verpasst – schließlich soll niemand im prüden Amerika an die einen Orgasmus simulierende Hedwig Kiesler erinnert werden. Es wird noch über 50 Jahre dauern, bis man mit so etwas in Hollywood Filmgeschichte schreiben kann, siehe *Harry und Sally* von 1989 und Meg Ryans beeindruckenden – wenn auch nur gefakten – Orgasmus im Restaurant.

In Hollywood wird Hedy Lamarr tatsächlich schnell zum Star und zur Stilikone einer ganzen Generation. Sie spielt an der Seite von Clark Gable, Spencer Tracy und James Stewart – doch auf große Schauspielkunst kommt es dabei nicht an, Hedy ist vielmehr schmückendes Beiwerk. Als solches hadert Lamarr mit ihren zu kleinen Brüsten – der Atombusen hält in Hollywood gerade Einzug. So kommt sie in Kontakt mit George Antheil. Der ist zwar eigentlich Komponist, hat sich aber viel und intensiv mit Brüsten auseinandergesetzt und schreibt mit dieser Expertise auch gern mal Artikel über weibliche Hormone und Brustumfang. Lamarr sucht das Gespräch mit ihm, weil sie hofft, mit Hormonen ihre Brüste vergrößern zu können. Und wie das so ist bei Gesprächen, die von einem Thema zum anderen führen, landen die beiden schließlich bei Torpedos und deren Funksteuerung. Sicherlich hat Lamarr einiges im Salon und an der Seite Mandls aufgeschnappt, und sicherlich liegt die Erfindung des Frequenzwechsels bereits in der Luft (in Deutschland wird daran bereits gearbeitet, hat Lamarr möglichweise davon gehört?), allerdings schmälert das – liebe das Haar in der Suppe suchende Hedy-Kritiker – Lamarrs Verdienst nur geringfügig, die gemeinsam mit Antheil ihre Idee des Frequenzwechsels am 11. August 1942 patentieren lässt.

Auch sonst vertreibt Lamarr sich die Zeit gern mit naturwissenschaftlichen Studien – in Hollywood fühlt sie sich oft einsam, unausgefüllt, unterfordert. Mit ihrem Liebhaber Howard Hughes, dem Luftfahrtpionier und Filmproduzenten, diskutiert sie über die perfekte aerodynamische Form für sein neuestes Flugzeug. Sie erfindet außerdem eine auflösbare Tablette, mit der man ganz einfach daheim ein kohlensäurehaltiges Getränk herstellen kann. Doch es bleibt bei Spielereien. Und ihre seichten Filmrollen füllen Lamarr genauso wenig aus. So zieht langsam das Leben an Hedy vorbei, die Angebote werden immer weniger, mit grotesken Operationen versucht sie, ihre Schönheit zu erhalten, die doch eigentlich ihr größtes Unglück gewesen ist. Von wegen Traumberuf Schauspielerin! Vielleicht wäre die schönste Frau der Welt besser Elektrotechnikerin geworden ...

Juliana von Norwich
Ende gut – alles gut

Erinnern Sie sich noch ans Frühjahr 2017, als die dritte Single aus Mark Forsters Album *Tape* uns quasi Tag und Nacht auf allen Kanälen beschallte? In seinem Song »Sowieso« geht im Leben immer wieder eine neue Tür auf, egal, wie schlecht es einem möglicherweise gerade geht. Und letzten Endes wird auch alles gut – sowieso.

Aufbauend, motivierend – aber durchaus kein ganz so neuer Gedanke. Das wird auch niemanden wirklich überraschen, denn der Innovationsgrad der Texte ist sicherlich nicht das Alleinstellungsmerkmal von Popmusik. Schon eher überraschend ist dann vielleicht, dass der Gedanke bereits in der katholischen Kirche große Zustimmung fand. Und dass dafür eine Frau gesorgt hat, die ihn im 14. Jahrhundert aufschrieb, nämlich die englische Mystikerin Juliana von Norwich – deren Leben jedoch alles andere als mit popmusikartiger Leichtigkeit dahinplätscherte…

1373 erkrankt die 31-jährige Juliana schwer, alles sieht danach aus, dass sie sterben muss. Sie erhält die Krankensalbung, doch statt ihren letzten Atemzug zu tun, hat Juliana eine Nahtoderfahrung. Sie erlebt 16 mystische Eröffnungen über Jesus Christus, die Dreifaltigkeit und die göttliche Liebe.

Juliana von Norwich

Doch damit nicht genug der Wunder. Juliana gesundet wieder und stirbt erst 1413.

Bis zu ihrem Tod lebt sie nun als Inklusin in der Kirche St. Julian in Norwich – Juliana ist daher vermutlich gar nicht ihr richtiger Name, sondern inspiriert vom Patron der Kirche. Hier meditiert Juliana über das, was sie erfahren und erlebt hat, und gibt Menschen Rat, die Hilfe suchend zu ihr kommen. Schon bald nennt man sie liebevoll »Mutter Juliana«. In den *Offenbarungen der göttlichen Liebe* schreibt sie auf, was sie erlebt hat – ein Buch, das man auch heute noch mit Gewinn lesen kann. Eine zentrale Stelle, die als Grundgedanke Eingang gefunden hat in unser – nicht nur christliches – Denken: »All shall be well, and all manner of thing shall be well.« Man könnte natürlich auch einfach noch mal Mark Forster bemühen ...

Diese Überlegung Julianas ist es auch, die der Katechismus der katholischen Kirche als Antwort auf die leidige Frage wiedergibt: Warum lässt Gott das Böse zu? Nun ja, weil aus dem Bösen auch irgendwie das Gute hervorgeht. Weil am Ende alles gut wird.

Inwieweit man diesen Satz als tröstend empfindet, darf jeder für sich persönlich entscheiden. Besonders daran aber ist, dass Juliana sich mit ihren Überlegungen ein Plätzchen erobert hat in einem zentralen Werk der katholischen Kirche, dem Katechismus, und somit eine sehr wichtige Frau in einer an wichtigen Frauen nicht reichen Institution ist. Benedikt XVI, uns Deutschen immer noch bekannt als nicht wirklich frauenfreundlicher Kardinal Joseph Ratzinger, widmete ihr am 1. Dezember 2010 gar eine Generalaudienz und hob somit ihre Bedeutung für die katholische Kirche hervor.

Gut wurde trotzdem nicht alles, Frauen haben in der katholischen Kirche noch immer nicht wirklich viel mitzureden. Klar dürfen sie die Kirchen füllen, wenn die Männer lieber daheim bei der *Sportschau* sitzen, sie dürfen fleißig den Kinderlein das Beten beibringen, jeden Sonntag im Kirchenchor tirilieren und auch gerne die Jugendarbeit übernehmen. Aber vorne an den Altar stellen – wo kämen wir denn da hin! Doch keine Sorge, liebe Damen, das Ende ist ja noch fern. Da bleibt noch etwas Zeit, um alles zum Guten zu wenden – sowieso.

Germaine de Staël
Eine Nervensäge auf großer Fahrt

Entweder man hasst Germaine de Staël – oder man liebt sie. Napoleon scheint eher zur ersteren Gruppe gehört zu haben. Ihm ist die Schöne mit dem markanten Turban zeit seines Lebens von Herzen zuwider. Herzogin Anna Amalia von Sachsen-Weimar-Eisenach ist dagegen so begeistert von Madame de Staël, dass sie Schiller ausdrücklich darum bittet, mit der Besucherin aus Frankreich bekannt zu werden, die nur allzu gern in den Dunstkreis der deutschen »Dichter und Denker« eintauchen möchte (diese Formulierung geht übrigens auf Germaine und ihre Betrachtungen über die Deutschen zurück. Ein herzliches, völlig unironisches Dankeschön an dieser Stelle!). Als Germaine schließlich wieder abreist, will kein wirklich böses Wort über sie aus Schillers Feder fließen, doch er fühlte sich, wie er im März 1804 an Goethe schreibt, als ob er eine Krankheit ausgestanden hätte.

Germaine ist laut, humorvoll, bestimmt, fesselnd, selbstbewusst, eine großartige Unterhalterin und eine miserable Zuhörerin. Wen wundert's, in ihrer Familie hat man allgemein wenig mit Selbstzweifeln zu kämpfen und ist es gewohnt, dass selbst die Mächtigsten aufmerksam lauschen. Germaines Vater, Jacques Necker, ist ein Bürgerlicher, ein Schweizer, doch 1776 bereits seit Jahren ein angesehener Bankier in Paris, als Ludwig XVI. ihn zum Finanzminister ernennt, mit dem Auftrag, die maroden Finanzen zu sanieren. Nachdem er 1781 den allerersten Rechenschaftsbericht über die königlich-staatlichen Finanzen in der Geschichte Frankreichs veröffentlich hat, muss Necker seinen Hut nehmen, doch 1788 ruft Ludwig erneut nach ihm, als letzte Hoffnung vor dem Staatsbankrott.

In der Zwischenzeit erweist sich die 1766 geborene Anne Louise Germaine als cleveres, talentiertes Mädchen. In den Salons ihrer Mutter lernt sie wichtige Autoren der Aufklärung kennen. Sie nimmt am kulturellen Leben der Epoche teil und beginnt selbst mit dem Schreiben, erst eine Komödie, dann einen Kommentar zu einem Schlüsseltext der Aufklärung, Montesquieus *Vom Geist der Gesetze*. Bereits 1786 heiratet sie den 17 Jahre älteren schwedischen Botschafter, der schon vor Jahren um ihre Hand angehalten hat. Reich ist Baron Erik Magnus Staël von Holstein nicht, dafür adelig und mit seiner diplomatischen Immunität auch sonst ein Gewinn für Germaine mit der schnellen Zunge. Glücklich wird die Ehe, obwohl vier Kinder daraus hervorgehen, dennoch nicht – nicht immer ist der Baron der Vater.

Nach der Hochzeit eröffnet Germaine ihren eigenen Salon und schreibt selbst weiter. Darüber hinaus ist sie mit zahlreichen späteren gemäßigten Revolutionären befreundet, über die sie nach dem Sturm auf die Bastille Einfluss auf das Geschehen zu nehmen versucht. Doch mit der Radikalisierung der Revolution gehören plötzlich auch Befürworter einer konstitutionellen Monarchie zu den »Bösen«. Marie Antoinette wiederum unterscheidet nicht zwischen den Revolutionären. Sie rechnet Germaine dem feindlichen Lager zu und hört nicht auf deren Rat, die Stadt so schnell wie möglich zu verlassen. Wie die Geschichte für die Kuchen liebende Königin ausgeht, wissen Sie sicherlich. Germaine schafft es noch rechtzeitig, ihre sieben Sachen zusammenzuraffen und die Flucht in ihr Schlösschen in Coppet bei Genf anzutreten. Dort gibt sie anderen Flüchtlingen Asyl, reist nach England, schreibt, publiziert und zählt ihre Liebhaber.

Nach dem Ende der Schreckensherrschaft kehrt Germaine zurück nach Paris, wo sie sich in den Kopf setzt, mit dem aufstrebenden Napoleon Bonaparte in Kontakt zu treten. Der lässt sie ziemlich auflaufen. Ob er erotische Avancen von ihr befürchtet, die aufgedrehte Germaine, die einem gut und gerne auch mal ein Ohr abkauen kann, einfach unsympathisch findet oder sie als Urheberin hinter den provokanten Reden ihres aktuellen Liebhabers vermutet: Napoleon bleibt auf Abstand, beleidigende Bemerkungen über ihr Dekolleté am Ende ihrer Bekanntschaft inklusive. Zu diesem Zeitpunkt hat sich Germaine allerdings schon längst von Napoleon abgewandt, von dessen Allmachtsfantasien sie wenig hält. Entsprechend ist es ihr in den Folgejahren verboten, sich in Paris oder auch nur im Umland aufzuhalten.

Statt in Coppet zu versauern, reist Germaine ein halbes Jahr durch Deutschland, trifft Goethes Mutter, die mit dem französischen Überschwang nicht viel anzufangen weiß, dann den Meister selbst, außerdem natürlich Schiller, Wieland und alles, was in der damaligen Dichter- und Denkerszene Rang und Namen hat. Dabei quatscht sie manchmal so viel und so rasant, dass Schiller sich enorm anstrengen muss, um ihrem Französisch folgen zu können. Das Deutsche hält Germaine ja sowieso für jede Konversation für ungeeignet. Nun ja, so ist das eben, wenn man eine Sprache nicht wirklich beherrscht. Sie engagiert August Wilhelm Schlegel als Hauslehrer ihrer Kinder, der sie fortan auf ihren Reisen begleitet, unter anderem nach Italien, wo sie in ihrem Roman *Corinna oder Italien* eine Protagonistin schafft, die zu einer Identifikationsfigur für Generationen von Schriftstellerinnen wird und Germaines literarischen Ruhm zementiert.

Vermutlich im regen Austausch mit Schlegel schreibt sie ihr für die heutige Zeit relevantestes Werk *Über Deutschland*, das eigentlich 1810 erscheinen soll. Doch die mit 10 000 Exemplaren ungewöhnlich hohe Auflage lässt ein übereifriger Napoleon-Anhänger, der Polizeiminister General Savary, einstampfen. Erst 1815 gelingt es Germaine in London – eine der Fahnen hat sie beziehungsweise Schlegel retten können – das Buch doch zu veröffentlichen. Gelandet ist sie in London, nachdem sie zunächst Österreich, dann Russland, das in diesem Moment just von Napoleon überfallen wird (wobei ich jetzt nicht auf irgendwelche Verschwörungstheorien verfallen würde), und Schweden auf einer Art Propagandareise gegen Napoleon besucht hat. Das Buch reißt, wie Goethe so schön sagt, ein Loch in die »Chinesische Mauer antiquierter Vorurteile« und bringt auf diese Art und Weise Deutschland und Frankreich einander näher. Das ist allerdings eine der wenigen guten Rezensionen. Die meisten kritisieren die Klischees, die Lückenhaftigkeit, die offensichtlich einseitig von Schlegel geprägte Sicht Deutschlands. Und doch hat Goethe recht: Das Interesse der Franzosen an den östlichen Nachbarn wird durch dieses Buch dauerhaft geweckt.

Nach dem Ende der napoleonischen Herrschaft kehrt Germaine nach Paris zurück – triumphierend. Doch im Frühjahr 1817 erleidet diese Frau wie eine Naturgewalt einen Schlaganfall. Germaine, die nichts in ihrem Leben ausbremsen konnte, ist nun halbseitig gelähmt. Sie stirbt im Sommer 1817.

Emmy Noether
Herr Noether redet Mathematik

»Ich habe bisher, was produktive Leistungen betrifft, die schlechtesten Erfahrungen in Bezug auf die studierenden Damen gemacht und halte das weibliche Gehirn für ungeeignet zur mathematischen Produktion.« So der Mathematiker Edmund Landau im Gutachten zu Noethers Habilitation 1915. Diese Meinung ist Ende des 19. Jahrhunderts sicherlich kein Einzelfall. Vielleicht setzt sich die kleine Amalie Emmy Noether, die am 23. März 1882 im fränkischen Erlangen geboren wird, deshalb auch gar nicht groß mit Mathematik auseinander, obwohl der Vater den Lehrstuhl für Mathematik in Erlangen innehat. Emmy besucht zunächst die Städtische Höhere Töchterschule, die keinen besonderen Schwerpunkt auf Mathematik legt. Und 1900 legt sie das Lehrerinnenexamen für Englisch und Französisch ab. Doch damit hat es sich dann auch schon mit der Mathematikabstinenz. Jetzt dreht Emmy richtig auf.

Weil es Frauen nicht erlaubt ist, sich zu immatrikulieren, hört sie inoffiziell beziehungsweise als Gasthörerin Mathematikvorlesungen in Erlangen, später in Göttingen. 1903 macht Emmy ihr Abitur am Realgymnasium in Nürnberg. Und manchmal hat man einfach auch ein bisschen Glück, denn just in diesem Jahr wird es in Bayern auch Frauen erlaubt zu studieren. Sie können sich schon denken, wer die Erste in der Schlange vor der Studentenkanzlei ist. Und nur wenige Jahre später, 1907, ist Emmy die zweite Deutsche, die in Mathematik promoviert wird, und zwar über Invarianten, das sind Eigenschaften eines Objekts, die sich bei bestimmten Änderungen, die man am Objekt vornimmt, nicht ändern. Später wird Emmy ihre Doktorarbeit als »Mist« bezeichnen. Ihrer Ansicht nach hat sie sich darin zu viel mit Gleichungen und Formeln beschäftigt und zu wenig mit dem großen Ganzen. Wie großartig Emmy sogar dann noch ist, wenn sie selbst über sich nur den Kopf schütteln kann, zeigt die Tatsache, dass dieser »Mist« mit summa cum laude bewertet wurde. Doch in Zukunft wird sich Emmy auf ganz andere Weise mit der Mathematik beschäftigen – weniger mit konkreten Problemen, weniger mit dem Lösen von Gleichungen, sondern mit den einheitlichen Theorien dahinter, die möglichst viele Spezialfälle erfassen. Sie wird so zur »Mutter der modernen Algebra« werden.

Doch bis dahin ist es noch ein bisschen hin. Emmy assistiert ohne Gehalt und Anstellung ihrem Vater in Erlangen. Nach und nach macht sie sich einen Namen als Spezialistin auf dem Gebiet der Invarianten. 1909 wird sie von den bekannten Mathematikern Felix Klein und David Hilbert nach Göttingen – damals das führende Mathematikzentrum der Welt – gerufen. Von Hilbert wird sie darin bestärkt, sich für eine Habilitation zu bewerben, obwohl Frauen das eigentlich nicht dürfen. Zahlreiche Mathematiker sprechen sich für sie aus – so zum Beispiel der Göttinger Mathematiker Edmund Landau, von dem das Zitat am Anfang dieses Kapitels stammt. Sie wundern sich über sein etwas ... ungewöhnliches Gutachten? Keine Sorge: Er fügt abschließend hinzu: »Frl. N. halte ich aber für eine der seltenen Ausnahmen.« Ein Lob mit doppeltem Boden. Keineswegs ist ein Fräulein wie die Noether also ein Beleg dafür, dass theoretisch *jede* Frau zur Mathematik fähig sein könnte. Wo denkt der werte Leser hin!

Trotz derart positiver Gutachten darf Emmy sich nicht habilitieren, was Hilbert zu dem berühmt gewordenen Ausspruch veranlasst: »Meine Herren, dies [die Universität] ist keine Badeanstalt!« Doch es hilft nichts, also versuchen Hilbert und Emmy es mit einer List. Sie wird seine Assistentin und hält in dieser Funktion Vorlesungen. Und als nach dem Ersten Weltkrieg die Vorschriften gelockert werden, kommt Emmy schließlich doch noch zu ihrer Habilitation. 1922 erhält sie eine Professur, allerdings handelt es sich eher um einen »Titel ohne Mittel«, wie sie scherzt, denn sie erhält keine angemessene Bezahlung. Der »Gendergap« lässt grüßen.

Heute würde man Emmy vermutlich als »Nerd« bezeichnen – mit allen dazu passenden Attributen, vor allem einer völligen Vernachlässigung des Äußeren. Ihre Frisur: praktisch, unspektakulär. Sie ist zu dick, trägt immer die gleichen Klamotten. Allerdings konnte sie sich vermutlich auch nichts anderes leisten – vor allem als die Inflation ihr kleines Erbe frisst, von dem sie bisher gelebt hat.

Doch umso reicher ist Emmy Noether im Geiste: Sie entwickelt Theorien von einer »logische[n] Schönheit« (O-Ton Albert Einstein in seinem Nachruf in der *New York Times*), die nicht nur für die Algebra von zentraler Bedeutung sind. Wer sich heute in der Physik mit der klassischen Mechanik, der Quantenmechanik, den Feldtheorien der Gravitation und der Elektrodynamik auseinandersetzt, kommt ab einem gewissen Punkt nicht an Emmy vorbei. Sie ist aufgeschlossen für alles Neue, ihre Schüler kommen aus aller Welt. Sie hält anspruchsvollste Vorträge und schart um sich jene, die ihr folgen können. Mit ihnen entwickelt sie im Gespräch neue Ideen, gibt Denkanstöße, Anregungen. »Mathematik reden« nennt sie das und ist dabei selbstlos und einfühlsam. Interessant ist, dass in diesem Kontext ihre »mütterliche« Art so oft hervorgehoben wird, denn ansonsten fällt Emmy meist eher durch ihr polterndes, typisch männliches Verhalten auf. Wenn eine Frau schon gut Mathe kann, dann soll sie bitte möglichst männlich sein. Sie wird deshalb gerne auch respektvoll als »der Noether« bezeichnet.

Als die Nazis an die Macht kommen, sieht es für Emmy, die jüdischer Abstammung ist, finster aus. Schon 1933 wird ihr die Lehrerlaubnis entzogen. Sie erhält eine Gastprofessur in den USA und verlässt Deutschland. Emmy – zwischenzeitlich Mitglied der linken USPD – hat auch mit Moskau geliebäugelt, doch dort hat sich die Erteilung der Aufenthaltsgenehmigung zu lange hingezogen. Vielleicht besser so: Ihr Bruder flüchtet in den Osten und wird später im Zuge des Großen Terrors erschossen.

Emmy selbst stirbt am 14. April 1935 infolge einer Operation, bei der ihr ein Tumor entfernt werden soll. In seinem Nachruf auf sie schreibt Albert Einstein: »Im Urteil der kompetentesten lebenden Mathematiker war Fräulein Noether das bedeutendste kreative mathematische Genie, das die höhere Bildung von Frauen seit ihrem Beginn hervorgebracht hat.« Doch mit der höheren Bildung von Frauen läuft auch heute noch nicht alles rund. 2016 lag an deutschen Hochschulen der Frauenanteil zu Studienbeginn bei etwa 50 Prozent, bei den Promovierten waren es dann nur noch 45 Prozent, bei den Habilitierten 30 Prozent. Ob das wohl am weiblichen Gehirn liegt?

Sappho
Ode an die Freundin

Mit der Kanonisierung ist es ja immer so eine Sache. Wer wird in einen Kanon aufgenommen, wer fliegt nach einer gewissen Zeit wieder raus und wer kommt gar nicht erst rein? Und wodurch legitimiert sich so ein Kanon eigentlich? Ist dieser nicht nur Abbild jener kleinen Gruppe, die ihn zusammengestellt hat, und damit elitär und nicht wirklich allgemeinverbindlich? Und, und, und …

Sie haben recht mit Ihren Einwänden – und trotzdem möchte ich Ihnen einen ganz besonderen Kanon nicht vorenthalten, an dem kein Griechischstudent vorbeikommt: den der neun Lyriker, einen bis in die byzantinische Zeit gültigen Kanon altgriechischer Autoren, die von den Gelehrten des hellenistischen Alexandria (kennen wir schon, das ist die von Alexander dem Großen einst in Ägypten gegründete Stadt mit dem riesigen Leuchtturm und der großartigen Bibliothek) eines kritischen Studiums für würdig befunden wurden. Neun Stück nur – in einem Zeitraum, der sich über mehrere Jahrhunderte erstreckt! Und was glauben Sie, wer die einzige Frau war, die es auf diese Liste geschafft hat? Es ist die lesbische Dichterin Sappho.

Lesbisch? Ja, allerdings im buchstäblichen Wortsinn,

schließlich lebt Sappho um 600 vor Christus in Mytilene auf Lesbos, einem *der* kulturellen Zentren jener Zeit. Hier werden nicht nur alle schönen Künste geübt und gepflegt – gerade Frauen haben hier die Möglichkeit, sich frei, unabhängig und gleichberechtigt und ganz und gar öffentlich nach eigenem Gutdünken zu entwickeln und zu leben. Hört sich das nicht auch für heutige Ohren großartig an? Sappho selbst stammt aus einem alten mytilenischen Adelsgeschlecht und schöpft diese Freiheiten voll aus. Nach einer zwischenzeitlichen Verbannung, die sich nicht direkt gegen sie richtet, sondern die sie vermutlich als Familienangehörige mitzutragen hat, kehrt sie um 591 nach Lesbos zurück. Hier versammelt sie eine Gruppe junger Mädchen und Frauen um sich.

Sind es Freundinnen, die sich hier um Sappho scharen? Sind es Schülerinnen, die Sappho in Musik, Tanz und Gesang unterrichtet, wie andere Quellen behaupten? Dass es sich bei Sapphos Zuneigung zu ihren Gefährtinnen um eine sexuelle handelt, erscheint der heutigen Forschung als eher unwahrscheinlich. Und nicht etwa nur, weil es die Legende gibt, Sappho habe sich aus unerwiderter Liebe zu einem Fuhrmann von einem Felsen gestürzt. Zunächst einmal sind die Grenzen zwischen Homosexualität und Heterosexualität in dieser Zeit durchaus nicht so eng gezogen. Darüber hinaus wird in der Forschung davor gewarnt, ihre Dichtung als subjektive Äußerungen zu verstehen. Wie es im Roman einen Erzähler gibt, gibt es in der Dichtung das lyrische Ich. Wenn zum Beispiel Clemens Brentano, ein Dichter der Romantik, schreibt: »Ich sing' und kann nicht weinen, Und spinne so allein«, dann sitzt nicht er, der Dichter höchstpersönlich, spinnend in seinem Kämmerchen und versucht, die eine oder andere Träne zu verdrücken, sondern es ist, wie der Titel so schön sagt, »Der Spinnerin Nachtlied«. Nur weil Sappho also weibliche Schönheit rühmt, heißt das noch lange nicht, dass sie Frauen (sexuell) geliebt hat. Vor allem weil wir nur einen Bruchteil von Sapphos Werk kennen. Natürlich schreibt sie: »O Schöne, o liebliche Jungfrau«, »von allen Sternen der schönste.« Aber von den ehemals neun Büchern, in denen ihr gesamtes lyrisches Schaffen zusammengefasst wurde, ist uns kein einziges erhalten. Uns bleiben nur Zitate und Erwähnungen in den Büchern anderer Autoren und Papyri, die Forscher aus Mumienkartonage, das sind im Grunde billige Pappkartonsärge für Mumien, herausrestaurieren konnten. Zuletzt brachte das Jahr 2014 einen Sensationsfund in Form eines Sapphogedichts. Großartig – aber Aussagen zum Gesamtwerk sind trotzdem eher schwierig.

Zu diesem Werk gehören vor allem Oden, Götterhymnen, Hochzeitsgedichte (für die jungen Frauen, die ihren Kreis verlassen, um zu heiraten) und Elegien. Nach einem Versmaß, das Sappho immer wieder verwendet, wird gar eine eigene Strophenform benannt, die sogenannte Sapphische Strophe. Platon bezeichnet Sappho als die »zehnte Muse«, Horaz verwendet das Versmaß, das Sappho in ihrem ersten Buch häufig einsetzt, für viele seiner Oden. Und auch Klopstock und Co. wenden sich in ihrer Orientierung an der Antike Sappho zu. Ihre klare und zugleich ausdrucksstarke Sprache macht die Dichterin zum Vorbild für viele.

Doch warum ist keines ihrer Bücher im Ganzen erhalten geblieben? Nun, zwischenzeitlich hält sich die Wertschätzung für Sapphos Werk ziemlich in Grenzen. Die Hingabe und Leidenschaft, mit denen sie dichtet, gilt in späteren Jahrhunderten als einer sittsamen Frau nicht wirklich angemessen. Außerdem mag sich ihr freiheitliches Leben so gar nicht mehr in das Rollenbild griechischer Frauen in späteren Jahrhunderten fügen. Der Kirche passt die ganze Richtung aus demselben Grunde nicht. Und auch wenn diese vielleicht nichts aktiv gegen die Dichtung Sapphos unternimmt – erhaltens- und bewahrenswert wird sie ihr sicherlich nicht vorgekommen sein. Und so bleibt uns also nur, gemeinsam mit Friedrich Schlegel zu klagen, der 1798 schreibt: »Hätten wir noch sämtliche sapphische Gedichte: vielleicht würden wir nirgends an Homer erinnert.«

Anna Maria von Schürmann
Schlau, schlauer, Schürmann

Zwischendurch einmal eine kurze Quizfrage: Nennen Sie so viele Universalgelehrte wie möglich. Sie haben 30 Sekunden Zeit. Die Zeit läuft ... ab jetzt:

...

...

Und? Wer ist Ihnen eingefallen? Wahrscheinlich Leonardo da Vinci, der ja als Inbegriff des Universalgelehrten gilt. Fast genauso berühmt und ebenso korrekt: Aristoteles oder Plinius der Ältere. Vielleicht ist Ihnen auch der altägyptische Imhotep eingefallen. Nein, nicht der attraktive Glatzkopf aus *Die Mumie*, sondern der erste große Baumeister Ägyptens, der zugleich als Erfinder der ägyptischen Schrift und Begründer der ägyptischen Medizin gilt. Oder vielleicht ist Ihnen sogar mit dem syrischen Arzt und Autor Ibn an-Nafis, der im 13. Jahrhundert lebte, ein Beispiel aus dem arabischen Kulturkreis in den Kopf gekommen. Doch egal, wer auf Ihrer Liste steht, gehen Sie diese noch einmal aufmerksam durch. Wie viele Frauen stehen darauf? Ich vermute einfach so ins Blaue hinein: keine einzige?

Asche auf mein Haupt, aber ich muss gestehen: Mir ging es genauso. Und vielleicht ist das gleich der Beleg für eine wichtige Aussage von Anna Maria von Schürmann, einer ganz großartigen Universalgelehrten, die im 17. Jahrhundert in Utrecht lebte: Wenn Frauen nicht selbst ihre Geschichte schreiben und überliefern, werden sie vergessen. Und auch wenn Anna Maria von Schürmann natürlich nicht wirklich vergessen ist, so richtig bekannt ist die »Alpha der Frauen«, die »zehnte Muse« (folgerichtig auch die »holländische Sappho« genannt, die ja laut Platon die originale zehnte Muse war), das »Wunder von Utrecht«, das »Mirakel von Köln« nun nicht. Doch das lässt sich ändern. Also aufgepasst!

Anna Maria von Schürmann wird am 5. November 1607 in Köln geboren. Der Vater ist als Protestant aus Angst vor Verfolgung aus Antwerpen hierher geflohen. Die Mutter stammt aus einer rheinischen Adelsfamilie. Schon 1610 müssen die von Schürmanns wieder fliehen, in Köln sind Protestanten nicht mehr gern gesehen. Eine Tatsache übrigens, die – das nur ganz am Rande bemerkt – Köln über 350 Jahre später nicht davon abhält, Anna Maria von Schürmann in Form einer Steinskulptur im Rathausturm zu verewigen. Sie hält mit der einen Hand eine Staffelei und einen Pinsel, in der anderen Hand ein aufgeschlagenes Buch, zu ihren Füßen sitzt eine Eule, die Eule der Minerva, die allgemein als Symbol der Weisheit und Klugheit gilt. Netter Versuch, Köln. Vielleicht verzeiht dir Frau Schürmann ja.

Glücklicherweise findet Anna Marias Familie in den Wirren des beginnenden Dreißigjährigen Kriegs in Utrecht eine Insel des Friedens und der Toleranz. Anna Maria wird streng im protestantischen Glauben erzogen. Anhand der Bibel lernt sie lesen und schreiben. Bereits mit drei Jahren kann sie aus der Heiligen Schrift zitieren. Neben typisch weiblichen Tätig-

Anna Maria von Schürmann

keiten wie Handarbeiten, Zeichnen und diversen Bastelarbeiten lernt Anna Maria schon bald Latein. Ihr Vater hat ihre Begabung entdeckt, während er eigentlich ihre Brüder unterrichtete. Doch es bleibt nicht beim Lateinunterricht. Nach und nach eignet sich Anna Maria neben Deutsch und Niederländisch auch Englisch, Französisch, Italienisch, Altgriechisch und Hebräisch, später auch orientalische Sprachen und sogar Äthiopisch an. Und zwar alles daheim, mit Hilfe des Vaters, befreundeter Professoren oder im Selbststudium.

Eine Sprachbegabung allein, so herausragend sie auch sein mag, macht noch keine Universalgelehrte. Aber dabei bleibt es bei Anna Maria nicht. Von Geografie über Mathematik bis hin zur Astronomie und alles dazwischen – kaum ein Bereich, in dem das hochbegabte Mädchen nicht mit Wissen glänzt. Und dabei ist Anna Maria durchaus keine dröge, nur auswendig gelerntes Bücherwissen herunterbetende Streberleiche. Sie weiß messerscharf zu argumentieren und unterhält bereits mit 14 eine Korrespondenz mit dem berühmten Dichter und Politiker Jacob Cats. Mit Anfang 20 gilt sie als die beste Latinistin weit und breit. Daneben ist sie auch eine hervorragende Künstlerin, die die verschiedensten Materialien und Techniken virtuos meistert.

Trotz all dieser beeindruckenden Fähigkeiten bleibt Anna Maria ein Studium an der Universität verwehrt. Dabei ist sie es, die im Auftrag des Direktors ein lateinisches Gedicht zur Eröffnungsfeier der Utrechter Universität schreibt. In Briefwechseln, Gesprächen und Abhandlungen begründet Anna Maria mit glasklarer Logik, weshalb einer christlichen Frau ein wissenschaftliches Studium sehr wohl ansteht. Für sie hat das Studium der Frauen dabei weniger mit Emanzipation zu tun denn mit Religiosität. Gerade ein umfangreiches Wissen könne Frauen – und Menschen allgemein – helfen, entsprechend Gottes Willen ein frommes Leben zu führen. Und so wie Frauen auch Ebenbilder Gottes seien, sei es ihr Recht und ihre Pflicht, nach Erkenntnis Gottes zu streben. Ein bisschen heilig diese Argumentation, oder? Aber vielleicht ist das ja Absicht, um den aufkeimenden Ängsten vor gebildeten Frauen – Gott bewahre! – die Grundlage zu entziehen. Mit Erfolg! In den späten 1630er-Jahren wird schließlich das unmöglich Geglaubte möglich: Anna Maria besucht Vorlesungen an der Utrechter Universität – doch in welcher Form! Nur von den anderen Studenten abgetrennt, mehr oder weniger in einem Käfig sitzend, darf sie als Gasthörerin den Ausführungen des Professors lauschen. Vorgeblich geschieht das zu ihrem eigenen Schutz. Vermutlich aber soll das sündige Weib die anderen Studenten nicht auf unkeusche Gedanken bringen. Die Universitätsleitung scheint keine allzu hohe Meinung von der Aufmerksamkeitsspanne ihrer männlichen Studenten zu haben. Auch sehr erhellend.

Allen Sonderbedingungen zum Trotz erwirbt sich Anna Maria einen hervorragenden Ruf als Wissenschaftlerin und Gelehrte. Sie korrespondiert mit René Descartes, Maria von Medici, Madeleine de Scudéry. Und dennoch: ein Gefühl der Ungerechtigkeit, der Ungleichbehandlung bleibt. Vielleicht ist das der Katalysator für eine Entscheidung, die Anna Maria 1669 trifft: Sie schließt sich der Gemeinschaft des Mystikers und pietistischen Separatisten Jean de Labadie an. Ihre Rechtfertigungsschrift zu dieser Entscheidung nennt sie: *Eukleria oder Erwählung des besten Theils*.

Ob Anna Maria sich hier tatsächlich für den besseren Teil

entschieden hat, indem sie sich von ihrem alten Leben distanziert, bleibt dahingestellt. Vor allem aber drängt sich die Frage auf: Warum zieht sich eine solche Frau in den Hintergrund zurück? Ist ihr der Kampf am Ende doch zu aufreibend geworden? Ist sie zu häufig gegen eine gläserne Decke gestoßen, dass sie sich irgendwann bereitwillig mit einem Leben mehr oder weniger im Abseits zufrieden gibt? Wir wissen es nicht. Vielleicht ist es besser, sich gerade als junge Frau stattdessen den Gedanken der jüngeren, möglicherweise vom Leben noch weniger gebeutelten Anna Maria aus ihrer ersten *Abhandlung über die Befähigung des Geistes von Frauen für die Gelehrsamkeit und die höheren Wissenschaften* zu Herzen zu nehmen: Weil in jedem Menschen die Anlagen zu allen Künsten und Wissenschaften schlummern, schlummern diese auch in der Frau. Deshalb stehen Frauen alle Künste und Wissenschaften sehr wohl an. Ganz genau.

Hrotsvit
Eine Frau schreibt Geschichte

Hrotsvit oder auch Hrotsvitha. Oder gar die modernere Namensvariante: Roswitha von Gandersheim. Die *erste deutsche Dichterin*. Punkt. Schon diese drei Worte verraten, um was für eine beeindruckende Frau es sich bei Hrotsvit gehandelt haben muss. Doch es lohnt sich, mehr zu erfahren ...

Obwohl über ihr Leben nicht viel bekannt ist, ist eines gewiss: Hrotsvit ist hochgebildet. Um 935 geboren, tritt sie schon in jungen Jahren als sogenannte Kanonisse in das Stift Gandersheim ein und führt dort ein klösterliches Leben, ohne selbst ein Ordensgelübde abzulegen. Als ihre wichtigsten Lehrerinnen nennt sie die spätere Äbtissin Gerberga, die sie im Trivium, also in Rhetorik, Grammatik und Dialektik, unterrichtet. Von einer Frau namens Rikkardis erhält sie Unterricht in den vier anderen der sieben freien Künste, Arithmetik, Geometrie, Musik und Astronomie.

Eine derart gebildete Frau, das klingt doch zu schön, um wahr zu sein – vor allem im 10. Jahrhundert, im finstersten Mittelalter. Das sagen zumindest zahlreiche Forscher und werfen noch im 20. Jahrhundert dem deutschen Humanisten und Dichter Conrad Celtis, der Hrotsvit und ihre Werke Ende des 15. Jahrhunderts wiederentdeckt hat, schlichtweg Fälschung vor. Und ja, vielleicht hat Celtis tatsächlich ein klitzekleines bisschen übertrieben, um Hrotsvit als Inbegriff des humanistischen Bildungsideals darzustellen (sein Humanistenkumpel Willibald Pirckheimer bezeichnet sie gar als »elfte Muse«). So hat er ihr vermutlich Griechischkenntnisse angedichtet, die für einen Humanisten unverzichtbar waren. Aber das ist doch nicht »lügen«, Celtis hat hier allenfalls ein bisschen beschönigt – denn herausragend ist Hrotsvit auf jeden Fall. Und gegeben hat es sie wirklich. Das zeigt auch die Quellenlage, schließlich finden sich schon aus früheren Jahrhunderten Handschriften, die ihre Werke enthalten. Die Handschrift, die Celtis als Grundlage für die von Dürer illustrierte Erstausgabe von 1501 benutzt, stammt Analysen zufolge bereits vom Ende des 10. oder Beginn des 11. Jahrhunderts.

Besagte Handschrift enthält alle Werke Hrotsvits bis auf eine von ihr verfasste Geschichte des Stifts Gandersheim – und was sind das für Werke! Hrotsvit selbst teilt ihr Schaffen in drei »Bücher« ein. Während Buch eins vor allem Heiligenlegenden enthält, beinhaltet Buch zwei, das Dramenbuch, die ersten Dramen seit der Antike. Wie die Komödien des im Buch als Vorbild genannten römischen Dichters Terenz sind Hrotsvits Stücke als Lesedramen konzipiert. Doch statt um verdorbene Damen geht es hier um keusche Jungfrauen, Wunder und Märtyrer. Hört sich ungemein, äh, aufregend an? Ist es auch. Denn Hrotsvit hat ein Händchen dafür, auch aus der blutigsten Märtyrergeschichte eine ordentliche Portion Situationskomik herauszukitzeln. So zum Beispiel in *Dulcitius. Das Leiden der heiligen Jungfrauen Agape, Chionia und Irene.* Diese drei Jungfrauen sollen auf Drängen des Kaisers dem Glauben abschwören, was sie natürlich nicht tun und wofür sie ganz am Schluss auch mit dem Tod bestraft werden. Bis es jedoch so weit ist, verwechselt Dulcitius, der brutale Statthalter, der die Mädchen bedrängen will, in einer slapstickartigen Szene zwei Türen, landet in einer Vorratskammer und beginnt die Töpfe und Schüsseln zu betatschen. Richtig lustig.

Während die Stücke im Mittelalter als typische Lesedramen nicht aufgeführt werden, unternimmt man im 20. Jahrhundert erste Inszenierungsversuche, die beim Publikum auf große Begeisterung stoßen. Mit ihrem didaktischen Ton erinnern die Stücke an das epische Theater Bert Brechts, was ihnen ine unglaublich moderne Aura verleiht.

Buch drei schließlich enthält eine Geschichte des sächsischen Adelsgeschlechts der Ottonen von 919 bis 965 (und diese ausführlicher und in besserem Latein als andere Quellen) sowie eine Geschichte des Stifts Gandersheim, die in der Erstausgabe von 1501 nicht abgedruckt wurde. Diese beiden Schriften machen Hrotsvit ganz nebenbei zur ersten Geschichte schreibenden Frau Deutschlands.

In doppelter Hinsicht, wenn man es genau nimmt ...

Maria Goeppert-Mayer
Wider die gläserne Decke

»Sie kocht, sie putzt, sie gewinnt den Nobelpreis« – braucht es mehr der Worte? So lautet eine der dämlichen und – das macht es ja noch trauriger – sicherlich nicht einmal bewusst sexistischen Schlagzeilen, als die Physikerin Maria Goeppert-Mayer 1963 als allererste Frau den Physiknobelpreis erhält. Dabei ist das genau das, wovor ihr Vater sie ihre ganze Kindheit hindurch, erst in Kattowitz, dann in Göttingen, gewarnt hat: »Werde nie eine Frau, wenn du groß bist.« Damit hat der Vater ihr durchaus kein Leben à la James Barry ans Herz gelegt. Was er vielmehr damit meinte: Maria soll eben nicht kochen und putzen, sondern nach Höherem streben. Und sie strebt nach dem Höchsten.

Mit gerade einmal 17 Jahren macht Maria das Abitur und beginnt in Göttingen, einer der Hochburgen der Wissenschaft in den 1920er-Jahren, Mathematik zu studieren. Auf den Geschmack gebracht hat sie ihr Nachbar, David Hilbert, der heute als einer der bedeutendsten Mathematiker der Neuzeit gilt – vielleicht erinnern Sie sich noch an ihn, Sie kennen ihn als Förderer von Emmy Noether. Doch drei Jahre später wechselt Maria zur Physik. Wenn sie schon ihre Zeit damit verbringen soll, Rätsel zu lösen, dann will sie sich wenigstens mit solchen beschäftigen, die die Natur ihr stellt – und nicht irgendwelche Menschen.

Eine kluge Entscheidung. Denn die Rätsel der Natur scheinen Maria zu liegen. 1930 promoviert sie beim späteren Nobelpreisträger Max Born. Bei ihrem Rigorosum anwesend: der bereits mit einem Nobelpreis ausgezeichnete Experimentalphysiker James Franck und der Chemiker Adolf Windaus – ebenfalls Nobelpreisträger. Kurz zuvor hat die 24-Jährige, die nebenbei auch als das schönste Mädchen Göttingens gilt, den Franck-Mitarbeiter Joseph Edward Mayer kennen und lieben gelernt. Noch im selben Jahr reisen die beiden in die USA, wo Joseph als außerordentlicher Professor an die Johns-Hopkins-Universität berufen worden ist. Auf Maria wartet in den USA niemand, doch sie weiß, was sie kann, und ist frohen Mutes. Vor allem ist sie sich bewusst, dass es in Deutschland so gut wie unmöglich ist, als Frau eine Professur zu erhalten. Da kann es in den USA doch nur besser werden, oder?

Wird es nicht. Maria erhält gerade einmal einen Hilfsjob als Deutschkorrespondentin, akademische Stellen werden kaum an Frauen vergeben, schließlich werden die schwanger und so. Vermutlich überrascht Maria das nicht mal sonderlich. Selbst heute bringt die Tatsache ja kaum jemanden auf die Barrikaden, dass eine mögliche oder tatsächliche Schwangerschaft die Jobsuche erheblich erschwert. Nichts zu arbeiten, ihre Intelligenz nicht zu nutzen ist für sie dennoch keine Option. Gemeinsam mit Joe schreibt Maria ein Lehrbuch über Statistische Mechanik, das zum Klassiker wird, und bringt scheinbar ganz nebenbei zwei Kinder zur Welt. Als die USA 1941 in den Zweiten Weltkrieg eintreten, ist Maria plötzlich gefragt. Alle verfügbaren Wissenschaftler »dürfen« sich an

Maria Goeppert-Mayer

den Forschungsarbeiten zur Atombombe beteiligen. Angeblich nur widerwillig arbeitet Maria mit und warnt schließlich gemeinsam mit anderen Wissenschaftlern vor den verheerenden Folgen eines Atomschlags. Egal. Allen Kassandrarufen zum Trotz fällt am 6. August 1945 die erste Atombombe der Geschichte auf Hiroshima. Am 9. August folgt die Bombe auf Nagasaki.

So widerwillig Maria Atomspezialistin geworden ist – jetzt gilt es, dieses Wissen sinnvoll einzusetzen. Gemeinsam mit Joe zieht sie 1946 nach Chicago, *dem* Zentrum für Atomforschung in den USA. Geld sieht sie dafür – mal wieder – nicht, aber der Titel stimmt nun: Sie wird offiziell Professorin. Fortan beschäftigt Maria sich mit dem Phänomen der »magischen Zahlen«. So zeigen Experimente, dass Atomkerne besonders stabil sind, wenn sie zum Beispiel 2, 8, 20, 28, 50 oder 82 Protonen oder Neutronen haben. Maria wundert sich – und stellt Ende der 1940er-Jahre fest, dass genauso wie bei den Elektronen in der Atomhülle auch im Atomkern feste »Schalen« existieren, für die es »ideale Besetzungen« gibt, was eben genau bei jenen Atomkernen mit den magischen Zahlen der Fall ist. Allerdings muss das auch rechnerisch bewiesen werden. Die Spin-Bahn-Kopplung der Nukleonen im Atomkern ist dabei das fehlende Puzzlestück. Diese Spin-Bahn-Kopplung ist der Energieunterschied, der sich ergibt, je nachdem, ob ein Teilchen – bildlich gesprochen – mit oder gegen die Drehrichtung des Atoms rotiert. Bei Elektronen in der Hülle ist dieser Unterschied nur gering. Indem Maria jedoch annimmt, dass im Kern dieser Effekt größer ist, kann sie ihre Überlegungen zu den magischen Zahlen auch rechnerisch belegen.

Eine bahnbrechende Erkenntnis, die es nicht nur ermöglicht, bereits beobachtete Verhaltensweisen von Atomkernen endlich zu erklären, sondern auch Vorhersagen über deren Verhalten zu treffen. 1963 erhält Maria dafür den Nobelpreis, glücklicherweise hat sie bereits seit 1952 eine offizielle und bezahlte Professorenstelle inne.

Schade nur, dass seitdem keine Frau mehr den Physiknobelpreis erhalten hat ...

Oder wohl eher: ein Skandal!

Olympe de Gouges
Frauenpower à la française

Warum hat meine Mutter ganz allein die Folgen einer unehelichen Verbindung – mich – zu tragen, während mein leiblicher Vater für meinen Unterhalt nicht zur Verantwortung gezogen wird? Warum hat mein Bruder das Recht, mich mit einem mir verhassten Mann zu verheiraten? Und warum darf dieser Mann, der mir in keiner Weise überlegen ist, in der Ehe über mich, mein ganzes Leben bestimmen?

Diese Gedanken mögen der jungen Marie Gouze durch den Kopf gegangen sein, als sie 1765 mit 17 Jahren mit dem Gastronomen Louis-Yves Aubry verheiratet wird. Sprachmächtig formulieren kann Marie diese Anklagen noch nicht. Vermutlich ist sie wie ein Großteil der damaligen Bevölkerung des Lesens und Schreibens kaum mächtig – auf ihrer Heiratsurkunde wurde ihre Hand offensichtlich geführt, um die ungelenken Buchstaben zu Papier zu bringen. Und vielleicht hatte Marie auch nicht so rechte Lust zu unterschreiben. Abgesehen davon kann sie wahrscheinlich auch kaum Französisch. In ihrer Heimat in Südfrankreich wird in erster Linie Okzitanisch gesprochen.

Doch das Schicksal hat ein Einsehen mit der unehelichen Tochter des Marquis de Pompignan, des französischen Schriftstellers und Widersachers Voltaires. Kurz nach der Geburt ihres Sohnes Pierre stirbt Maries ungeliebter Mann. Sie zieht nach Paris. Es folgt ein Bildungsmärchen erster Güte. In hartem Selbststudium bringt Marie sich Lesen und Schreiben bei, verbessert ihr Französisch durch gehobene Konversation und setzt sich durch ausdauernde Lektüre mit politischen und philosophischen Fragen sowie der römischen und griechischen Antike auseinander. Marie verkehrt in politischen Clubs, sucht den Austausch mit Schriftstellern und Wissenschaftlern, diskutiert in den Salons der Intellektuellen und lauscht in der Nationalversammlung den Rednern. Auf diese Art und Weise verfeinert sie ihre sprachlichen und argumentatorischen Fähigkeiten immer mehr und entwickelt das ihr ganz eigene Gespür für Ironie.

Möglich ist all das, weil Marie jahrelang eine uneheliche Beziehung zu einem wohlhabenden Geschäftsmann unterhält, der ihr eine Leibrente aussetzt. Heiraten will Marie nicht mehr. Sie will sich nicht noch einmal in jenes »Grab des Vertrauens und der Liebe«, wie sie es später in ihrer *Erklärung der Rechte der Frau und Bürgerin* nennen wird, drängen lassen. Dennoch ist Marie durchaus keine leichtfertige Kurtisane, immerhin dauert die Beziehung zu dem Geschäftsmann fast zwei Jahrzehnte. Ihren Kritikern ist das jedoch egal. Indem sie später das Gerücht von Maries Promiskuität in die Welt setzen, wollen diese sie diskreditieren und so von ihren großen denkerischen Leistungen ablenken.

Und diese sind mehr als nur beachtenswert. 1784 ist es nämlich vorbei mit dem Hufescharren und den schriftstellerischen Fingerübungen. Marie veröffentlicht den Briefroman *Denkschrift der Madame de Valmont*, der sich stark auf ihre

Olympe de Gouges

eigenen Erlebnisse stützt und endlich laut jene Fragen stellt, die schon der jungen Marie keine Ruhe gelassen haben: Weshalb wird mit unverheirateten Müttern, mit ihren Bastardkindern auf so unmenschliche, so unaufgeklärte Art und Weise umgegangen? Und wie lässt sich jener schrecklichen Bigotterie im Hinblick auf sexuelle Beziehungen außerhalb der Ehe endlich ein Ende setzen? Es ist nun nicht mehr Marie Gouze, die hier schreibt, sondern Olympe de Gouges. Olympe ist der zweite Vorname ihrer Mutter, de Gouges eine abgewandelte Schreibweise von Maries Mädchennamen. Und Olympe schreibt und schreibt und schreibt. Sie fährt fort, aktuelle Probleme in literarischem Gewand zu behandeln – und was sind das für Themen! Ein Drama über das Elend der versklavten Schwarzen, ein Stück über die gängige Praxis, Frauen ins Kloster abzuschieben.

Wer angesichts gesellschaftlicher Missstände nicht stillschweigen kann, dessen Feder ruht auch nicht beim Thema Französische Revolution. Olympe kritisiert, mahnt, prangert an und kommentiert in Artikeln, offenen Briefen und Plakaten das Treiben der Revolutionäre. Viele Freunde unter den so Kritisierten macht sie sich nicht. Als schließlich 1791 in der französischen Verfassung festgelegt wird, dass Frauen nur als »Passivbürger« betrachtet werden sollen, dass also viele der 1789 in der Erklärung der Menschen- und Bürgerrechte proklamierten Freiheiten nur für den Mann (und da nicht mal für alle) gelten, legt Olympe noch eine Schippe drauf und verfasst in einem formal der Menschenrechtserklärung nachempfundenen Dokument die besagte *Erklärung der Rechte der Frau und Bürgerin*, deren erster Artikel lautet: »Die Frau ist frei geboren und bleibt dem Manne in allen Rechten gleichgestellt.« Hört sich wie eine Selbstverständlichkeit an? Im Paris des ausgehenden 18. Jahrhunderts ist Olympe damit die Aufklärerin unter den vermeintlich Aufgeklärten.

Olympes Appell verhallt ungehört, doch das ist kein Grund für sie, nicht weiter gegen das Unrecht der Revolution anzukämpfen. Die Herausforderungen ihrer Jugend, ihres Frauseins haben Olympe zu einer zähen Kämpferin gemacht. Als strikte Gegnerin der Todesstrafe fordert sie, den König am Leben zu lassen – erfolglos. Als nach dem Aufstand der Sansculotten im Frühsommer 1793 die Schreckensherrschaft der Jakobiner um Robespierre beginnt und zahlreiche Girondisten hingerichtet werden, zu denen viele Freunde Olympes gehörten, wird auch gegen sie wegen ihrer politischen Meinung, wegen ihrer Bereitschaft, für diese Meinung einzutreten, Anklage erhoben.

Am 3. November 1793 stirbt Olympe in Paris unter der Guillotine, und schnell wird alles getan, um ihr Schaffen in Vergessenheit geraten zu lassen. Um jene Frau in Vergessenheit geraten zu lassen, die jene Fragen stellte, die auch heute noch für viele Frauen von so zentraler Bedeutung sind.

Erst Ende des 19. Jahrhunderts, doch vor allem im Zuge der Frauenbewegung der 70er-Jahre des 20. Jahrhunderts kommt es zu einer intensiveren Auseinandersetzung mit Olympe, ihrem Werk, ihrem Leben und Sterben. Zu Recht, schließlich fragt sie in Artikel 10 ihrer *Erklärung der Rechte der Frau und Bürgerin*: Wenn Frauen das Recht haben, das Schafott zu besteigen, warum dürfen Sie dann nicht auf einer Rednerbühne frei sprechen?

Wangari Maathai
Ein Haus bauen, ein Kind zur Welt bringen, einen Baum pflanzen

Ist das nicht das Großartige an den einfach genialen Ideen? Dass sie so einfach sind, dass sie im Grunde jedem einfallen könnten? Und zugleich so genial, dass sie doch nur ganz besonderen Menschen in den Sinn kommen? So auch die Idee hinter der Green-Belt-Bewegung der kenianischen Umweltaktivistin und Frauenrechtlerin Wangari Maathai: der Versteppung des Kontinents infolge von Rodungen sowie der Wasserknappheit und Bodenerosion durch das landesweite, ja afrikaweite Pflanzen von Bäumen ein Ende zu setzen.

Doch damit nicht genug. Zum einen geht Wangari Maathai davon aus, dass ein Land, in dem die Umweltbedingungen stimmen und sich die Bevölkerung auf dieser Grundlage ein Auskommen verschaffen kann, weniger anfällig ist für Korruption und Rassenkämpfe. Außerdem sieht Maathai in der Green-Belt-Bewegung das perfekte Instrument zur Frauenförderung, denn es sind vor allem Frauen, die von der Organisation angelernt werden, um aus heimischem Saatgut Setzlinge zu ziehen und diese zu pflanzen. Überleben diese eine gewisse Zeit, erhalten die Frauen von der spendenfinanzierten Organisation eine Belohnung. Kein schlechtes Zubrot.

Möglich ist Wangari Maathais Engagement nur deshalb, weil die 1940 Geborene selbst in den Genuss einer außergewöhnlichen Förderung gekommen ist. Nachdem ihrer Mutter und einigen Missionsschwestern ihre Begabung aufgefallen ist, besucht sie eine bekannte Klosterschule Kenias. Im Rahmen eines Förderprogramms der US-Regierung für Kenia darf Wangari in die USA reisen, wo sie Biologie studiert. Nach Studienabschluss wird ihr eine Uni-Stelle in der Heimat versprochen, aber ein Mitbewerber mit »passender« Ethnie und Geschlecht wird ihr vorgezogen. Anstatt zu lamentieren, beschließt Maathai weiterzuforschen, in den USA, in Deutschland. 1971 ist sie schließlich die erste Frau, die von der University of Nairobi (UON) promoviert wird. Es folgt eine außerordentliche Professur für veterinäre Anatomie, später wird sie Dekanin ihres Fachbereichs an der UON.

Dabei sind es, wie schon das Green-Belt-Beispiel gezeigt hat, nicht nur Umweltthemen, die Maathai bewegen. Es geht ihr um mehr: Gleichheit, Gerechtigkeit, Demokratie. Sie setzt sich für gleiche Bezüge für Männer und Frauen an der Universität ein, verhindert Bauprojekte, die nur aus Vetternwirtschaft heraus entstanden sind und niemandem sonst nutzen, treibt die Befreiung politischer Gefangener voran und prangert Korruption und Bestechung an. Vor allem in den 1990er-Jahren wird ihr das zum Verhängnis. Die »Ein-Parteien-Demokratie« von Daniel arap Moi hat Maathai jahrelang unbelangt arbeiten lassen. Doch als ihr Engagement politischer wird, legt das Regime härtere Bandagen an. Immer wieder wird Maathai verhaftet. Angeblich steht sie sogar auf einer Todesliste. Doch Maathai kommt ein ums andere Mal davon – manchmal nur mit der Hilfe von Amnesty International.

Als Daniel arap Moi 2002 abgewählt wird – die jahrelang zerstrittene Opposition hat es geschafft, einen gemeinsamen Nenner zu finden und den Alleinherrscher vom Thron zu stoßen –, wird Maathai 2003 als erste grüne Politikerin Afrikas stellvertretende Ministerin für Umwelt und Naturschutz. 2004 erhält sie schließlich den Friedensnobelpreis, nachdem sie 1984 bereits mit dem »Alternativen Nobelpreis«, dem »Right Livelihood Award«, ausgezeichnet worden ist.

Doch so erfolgreich Maathai bei den Kämpfen für die ganz großen Ziele ist, so schwere Rückschläge muss sie in ihrem Privatleben einstecken. Eine schmutzige Scheidung von ihrem Mann. Sie sei »zu gebildet, zu stark, zu erfolgreich, zu eigensinnig und zu schwer zu kontrollieren«, soll er gesagt haben, wie sie in ihrer 2008 erschienenen Autobiografie schreibt. Und dennoch gelingt es ihr trotz all dieser Stärke nicht, finanziell unabhängig gemeinsam mit ihren drei Kindern ihren Weg zu gehen. Die Kinder wachsen beim Exmann auf. Die Tatsache, dass sie in Scheidung lebt, bleibt in den nachfolgenden Jahren als ständiger Makel an ihr hängen.

Wenn es für Frauen etwas einfacher wäre, beides zu haben: die Möglichkeit, sich selbst zu verwirklichen, und das persönliche Glück – wäre das nicht einfach genial?

Maria Ward
Ein englisches Fräulein geht seinen Weg

Es sind schlechte Zeiten für Katholiken, als Maria Ward am 23. Januar 1585 in England geboren wird. Zwei Jahre später wird Maria Stuart hingerichtet. Zahlreiche katholische Priester erleiden das gleiche Schicksal. Die Teilnahme an der heiligen Messe wird unter strenge Strafe gestellt, Katholiken werden blutig verfolgt, vor allem nachdem 1605 die Pulververschwörung um Guy Fawkes scheitert, der so ziemlich alles in die Luft jagen will, was in London irgendwie mitzureden hat. Nur im Geheimen kann Marias Familie noch ihren Glauben leben, der allen Widrigkeiten zum Trotz immer stärker wird.

1606, mit gerade einmal 21 Jahren, beschließt Maria deshalb, nach Flandern zu gehen, um ihr Leben Gott zu weihen. Doch die laxen Zustände im dortigen Klarissenkloster, das erniedrigende Almosensammeln stoßen die charakterstarke Maria ab. Sie beschließt, von ihrem Erbe ein Kloster zu gründen, in dem die Ordensregeln der heiligen Klara streng in deren Sinne gelebt werden. Gesagt, getan. Doch auch hier, im kontemplativen Leben, findet Maria ihre Bestimmung nicht. Hätte sie sich eigentlich auch denken können, denn das stille Gebet ist Marias Sache nicht. Sie will handeln, aktiv sein, etwas bewirken. Maria kehrt zurück nach England, vermittelt Kontakte zwischen gläubigen Katholiken und Priestern und setzt so ihr eigenes Leben aufs Spiel. Wie eine Art Erleuchtung kommt ihr schließlich die Erkenntnis: Sie will leben wie ein Jesuit.

1534 ist von einem Freundeskreis um Ignatius von Loyola die Societas Jesu gegründet worden – besser bekannt unter dem einstigen Spottnamen »Jesuiten«, den der Orden schon bald selbst übernimmt. »Markenkern« des Jesuitenordens sind die strenge Umsetzung der drei Prinzipien Armut, Ehelosigkeit und Gehorsam, eine besondere Unterwerfung unter den Papst sowie der Einsatz für die Verbreitung und Unterweisung des Glaubens in Form von Predigt und Unterricht, weshalb so viele Jesuiten auch an Schulen und Universitäten zu finden sind. Ein strenges Ordensleben gibt es bei den Jesuiten nicht. Dumm nur, dass sich Ignatius von Loyola 1547 von Papst Paul III. von einer regelmäßigen geistlichen Betreuung von Frauen hat entbinden lassen. Doch so etwas hält Maria Ward nicht auf. Selbst ist die Frau ...

Maria sammelt eine Reihe junger Frauen um sich, mit denen sie gemeinsam zurück nach Flandern geht, um dort einen ganz neuen Frauenorden nach den Regeln des Ignatius von Loyola zu gründen: »Institutum Beatae Mariae Virginis«. Aber da die Fräulein aus England kommen, wird das schnell zum »Institut der Englischen Fräulein«, in dem die jungen Frauen sich nicht nur der Armut, der Ehelosigkeit und dem Gehorsam – allerdings nicht irgendwelchen Bischöfen, sondern allein Gott und dem Papst gegenüber – verschreiben, sondern auch sogleich ihren Bildungsauftrag in Angriff nehmen, und zwar im Hinblick auf junge Mädchen.

Für ihr Institut erhält Maria vom Papst eine vorläufige Genehmigung, was sie zum Anlass für weitere Gründungen in Europa nimmt. Langsam formiert sich jedoch Widerstand gegen die Frauen, die zwar Nonnen sein wollen, aber ganz und gar nicht so leben, nämlich auf jede Klausur verzichten und sich ganz frei in den Städten bewegen.

Zu Fuß reist Maria also nach Rom, um endgültig und ganz offiziell grünes Licht zu bekommen. Und weil sie schon dabei ist, gründet sie auf ihrem Weg auch in Italien weitere Institute. Doch mit der Ankunft in Rom kommt das böse Erwachen. Der Papst stellt sich quer. Maria soll die italienischen Häuser schließen. Sie gehorcht – dem Papst muss sie schließlich gehorchen. Doch im Rest Europas gründet sie weitere Institute, reist wieder nach Rom. Das endgültige »Go« bekommt sie nicht, trotzdem stimmen die Gespräche sie so optimistisch, dass sie ihre Institute anweist, sich gegen Auflösungsbemühungen von bischöflicher Seite zur Wehr zu setzen. Ein Skandal!

Maria gerät ins Visier der Inquisition. Häresie! Rebellion! Darauf steht Kerkerhaft – wieder in Rom. Zwar kann keine Schuld festgestellt werden, doch Maria muss in Rom bleiben, bis ihr schließlich wegen einer Krankheit erlaubt wird, in ihre Heimat zurückzukehren, wo sie am 30. Januar 1645 stirbt.

Trotz all der Widerstände lebt Marias Gemeinschaft fort, die fortschrittlichen Kreise haben den großartigen Nutzen der Institute der Englischen Fräulein erkannt und halten schützend die Hand darüber, vor allem Kurfürst Maximilian von Bayern. Über Jahrhunderte hinweg agieren die Englischen Fräulein, die sich analog zur Societas Jesu auch Congregatio Jesu nennen, in einer Grauzone. Erst 1877 erhält das IBMV die päpstliche Anerkennung. Und erst seit 1909 darf Maria offiziell als Ordensgründerin geführt werden. Papst Benedikt XVI verleiht Maria schließlich 2009 den Titel »ehrwürdige Dienerin Gottes« – der erste Schritt auf dem langen Weg zur Seligsprechung.

Kurz zur Einordnung: Ignatius von Loyola – das ist der mit den Jesuiten – ist bereits 1622 heiliggesprochen worden. Wenn Maria die Sache mal selbst in die Hand genommen hätte! Dann wäre das aber viel zügiger gegangen.

Simone de Beauvoir
Was ist eine Frau?

Es ist Mitte der 1940er-Jahre, als Simone de Beauvoir, die französische Schriftstellerin, Philosophin und – auch wenn sie sich selbst erst viel später so bezeichnen wird – Feministin die folgenden Zeilen aus dem Klassiker der feministischen Literatur *Das andere Geschlecht* formuliert: »Die Tatsache, eine Frau zu sein, stellt einen autonomen Menschen heute vor ganz besondere Probleme.« Und obwohl inzwischen über 70 Jahre vergangen sind, obwohl sich so vieles in unserer Gesellschaft, in der Beziehung zwischen Mann und Frau verändert hat, ist dieser Gedanke von de Beauvoir von schneidender Aktualität – wobei vermutlich die wenigsten von uns den kompletten, in der deutschen Übersetzung fast 1000 Seiten dicken Wälzer gelesen haben. Doch keine Sorge – über de Beauvoirs Worte nachdenken dürfen wir trotzdem.

Und da müssen wir gar nicht erst die #metoo-Debatte von 2017 heranziehen, es reicht schon ein Blick auf die Wegkreuzungen des – nicht nur weiblichen – Lebens, Berufseintritt, Partnersuche, Fortpflanzung, um auch heute noch Beispiele zu finden, wie Frauen viel zu häufig zum Objekt gemacht werden, sich selbst zum Objekt machen. Zum Beispiel, wenn frau nur nicht größer sein möchte als ihr Partner, weil sie sonst nicht zu ihm aufschauen kann und sich auch nicht mehr so wirklich begehrenswert fühlt. Und nur ungern möchte sie mehr verdienen als er, denn das ist bekanntlich Gift für jede Beziehung. Weshalb es dann nur folgerichtig ist, dass, sobald die Kinderlein kommen, es *ihre* Karriere ist, die brachliegt, weil das ja finanziell einfach mehr Sinn macht, schließlich schleppt er die fettere Beute nach Hause. Natürlich kennen Sie vereinzelt Frauen, bei denen es ganz anders ist. Mut machende Ausnahmen. Aber bei wie vielen ist es *genauso*?

Das andere Geschlecht liefert eine detaillierte und umfassende Analyse der Lage der Frau, die seit Erscheinen Millionen von Frauen, aber auch von Männern zum Nachdenken, vielleicht sogar zum Umdenken gebracht hat. Das Buch ist aber auch ein Meilenstein im Leben de Beauvoirs, die schon als junges Mädchen davon geträumt hat, mit ihrem Schreiben die Menschen zu erreichen.

1908 in Paris als Tochter betuchter Eltern geboren, scheint sie zunächst überhaupt keiner beruflichen Tätigkeit nachgehen zu müssen. Aber es kommen der Erste Weltkrieg, die Inflation, die Russische Revolution, die das in russischen Wertpapieren angelegte Familienvermögen schnell dezimieren. Schon bald wird klar: Auf ein reiches Erbe, auf einen auf Basis einer dicken Mitgift eingefangenen respektablen Ehemann brauchen Simone und ihre Schwester nicht zu hoffen. Als Ausweg bleibt also nur eine hervorragende Ausbildung, und Simone glänzt mit guten Noten. Sie studiert an der Sorbonne und bereitet sich schließlich auf die Agrégation, die Zulassungsprüfung für das Gymnasiallehramt, vor, das intellektuelle Nadelöhr, durch das viele zu gelangen trachten, die allerwenigsten schaffen es.

Jean-Paul Sartre, den de Beauvoir in dieser Zeit kennenlernt, ist im Vorjahr durchgefallen. Gemeinsam bereiten sich die beiden nun auf die Prüfung vor. Sartre landet schließlich auf Platz 1 von 13, Simone auf Platz 2, doch sie zögert, in den Schuldienst einzutreten. In Paris gibt es keine Stelle für sie. Sartre wird nach Le Havre versetzt. De Beauvoir will in seiner Nähe bleiben. So viel zur weiblichen Unabhängigkeit. Im Jahr darauf geht sie doch nach Marseille, aber sie fühlt sich einsam. Sartre bietet ihr die Ehe an, damit sie hoffentlich gemeinsam irgendwohin versetzt werden. Sie lehnt dankend ab. Sie ist gegen die »beschränkende Verbürgerlichung« und gegen die »institutionalisierte Einmischung des Staates in Privatangelegenheiten«. Was sie wohl zur Herdprämie der CSU gesagt hätte?

Es geht weiter nach Rouen, später doch endlich wieder nach Paris. De Beauvoir verkehrt im Café de Flore, lernt Albert Camus, Pablo Picasso, Jacques Lacan kennen. Sie ist Lehrerin, Philosophin, Schriftstellerin, wenn auch noch ohne Erfolg. Bald schon ist sie Ersteres nicht mehr. Als ihr Roman *Sie kam und blieb* erscheint, wird sie aus dem Schuldienst entlassen. Nicht wegen des Buches. Sie hat gewagt, die Beziehung einer Schülerin zu einem spanischen Juden zu verteidigen.

Dann eben nur noch das Schreiben und ein bisschen Radio, ganz viele Essays, ein Drama, weitere Romane, schließlich *Das andere Geschlecht*, ab 1945 gemeinsam mit Sartre die Zeitschrift *Les Temps Modernes*.

Dabei legt Simone sich nicht fest. Anders als die Feministinnen der ersten Welle, die gegen Mitte des 19. Jahrhunderts an Schwung aufnimmt, gründet sie keine Organisationen, ist sie nirgendwo Vorständin, Präsidentin, Vorsitzende. Sie stellt sich »zur Verfügung«, wenn ihr eine Sache richtig erscheint, redet, argumentiert. Zum Beispiel gegen den Algerienkrieg, für die algerische Unabhängigkeit. Sie reist viel und schreibt noch mehr darüber. Und über ihr Leben.

Manche werfen ihr Selbstdarstellung vor, dass sie in *Das andere Geschlecht* nur analysiert und keine ordentlichen Lösungen liefert, dass sie, so offen sie bisweilen über ihr Leben schreibt, bei manchen Dingen ganz und gar nicht offen, nicht ganz ehrlich ist. Welcher Art war denn nun genau ihre Beziehung zu Sartre? Und warum gibt sie nie zu, auch homosexuelle Beziehungen gehabt zu haben?

Keine Antwort – und gleichzeitig die beste Antwort darauf – liefern de Beauvoirs eigene Worte: »Es ist Aufgabe des Menschen, dem Reich der Freiheit inmitten der gegebenen Welt zum Durchbruch zu verhelfen.« Das bedeutet nicht nur ganz konkret, dass »Männer und Frauen über ihre natürlichen Unterschiede hinaus unmissverständlich ihre Geschwisterlichkeit behaupten«, sondern kann auch ganz allgemein als Plädoyer für die individuelle Freiheit gelesen werden, sich niemals zum Objekt machen zu lassen – egal, welche Erwartungen, vermeintliche Pflichten und dämliche Fragen über Sexualität und das Verhältnis zu Sartre auch an einen herangetragen werden.

Simone de Beauvoir stirbt am 14. April 1986 in Paris.
Eine freie Frau.

Caritas Pirckheimer
Dem Gewissen allein

Eine Nonne – schon wieder. Es ist beinahe ein wenig grotesk, welche Rolle die Kirche in diesem Buch spielt. Einerseits macht sie Frauen zu Hexen, Huren, Ketzerinnen, andererseits bietet bis ins 19. Jahrhundert vielen Frauen allein das Klosterleben die Möglichkeit, ihre Talente frei zu entfalten, sich nicht in der Ehe einem Mann unterordnen zu müssen. Wobei die Unterordnung unter die Kirche dann wieder ganz eigene Problemchen mit sich bringt, denken wir nur an Maria Ward ... Ganz ähnlich verhält es sich mit Caritas Pirckheimer, allerdings fangen sich in ihrem Fall eher die Reformatoren den Ärger ein.

Barbara Pirckheimer wird am 21. März 1467 als ältestes von zwölf Kindern in Eichstätt geboren. Mit zwölf Jahren schickt ihr Vater sie zum Großvater, einem angesehenen Ratsherrn und Humanismusfan, nach Nürnberg. Ihre Großtante Katharina und die zweite Ehefrau ihres Opas, Walburga, füttern Barbara mit Wissen. Ihr Großvater, der nicht nach Geschlecht, sondern nach Bildung und Intelligenz unterscheidet, bringt ihr Latein bei.

Da Barbara die ortsansässige Lateinschule als Mädchen nicht besuchen darf, geht es für sie schon bald an die Klosterschule der Klarissen. Dort wird ihr klar: Das Leben, das sie hier kennenlernt, will auch sie leben. Als sie mit 16 das Mindestalter erreicht hat, um als Novizin ins Kloster einzutreten, nimmt sie den Namen »Caritas« an und lässt alles Irdische hinter sich ... oder vielleicht nicht ganz. Mit ihrem Bruder Willibald steht sie in engem Briefkontakt. Ebenso mit dessen Freunden, alles angesehene Humanisten, unter anderem Conrad Celtis, den wir bereits von der großartigen Hrotsvit kennen, der er mit der Herausgabe ihrer Werke ein Denkmal gesetzt hat. Er schickt Caritas das Buch, in dessen Widmungsvorrede er Caritas in eine Reihe stellt mit Sappho und Judith. Und auch sonst sorgt der Kreis um Willibald dafür, dass Caritas und ihre Mitschwestern im Kloster mit der aktuellsten Literatur versorgt werden.

Caritas kümmert sich indes um den Klosternachwuchs, die Bibliothek und die Schülerinnen der Klosterschule. Für sie von herausragender Bedeutung: gut lesen zu können, noch besser: Latein lesen zu können, um die Heilige Schrift selbst studieren zu können. Denn nur eine Auseinandersetzung mit dieser macht eine echte Frömmigkeit für sie überhaupt erst möglich. Klingelt es da? Ja, es ist wieder das »sola scriptura«-Prinzip, von dem wir schon bei Argula von Grumbach gehört haben, das man eigentlich eher mit der Reformation verbindet. Diese Gemeinsamkeit hilft Caritas allerdings herzlich wenig, als Nürnberg nach dem Nürnberger Religionsgespräch vom 3. bis 15. März 1525 beschließt, lutherisch zu werden. Was daran schlimm sein soll? Nun ja, mit Klöstern haben es die Reformatoren nicht so wirklich. Luther höchstpersönlich sind die Klöster ausdrücklich ein Dorn im Auge. Also: Weg damit!

Caritas hartnäckiger Widerstand verhindert, dass das Kloster Schlag auf Fall geschlossen wird – doch es ist zum Aussterben verdammt. Der Nürnberger Rat beschließt, dass keine neuen Schwestern mehr ins Kloster aufgenommen werden dürfen. Außerdem wird festgesetzt, dass in Nürnberg nur noch lutherfreundliche Geistliche predigen oder die Beichte abnehmen dürfen. Die Klarissen in Nürnberg, die seit Jahr und Tag von den Franziskanern betreut werden, sitzen damit seelsorgerisch mehr oder weniger auf dem Trockenen. Bevor sie bei einem Lutheraner beichten, der den wahren Kern der Beichte ihrer Meinung nach sowieso nicht begreifen kann, verzichten sie lieber auf das Sakrament, ebenso auf die Krankensalbung, die Letzte Ölung. Der Rat schlägt so zwei Fliegen mit einer Klappe: Das Leben im Kloster wird für die Schwestern immer unattraktiver, gleichzeitig wird der Zustrom von gegenreformatorischen Schriften gestoppt, die über die Franziskaner ins Kloster und dann in die Stadt gelangt sind.

Doch Caritas hält stand, gibt das Kloster nicht auf. Sie argumentiert mit Luthers eigenen Worten: Sie sei allein ihrem Gewissen verpflichtet. Egal, ob Gottesdienste gestört werden, Steine fliegen. Als der Rat dem Kloster befiehlt, alle Frauen ziehen zu lassen, die das Kloster verlassen möchten, und ihnen ihre Mitgift auszuzahlen, legt Caritas niemandem Steine in den Weg – eine einzige Schwester geht. Nur als zwei Mütter ihre Töchter mit Gewalt aus dem Kloster herausholen wollen, stellt sie sich quer. Letztendlich erfolglos. Der Rat gibt den Frauen recht. Sind ja schließlich die Eltern.

An diesem Punkt ruft Caritas' Bruder Willibald schließlich Philipp Melanchthon zu Hilfe. Auch der Rat ist einverstanden, er glaubt, dass der junge Reformator Caritas überzeugen kann, das Kloster aufzugeben, sodass deren Vorbild sich auch auf den Widerstand anderer Ordensleute auswirkt. Die rechte Hand Luthers trifft allerdings auf eine Frau, deren Überzeugungen in vielen Punkten mit der seinen übereinstimmen. Er verurteilt die Gewalt gegen das Kloster, verurteilt die Mütter, die ihre Töchter aus der Klostergemeinschaft herausgerissen haben. Das Kloster bleibt bestehen. Die Schwestern dürfen ihrem eigenen Gewissen folgen.

Es sind noch sieben ruhige Jahre für Caritas, die am 19. August 1532 in Nürnberg stirbt – eine Frau, die zeit ihres Lebens für Gewaltfreiheit und die Macht des eigenen Gewissens gekämpft hat. Und trotz ihres Erfolgs geht die Geschichte traurig aus: 1596 stirbt die letzte Klarissin in Nürnberg.

Hannah Arendt
Keineswegs banal und nur ein bisschen böse

Sie gilt als eine der wichtigsten Denkerinnen des 20. Jahrhunderts. »Philosophin« will Hannah Arendt jedoch nicht so gern genannt werden, schließlich ist es das konkrete Leben, mit dem sie sich beschäftigt. Zugleich ist Hannah Arendt ein Mensch voller Widersprüche, ein Mensch, der aneckt. Sie ist Jüdin, bezeichnet sich selbst lange als Zionistin und tritt zugleich für eine binationale Lösung des Nahostkonflikts ein, kritisiert im Kontext einer Reportage über den Prozess, den Israel 1961 dem SS-Obersturmbannführer Adolf Eichmann macht, die Prozessführung und verharmlost – zumindest in den Augen der Holocaustüberlebenden – durch ihr Urteil, Eichmann sei ein Musterbeispiel für die Banalität des Bösen, den Holocaust.

Zeit ihres Lebens lässt Hannah Arendt sich von dem, was die anderen denken und fühlen mögen, nicht ausbremsen. Selbst dass Freunde sich für manche ihrer Aussagen missbilligend von ihr abwenden, nimmt Hannah in Kauf, wenn sie nur schreiben kann, was sie schreiben muss.

1906 in Linden bei Hannover geboren, wächst Arendt in Königsberg auf. Später studiert sie in Marburg, Freiburg im Breisgau und Heidelberg. Ihre Lehrer: Martin Heidegger,

Edmund Husserl, Karl Jaspers – mit Martin Heidegger beginnt sie eine Affäre. Er wird zu ihrer verkörperten Liebe zur Philosophie. Trotzdem hat sie später kein Problem damit, ihn für seine Nazianbiederung zu kritisieren. Die Affäre endet, Hannah promoviert, sie heiratet, und die Lage für Juden in Deutschland spitzt sich stetig zu. 1933 verhilft Hannah Juden zur Flucht. Acht Tage hält die Gestapo sie deshalb fest. Danach weiß sie, dass auch sie das Land verlassen muss. Ihr Mann ist schon in Frankreich. Sie folgt ihm nach, lässt sich scheiden, heiratet erneut.

Doch auch in Frankreich wird das Leben für Juden – Deutsche ist Hannah seit 1937 nicht mehr, die Staatsbürgerschaft ist der nunmehr Staatenlosen aberkannt worden – immer schwerer. Sie wird in ein Internierungslager gesteckt, über das sie mit spitzer Feder den Essay *Wir Flüchtlinge* schreibt. Schließlich gelingt ihr die Flucht. Nach Lissabon. Nach New York.

Für Hannah beginnt eine »vita activa«. Sie arbeitet als Lektorin, wird zur Direktorin einer Organisation zur Rettung jüdischen Kulturguts und reist nach Kriegsende in dieser Funktion nach Deutschland, um die letzten Überbleibsel der jüdischen Kultur, zum Teil ganze Bibliotheken, zu bergen. Als Deutsche fühlt sie sich nicht. Sie ist vielmehr schockiert über ihre ehemaligen Landsleute, welche die Vergangenheit verdrängen, die Waagschale des Leids durch das in der Nachkriegszeit Erlebte als ausgeglichen betrachten.

1951 wird Hannah Amerikanerin. Endlich fühlt sie sich nicht mehr vogelfrei. Ihr politisches Hauptwerk *Elemente und Ursprünge totaler Herrschaft*, in dem sie Nationalsozialismus und Stalinismus vergleicht und auf Gemeinsamkeiten hin analysiert, macht ihren Namen in Wissenschaft und Öffentlichkeit bekannt. Sie wird Professorin. 1960 veröffentlicht sie *Vita activa oder Vom tätigen Leben*, ihr philosophisches Hauptwerk, in dem sie die Grundbedingungen des aktiven menschlichen Lebens untersucht und unter anderem die Bedeutung des Handelns für den Menschen herausarbeitet.

Und Hannah ist allzeit bereit zu handeln. 1961 wird mit Spannung ihre Berichterstattung über den Eichmann-Prozess im *New Yorker* erwartet. Sie selbst geht davon aus, dort ein »Monster« zu treffen, und erlebt etwas ganz anderes, einen »erschreckend normalen« Menschen, der nicht aus tiefer dämonischer Bosheit Böses getan hat, sondern schlichtweg aus Gedankenlosigkeit. Die Öffentlichkeit ist angesichts dieser Einschätzung empört. Ihre Reaktionen empfindet Arendt als Rufmord, als Verschwörung. Doch zu Recht revidiert sie ihr Konzept der »Banalität des Bösen« bis zu ihrem Tod nicht. Zwar können spätere Forscher zeigen, dass sie sich mit Eichmann das falsche Beispiel ausgesucht hat, dass Eichmann vor Gericht das kleine Rädchen im Getriebe nur überzeugend gespielt hat. Doch es gab die bürokratischen Verwalter des Todes, viele von ihnen ließ Eichmann für sich arbeiten. Das Konzept der Banalität des Bösen stimmt also doch.

Und dennoch: Arendts Ton macht es den Menschen leicht, sie misszuverstehen. Ist denn dann auch der Holocaust »banal«? Dass sie außerdem die während des NS-Regimes eingerichteten »Zwangskörperschaften der Juden«, also die Judenräte, als an den NS-Verbrechen beteiligt beschreibt, mag schon zuvor an anderer Stelle diskutiert worden sein. Für die empörten Leser bringt es das Fass zum Überlaufen.

Doch jeder Shitstorm hat ein Ende, manche Freunde

nähern sich irgendwann wieder an, manche nicht. Arendt übernimmt weiter Professuren an diversen amerikanischen Universitäten, erhält zahlreiche Auszeichnungen und schreibt und schreibt. »Sprechend und handelnd unterscheiden Menschen sich aktiv voneinander, anstatt lediglich verschieden zu sein; sie sind die Modi, in denen sich das Menschsein selbst offenbart«, formuliert sie in *Vita activa* – gleichsam das Motto ihres Lebens.

Hannah Arendt stirbt am 4. Dezember 1975 in New York.

Hildegard von Bingen
Fräulein Multitalent

Sie gehen recht in der Annahme, dass nicht Hildegards Dinkelplätzchen ihr den Platz in der Reihe ganz besonderer Frauen verschafft haben. Da gibt es ganz andere Dinge – ziemlich erstaunliche Dinge. Wussten Sie zum Beispiel, dass Hildegard schon im 12. Jahrhundert im Kontext ihrer Überlegungen zur Empfängnis als Erste einen Orgasmus aus weiblicher Sicht beschrieben hat? Inklusive aufsteigender Wärme im Gehirn, die den Höhepunkt ankündigt, und dem Zusammenziehen aller für den Monatsfluss relevanten Öffnungen? Und das in einer beeindruckenden Genauigkeit, die so manchen Kritiker, sagen wir, misstrauisch gemacht haben dürfte.

Doch nicht nur in Sachen sexueller Aufklärung hat Hildegard von Bingen so einiges an Überraschungen zu bieten. Das zeichnet sich bereits in ihrer frühesten Kindheit ab. Mit gerade einmal drei Jahren erlebt sie ihre erste Vision. Immer wieder macht sie – wie sie stets betont, bei völlig klarem Geist – Vorhersagen, die ihr Umfeld in Staunen versetzen. Doch aus Angst, anders zu sein, verbirgt Hildegard ihre Gabe so gut wie möglich. Sie ist acht Jahre, als sie von ihren adeligen Eltern als »Zehnt« dargebracht und bei einer an das Benediktinerkloster Disibodenberg angeschlossenen Klausnerin untergebracht wird, die ihre religiöse und geistige Erziehung, unterstützt von den Mönchen im Kloster, übernimmt. Immer mehr Schülerinnen kommen hinzu. Das Ganze wächst sich langsam zu einer klosterähnlichen Gemeinschaft aus.

Als Hildegards Lehrerin stirbt, wird sie von den verbleibenden Schülerinnen zur Priorin gewählt. Nach und nach werden Hildegards Visionen immer drängender. Sie enthalten die Aufforderung, alles niederzuschreiben, was ihr widerfährt, doch noch zögert sie – sicherlich nicht allein aus Bescheidenheit, sondern womöglich auch aus Angst, als Ketzerin angeklagt zu werden. Denn ihre Visionen sind nicht etwa nur Marienerscheinungen oder Ähnliches, sondern zum Teil Beiträge zu wichtigen theologischen Fragen und Themen wie der Dreifaltigkeit, der Taufe, aber auch zum Verhältnis von Mann und Frau.

Hildegard wendet sich an den bekannten Mystiker Bernhard von Clairvaux, der sie ermutigt, ihrem inneren Drang zu folgen und die Visionen niederzuschreiben. Mit Hilfe einer engen Vertrauten und eines Mönchs, der Hildegards grammatikalisch nicht perfektes Latein korrigiert, beginnt diese mit ihren Aufzeichnungen. Es entsteht ihr erstes Werk *Scivias*, das 26 von ihr erlebte Visionen beschreibt und für dessen Veröffentlichung Hildegard erneut auf Nummer sicher geht. Sie holt sich beim Papst persönlich die Erlaubnis, ihre Visionen zu veröffentlichen. Diese werden dadurch nicht nur in ihrer Relevanz bestätigt, Hildegards ganze Stellung in der Welt wird so deutlich gestärkt – ein Vorteil, den sie schließlich dazu nutzt, mit ihren Schwestern ein eigenes Kloster in der Nähe von Bingen zu gründen.

Den Mönchen in Disibodenberg gefällt das gar nicht –

schließlich hat das Kloster in Sachen Aufmerksamkeit und Spendenfreudigkeit gehörig von Hildegards wachsender Berühmtheit profitiert. Doch die ist jetzt bereit, ihren eigenen Weg zu gehen. Neben ihrer schriftstellerischen Tätigkeit, die sie fleißig weiterführt, tritt sie in brieflichen Kontakt mit zahlreichen Berühmtheiten ihrer Zeit. Sie tauscht sich mit dem Papst aus, schreibt mal beratende, mal mahnende Briefe an »Barbarossa« Friedrich I., der sich vor seinen Fürsten im Streit »Wer ist hier der Oberbabo? Papst oder Kaiser?« beweisen muss und fast über zwei Jahrzehnte hinweg immer neue Gegenpäpste einsetzt, bis er schließlich 1177 die Rechtmäßigkeit des Papstes anerkennt. Sie schreibt an Laien und Kleriker, an Adelige und das einfache Volk. Obwohl es ihr gesundheitlich nie wirklich gut geht (einige Wissenschaftler vermuten heute, ihre Visionen seien eigentlich einer Migräne oder einem Augenleiden geschuldet), unternimmt Hildegard zahlreiche Missionsreisen quer durch das Gebiet, das heute Deutschland ist, auf denen sie sowohl vor Kirchenleuten als auch vor Otto Normalgläubigen spricht. Mit Klausur und weltabgeschiedenem Leben hat das nicht mehr viel zu tun.

Doch obwohl für Hildegard Gehorsam zeit ihres Lebens und darüber hinaus von herausragender Bedeutung ist (angeblich stellte ihr Grab seine Wundertätigkeit ein, nachdem der Bischof von Mainz dies angesichts nicht zu bewältigender Pilgerströme befahl), weiß sie, wann sie sich nach einem den Gesetzen übergeordneten Prinzip richten muss. Zum Beispiel als sie einen eigentlich Exkommunizierten in geheiligter Erde beerdigen lässt, weil dieser sich am Ende seines Lebens doch bekehrt hat.

Neben so viel Stress und Betriebsamkeit gelingt es Hildegard noch in einem ganz anderen Bereich, ihre Talente zu reicher Blüte zu bringen. In einer Zeit, in der es so etwas wie »Komponisten« eigentlich noch gar nicht gibt, komponiert sie für ihre Klostergemeinschaft eine Vielzahl von Gesängen, die sie bis nach Paris berühmt machen. Ausgehend vom gregorianischen Gesang, geht Hildegard zum Teil ganz neue Wege, setzt Instrumente und ungewöhnliche Harmonien ein, die erst viel später auf anderem Weg ihren Durchbruch erleben. Ganz nebenbei schreibt Hildegard das Mysterienspiel *Ordo virtutum*, das in der Tradition von Prudentius' *Psychomachia* den Kampf der Tugenden gegen die Laster – diesmal allerdings musikalisch – darstellt.

Man kann Hildegard von Bingen also durchaus für ihre Dinkelkekse verehren. Es gibt aber noch so einige andere Gründe. Allerdings sind manche ihrer Gesundheitsratschläge durchaus mit Vorsicht zu genießen. Wer ihre Maiglöckchenrezepte oder die tote (oder war's eine sterbende?) Maus zwischen den Schulterblättern gegen Nackenschmerzen schon mal ausprobiert hat, der weiß, was ich meine...

Rebellinnen des Widerstands

Sofja Lwowna Perowskaja
Nieder mit dem Zaren!

Es ist der 15. April 1881. Ein Sonntag. Das Schafott steht bereit. Auf dem Semenowskij-Platz im Zentrum von Sankt Petersburg wird Sofja Lwowna Perowskaja heute sterben. Ruhig und würdevoll tritt sie ihrem Tod entgegen. Nicht fanatisch, nicht wirr, nicht hitzige Reden schwingend. Ganz patriotische Heldin. Eine Heilige, die sich für das übergeordnete Ziel aufopfert. Gemeinsam mit vier weiteren Verurteilten wird Sofja erhängt. Sie ist die erste hingerichtete Terroristin Russlands.

Es war ein weiter Weg für Sofja bis aufs Schafott – und trotzdem ein folgerichtiger. Schon allzu viele Jahre liegt allzu viel im Argen im Zarenreich. Während in anderen Ländern die Industrialisierung mit großen Schritten voranschreitet, bleibt das riesige Russland als Bauernstaat mit Leibeigenschaft zurück. Die Verwaltung ist alles andere als effektiv, trotz aller Reformen, die zum Beispiel Katharina die Große – die der aufmerksame Leser ja bereits kennt – schon im 18. Jahrhundert durchgeführt hat.

Sofja wird im September 1853 in eine Adelsfamilie hineingeboren, die sogar weitläufig verwandt ist mit der früheren Zarin Elisabeth I. Der Großvater war Innenminister, der Vater ist in leitender militärischer Position tätig. Ihre Jugend verbringt Sofja auf der Krim, mehr oder weniger sich selbst überlassen. Wissbegierig und aufgeweckt, wie sie ist, verbringt sie ihre Zeit mit Büchern und liest alles, was ihr in die Hände fällt.

Als die Familie wieder nach Sankt Petersburg zieht, kommt Sofja in Kontakt mit jungen Frauen, die sie mit Ideen über einen radikalen Umsturz in Russland vertraut machen. Viele dieser Frauen sind in den Jahren zuvor aus Zürich nach Russland zurückgekehrt. Eigentlich dort, um zu studieren, haben sie in der lebhaften russischen Exilcommunity Zürichs (dort, wo sich auch Lenin später ein Jahr aufhalten wird) ihre Zeit eher mit politischen Diskussionen verbracht. Doch Mütterchens Arm reicht weit. Vielen wurde das Weiterstudium verwehrt, sie mussten nach Russland zurückkehren, wo sie nun agitatorisch tätig werden. Sofjas neue Freunde gefallen ihrem Vater gar nicht, aber das hält Sofja nicht zurück. Sie hofft gemeinsam mit ihren Freundinnen auf eine Veränderung für das stagnierende Russland.

Sofja schließt sich dem Tschaikowski-Zirkel an, der sich um den gleichnamigen russischen Sozialrevolutionär gebildet hat. Die Mitglieder des Zirkels sind »Narodniki« – Volkstümler. Sie gehen davon aus, dass alle Veränderung im Staat vom Volk ausgehen muss, das noch ganz ursprünglich in seinem Denken und Handeln ist. Veränderungen von oben, etwa durch Reformen, halten die Narodniki für nicht zielführend und nur übergestülpt. Entsprechend ist es ihr Ziel, direkt »zu den Leuten zu gehen«. Eine ganze Bewegung entsteht, gerade Studenten brechen in Russlands entlegenste Gebiete auf, um Bildung und politische Aufklärung dorthin zu bringen. Auch Sofja ist mit dabei. Doch mit Idealen und der Wirklichkeit –

das ist immer so eine Sache. Das merken bald auch Sofja und ihre Freunde. Die Bauern sind misstrauisch, aggressiv. Bestenfalls zeigen sie an dem, was die jungen Menschen ihnen zu erzählen haben, kein Interesse. Im schlechteren Fall melden sie die engagierten Studenten den Behörden.

Also braucht es einen dritten Weg. Parallel zu ihrem Gang zu den Leuten agitiert Sofja gegen den Zaren. Er hat die Leibeigenschaft beendet, die Bauern befreit, den Versuch unternommen, die Justiz zu erneuern. Doch die Reformen sind schwierig, viele Ungerechtigkeiten bleiben bestehen. Zudem glauben Sofja und ihre Mitstreiter ja nicht an Veränderungen von oben. Sie wollen, dass das Volk selbst sich erhebt. Und dafür muss es ihm, so perfide es kling, so schlecht wie nur möglich gehen. Mit Attentaten fordern sie den Staat zu Racheaktionen heraus.

Nach und nach entwickelt sich daraus eine regelrechte Jagd auf den Zaren. Angriffe in Moskau und Odessa scheitern. Im März 1881 orchestriert Sofja das Attentat, das ihn an dem Tag, als er weitere Reformen verkünden will, tötet. Die Terroristen haben an der Straße, auf der Alexander erwartet wird, einen Tunnel gegraben und mit Sprengstoff gefüllt. Zwar nimmt die Kolonne einen anderen Weg, doch Organisationstalent Sofja hat »Reserveattentäter« in der Hinterhand. Vom gegenüberliegenden Ufer kann sie beobachten, wie die Kutsche des Zaren zunächst durch eine Bombe lahmgelegt wird und er dann, als er heraustritt, um den Schaden zu begutachten, von einer zweiten Bombe tödlich verletzt wird.

Sofja und ihre Mitstreiter haben ihr Ziel erreicht. Alexander III., der seinem Vater auf den Thron folgt, kassiert die Reformen ein, die sein Vater verkünden wollte. Auch sonst macht er so einige freiheitliche Errungenschaften wieder rückgängig. Eine direkt gewählte, beratende Volksvertretung kommt auf diese Art und Weise nie zum Einsatz. Am Ort des Attentats wird die Erlöserkirche auf dem Blute errichtet, an der kein Sankt-Petersburg-Besucher vorbeikommt. Sofja wird verhaftet und an besagtem 15. April hingerichtet.

Die Gruppe der Attentäter löst sich auf. Ihr Terrorismus hat sein Ziel erreicht. Die Repressionen unter Alexander III. bringen tatsächlich die Gemüter zum Gären und bereiten einem gewaltsamen Umsturz von der Basis her den Boden, genau wie Sofja es sich erträumt hat. Ob sie wohl mit dem Ergebnis zufrieden gewesen wäre? Jedenfalls hat sie auf erschreckend mustergültige Weise vorgeführt, wie effektiv Terrorismus bei der Durchsetzung politischer Ziele sein kann.

Marlene Dietrich
Der einsame Vamp

1936 bietet Reichspropagandaleiter Joseph Goebbels Marlene Dietrich 200 000 Reichsmark – nicht für einen, nein, für *jeden* Film, den sie in Deutschland drehen wird. Stoff, Regisseur, Produzent, all das darf sie sich aussuchen, wenn sie denn nur heim ins Reich kommt. Hitler selbst versucht, sie erst bei den Gefühlen, dann bei ihrem Stolz zu packen. Angeblich schickt er ihr einen Weihnachtsbaum in die amerikanische Wahlheimat. Als das nicht fruchtet, verspricht er ihr einen Triumphzug durchs Brandenburger Tor. »Nur wenn mein Mann mitfahren darf«, soll die Dietrich geantwortet haben. Ihr Mann ist Jude.

Genauso der Mann, der Marlene Dietrich zu dem gemacht hat, was sie 1936 ist: Josef von Sternberg, der die noch unbekannte Marlene 1929 für die Rolle der Femme fatale Lola Lola in der Verfilmung von Heinrich Manns *Professor Unrat* besetzt – gegen den Willen des Autors übrigens, der gern seine Geliebte in der Rolle gesehen hätte. *Der blaue Engel,* so der Filmtitel, verhilft Dietrich 1930 nach Jahren des Misserfolgs zum Durchbruch. Bis dahin hat Marlene sich mehr schlecht als recht als Theaterschauspielerin, Filmkomparsin und Revuetänzerin durchgeschlagen. Dabei stammt die Berlinerin eigentlich aus gutbürgerlichem Haus, sie hätte Konzertgeigerin werden sollen – eine Sehnenscheidenentzündung hat ihr allerdings einen Strich durch die Rechnung gemacht.

Der blaue Engel wird zum Welterfolg. Die ganze Welt trällert: »Ich bin von Kopf bis Fuß auf Liebe eingestellt«. Noch im selben Jahr folgt Marlene Dietrich Sternberg nach Hollywood. Sie unterschreibt einen Siebenjahresvertrag bei Paramount, hungert sich hollywood-schlank und dreht unter Sternberg den Film *Marokko*, in dem sie nicht nur Smoking und Zylinder trägt, sondern auch noch eine Frau küsst. Dabei ist die Szene so geschickt eingebettet, dass die Zensur sie nicht einfach herausschneiden kann. Hollywood steht Kopf, und Marlene Dietrich wird mit einer Oscarnominierung belohnt.

Und sie dreht weiter. Unter anderem die *Blonde Venus*, *Die scharlachrote Kaiserin* oder, wie passend für unseren Kontext: *Der Teufel ist eine Frau*. Doch das Kühle, Blonde, Unnahbare, das die Zuschauer auf Bildern faszinieren mag – ins Kino lockt es sie nicht. Mitte der 1930er-Jahre gilt Marlene Dietrich als Kassengift – eigentlich ein perfekt gewählter Zeitpunkt für Goebbels' Vorstoß. Umso beeindruckender, dass Marlene Dietrich, die auch privat das Leben einer Diva kultiviert und entsprechenden Geldbedarf hat, auf dieses verlockende Angebot nicht eingeht. Und sie hat recht damit. 1939 wendet sich das Blatt für sie. In *Der große Bluff* ist die kühle Blonde gar nicht mehr so kühl, sondern laut, draufgängerisch und ein bisschen frivol. Das Publikum ist begeistert.

Im selben Jahr hört Marlene Dietrich auf, Deutsche zu sein. Sie nimmt die amerikanische Staatsangehörigkeit an. In Paris, wo sie jetzt lebt, wenn sie denn in Europa ist, hilft sie Emigranten – mit Geld, mit Kontakten. Gerne würde Dietrich sich ganz offiziell von den Amerikanern kriegstechnisch verwenden lassen, doch es dauert bis 1943, bis sie zur Truppenbetreuung nach Nordafrika, Italien und Frankreich reisen darf. Für manche Deutsche wird sie so endgültig zur Verräterin – doch die Mehrzahl erliegt weiterhin ihrem Charme. Als sie mit den vorrückenden amerikanischen GIs deutsches Gebiet in der Nähe von Aachen erreicht, kann eine Frau ihr Glück kaum fassen. Sie sammelt in der Nachbarschaft die Zutaten für einen Kuchen zusammen – angeblich der beste Kuchen, den Dietrich jemals gegessen hat. Doch es dauert noch Jahrzehnte, bis Deutschland seinen ersten Weltstar richtig würdigen kann. Bis dahin sind es die Alliierten, die Dietrich für ihre klare Haltung, ihr Engagement ehren. Sie erhält die amerikanische Medal of Freedom und wird in die französische Ehrenlegion aufgenommen.

Zurück in den USA heißt es: Business as usual. Dietrich dreht weiter erfolgreich Filme, wendet sich jedoch immer mehr dem Gesang zu. Als Diseuse tourt sie durch die Welt, hat zwischenzeitlich ihre eigene Show in Las Vegas. Auch in Israel tritt sie auf, singt dort als erste Sängerin auf Deutsch – trotz strenger Verbote. Egal, sie schickt das hebräische Klagelied »Shir HaTan« als Zugabe hinterher. Und alles ist wieder gut und noch besser.

Marlene Dietrich altert, äußerlich kaum wahrnehmbar, doch die Unfälle und Stürze mehren sich. 1975 schließlich zieht sie sich nach einem Oberschenkelhalsbruch von der Bühne, aus der Öffentlichkeit zurück. Für einen letzten Film macht sie eine Ausnahme. Als Anfang der 1980er-Jahre ein Dokumentarfilm über sie gedreht werden soll, willigt sie zwar zunächst ein, genehmigt dann jedoch nur Tonaufnahmen. Sie sagt, man habe sie in ihrem Leben zu Tode fotografiert. Es ist wohl vielmehr die Angst vor dem eigenen, unaufhörlich alternden Gesicht. Vielleicht auch der Versuch, ein Bild, an dem sie zeit ihres Lebens gearbeitet hat, über ihren Tod hinaus zu bewahren – auch ihren engsten Vertrauten gegenüber, vor denen sie sich am Ende ihres Lebens komplett in ihrer Pariser Wohnung abschottet. Nur übers Telefon hält sie Kontakt.

Wie tragisch, dass eine Frau, die sich den Nazis mit solcher Verve entgegenstellte, den Widrigkeiten des Alterns so wenig gewachsen war. Als Marlene Dietrich am 6. Mai 1992 stirbt, ist sie in gewisser Weise schon viele Jahre tot.

Emmeline Pankhurst
Actio gleich reactio

Altersmäßig ist der Rechtsanwalt Richard Marsden Pankhurst, den die gerade einmal 21-jährige Emmeline Goulden nach ihrer Rückkehr aus einem Pariser Mädcheninternat 1879 binnen kürzester Zeit heiratet, vielleicht nicht der berückende Prince Charming, den sich sentimentale Internatsschülerinnen in durchgeflüsterten Nächten so gemeinhin ausmalen. Immerhin ist er mehr als doppelt so alt wie seine junge Ehefrau. Außerdem fehlen die Millionen. Ebenso das weiße Pferd, auf dem der flotte Prinz die passive Schönheit vor allen Widrigkeiten des Daseins davonträgt. Allerdings hat Richard etwas viel Bereicherndes zu bieten: ein gemeinsames Ideal – den Kampf für die Rechte der Frauen, für das Frauenwahlrecht. Und das macht den etwas angegrauten Richard für Emmeline zu ihrem ganz persönlichen Traumprinzen.

Wie Emmelines Eltern ist Richard in der Liberalen Partei aktiv, die sich neben den Rechten der Frauen auch für die Abschaffung der Sklaverei und andere freiheitliche Ziele einsetzt. Schon mit 14 Jahren hat ihre Mutter Emmeline zu einer Kundgebung für das Frauenwahlrecht mitgenommen. Gemeinsam mit ihrem Mann, von dem sie innerhalb von zehn Jahren fünf Kinder bekommt, beteiligt Emmeline sich nun

1889 an der Gründung der Frauenwahlrechtsliga. Nicht allen gefällt Richards bedingungsloser Einsatz für die Rechte der Frauen. Die Mandanten bleiben aus, ständig hat das Ehepaar Pankhurst mit finanziellen Problemen zu kämpfen.

Richards Gesundheit tut dieses ständige Ringen nicht gut. 1898 stirbt er an einem Magengeschwür. Es beginnt eine harte Zeit für Emmeline. Wenigstens sind die Kinder bereits aus dem Gröbsten heraus. Noch besser: Die älteste Tochter, Christabel, teilt den Kampfgeist und die Ideale der Mutter. Gemeinsam mit ihr und einigen weiteren Frauen gründet Emmeline die WSPU, die Women's Social and Political Union, eine radikal-bürgerliche Bewegung, die sich ausschließlich für die Rechte der Frauen einsetzt. Bis zu diesem Zeitpunkt haben Emmeline und ihre Mitstreiterinnen versucht, durch Lobbyarbeit und Mitarbeit in den politischen Parteien ihr Ziel zu erreichen, das in erster Linie lautet: volles Wahlrecht für alle Frauen. Doch außer leeren Versprechungen, denen keine Taten folgten, bekamen die Frauen trotz ihrer aufopferungsvollen Arbeit in den Parteien nichts. Nun also die Women's Social and Political Union.

Die WSPU macht es zunächst wie andere politische Organisationen: Reden, Kundgebungen, Flugblätter, Demonstrationen. Ihre Gegner aber verhalten sich weniger gesittet. Körperliche Übergriffe gegenüber den Suffragetten, so werden die Damen nämlich nach dem lateinischen Begriff »suffragium« für Wahlstimme genannt, sind keine Seltenheit. Wer in einer öffentlichen Fragestunde zu sehr insistiert, stört, der wird des Saals verwiesen, wenn nötig mit Gewalt – anschließende Haftstrafe inklusive.

Nach und nach beginnen Emmeline und die Ihren, Gewalt

mit Gegengewalt zu beantworten. Dabei ziehen sie eine klare Grenze: Gewalt gegen Menschen? Nein! Gewalt gegen Dinge? Aber ja doch! Das scheint die einzige Sprache zu sein, die Politiker verstehen. Fensterscheiben werden eingeworfen, ganze Busse verwüstet, Telegrafendrähte zerschnitten, Briefkästen angezündet oder mit Säure übergossen. Und Emmeline legt noch eins drauf. 1913 explodieren Bomben im derzeit leer stehenden Landhaus des britischen Schatzkanzlers. Als Drahtzieher wird Emmeline zu einer dreijährigen Haftstrafe verurteilt, aber wegen eines Hungerstreiks schon nach kürzester Zeit wieder freigelassen. Doch nun eskaliert die Situation. Straßenschlachten sorgen für bürgerkriegsähnliche Zustände. Eine Suffragette wirft sich im Juni 1913 vor das Rennpferd des Königs – und stirbt. Ein absurder Tod, der sie jedoch zugleich zur Märtyrerin für die gute Sache macht.

Inzwischen ist der *Cat and Mouse Act* verabschiedet worden, der es möglich macht, wegen Hungerstreiks freigelassene Frauen nach deren Gesundung wieder einzusperren. So auch Emmeline. Es folgt in der Tat ein Katz-und-Maus-Spiel, dem jedoch der Ausbruch des Ersten Weltkriegs ein Ende setzt. Zugunsten des übergeordneten gemeinsamen Ziels ruhen die Geschlechterkämpfe. Allerdings setzt Emmeline sich in dieser Zeit dafür ein, dass Frauen bei Bedarf Männerarbeiten übernehmen dürfen. Die Belohnung dafür folgt nach dem Krieg: das Wahlrecht für Frauen. Ein volles Wahlrecht ist es jedoch nicht. Erst der 2. Juli 1928 bringt den endgültigen Sieg – Emmeline Pankhurst ist zu diesem Zeitpunkt seit fast zwei Wochen tot. Sie stirbt am 14. Juni 1928. Ihr großes Lebensziel hat sie dennoch erreicht: »Wir sind nicht hier, weil wir Gesetze brechen, sondern weil wir Gesetze machen wollen.«

Übrigens: Schweizerinnen dürfen sich erst 1971 über ihr Wahlrecht freuen, Damen aus Liechtenstein warten sage und schreibe sogar bis 1984. Ist das zu fassen?

Charlotte Corday
Mord in der Badewanne

»Ich habe einen Mann getötet, um Hunderttausende zu retten.« Es sind große Worte, die die 24-jährige Charlotte Corday 1793 vor dem französischen Revolutionstribunal spricht, doch sie hat auch keine kleine Tat begangen. Mit einem 20 Zentimeter langen Messer und einem einzigen Stich hat sie den Arzt und Publizisten Jean Paul Marat getötet, einen jakobinischen Abgeordneten im Nationalkonvent, der konstitutionellen und legislativen Versammlung während der Französischen Revolution.

Dabei ist die junge Charlotte durchaus keine Revolutionsgegnerin. Obwohl sie aus – verarmter – adeliger Familie stammt, ist sie, anders als ihre Brüder, keine Royalistin. Als einer der Brüder ins Ausland flüchtet, weigert sie sich beim Abschiedsessen, ihr Glas auf Ludwig XVI. zu erheben. Als schwacher König habe er eine solche Geste nicht verdient. Ob ihre Brüder diese Aussage wohl goutiert haben? Nun, das ist eben das Holz, aus dem die mutige Charlotte geschnitzt ist.

Aufgewachsen im römisch-katholischen Kloster Sainte-Trinité ist Corday dort schon früh mit aufklärerischen Schriften in Kontakt gekommen. Die Französische Revolution hält sie zunächst für keine schlechte Sache – aber nur, solange die gemäßigten Girondisten das Heft in der Hand halten. Als jedoch die Montagnards, eine politische Gruppierung aus Jakobinern und Cordeliers, die Macht übernehmen und eine blutige Schreckensherrschaft beginnen, fängt Charlotte an zu zweifeln – und zu verzweifeln. Als treibende Kraft hinter all dem Grauen identifiziert sie Jean Paul Marat, der in seiner Zeitschrift *L'Ami du Peuple* das Volk aufputscht und unter anderem zur Ermordung von Ministern und des Königs aufruft. Charlotte sieht Marat auch als Schuldigen hinter den Septembermassakern von 1792, bei denen Marat gemeinsam mit Justizminister Danton den Mob so anheizt, dass dieser die Gefängnisse stürmt und wahllos Insassen umbringt – und zwar alle Insassen, nicht nur Revolutionsgegner. Es sterben 1200 Menschen.

In der Zwischenzeit sind die Girondisten aus Paris geflohen – zum Teil in Charlottes Heimatstadt Caen, in der sie im Alter von 24 Jahren wieder lebt. Bei einer Veranstaltung dort im Juli 1793, bei der sich Freiwillige versammeln, um gegen Paris zu ziehen, erkennt Charlotte, wie desaströs die Lage ist: Auf dem Feld, das normalerweise 10 000 Leute fasst, haben sich gerade einmal 30 Männer versammelt. Ein folgenschwerer Entschluss reift in Charlotte heran: Wenn die Männer nichts tun, dann muss eine Frau aktiv werden. Und im Grunde geht die Forderung noch ein bisschen weiter: Muss frau überhaupt so lange warten, bis die Männer versagt haben? Wagen wir doch den Schritt in die vorderste Reihe!

Charlotte reist nach Paris, ohne irgendjemandem von ihren Plänen zu erzählen. Sie will Marat vor aller Augen im Nationalkonvent töten und so dem schändlichen Treiben, das Paris und Frankreich in Angst und Schrecken versetzt, ein Ende

Charlotte Corday

bereiten. In Paris angekommen, mietet sie sich in einem Hotel ein, sie kauft ein Messer und erfährt, dass Marat zu krank ist, um das Haus zu verlassen. Doch das ist kein Hindernis für eine Frau mit eisernem Willen wie Charlotte Corday. Dann muss seine Mörderin eben zu ihm kommen.

Charlotte spricht direkt in Marats Wohnung vor, wird allerdings nicht zu ihm gelassen. Sie ersinnt eine List und schickt ihm einen Brief: Sie habe Informationen über Aufwiegler in Caen, die sie ihm mitteilen möchte. Ihr Brief bleibt unbeantwortet. Also begibt sich Charlotte erneut zu Marats Wohnung, sie drängt an einer Bediensteten, die ihr die Tür öffnet, vorbei, will zu ihm, doch Marats Geliebte hält sie im letzten Moment zurück. Die beiden ringen miteinander. Marat hört den Lärm, hört Corday schreien und fordert sie auf, zu ihm ins Bad zu kommen.

Mit einem Handtuch auf dem Kopf und einem zweiten halb bedeckt, sitzt Marat in der Badewanne, bereit, Charlotte anzuhören. Sie sprechen eine Viertelstunde, Corday erzählt ihre Lügengeschichte. »Gut, sie sollen alle unter die Guillotine«, antwortet Marat. Damit unterzeichnet er sein eigenes Todesurteil. Charlotte sticht zu. Es ist der perfekte Stich – scheinbar zu perfekt für eine laienhafte Einzeltäterin. Corday wird vor das Revolutionstribunal gestellt. Niemand will ihr glauben, dass sie die Tat allein geplant hat. Verschiedene Verdächtige werden mit angeklagt. Als man ihnen nichts nachweisen kann, lässt man sie ziehen, man wird später Gelegenheit finden, sie unter die Guillotine zu bringen. Es wird versucht, Charlotte als schuldunfähig darzustellen, doch ihr Anwalt, ein Jakobiner, der ihr nur aus Zufall zugeteilt worden ist, weil ihr gewählter Verteidiger nicht aufgetaucht ist, verhindert das. Er ist fasziniert von der jungen Frau und ihrer Tat. Charlotte antwortet kurz und knapp, ungerührt steht sie da. Nur einmal ist sie kurz erschüttert, als die Mordwaffe gezeigt wird. Sie wendet den Blick ab. Beichten will sie nicht, sie sieht ihre Tat nicht als Sünde.

Ebenso ungerührt tritt Charlotte Corday am 17. Juli 1793 ihrem Tod entgegen. Das Haar geschnitten, sie trägt ein rotes Hemd, ihr Haupt legt sie selbst zurecht. Ein übereifriger Henkersknecht ohrfeigt danach den abgetrennten Kopf. Die Menge ist entsetzt. Köpfen ja – aber so etwas? Der Mann wird kurze Zeit später angemessen bestraft. Ansonsten bleibt Charlottes Tod, anders als sie erhofft hatte, folgenlos. Die Jakobiner nehmen dir Ermordung Marats gar als Anlass, noch schärfer durchzugreifen. Doch einfach nur zusehen, ohne zu handeln: Das war keine Option für die mutige Charlotte Corday.

Dihya
Die Zauberin von Ifrīqiya

Sie nennen sie »al-Kāhina«, die Priesterin, die Seherin, weil sie jeden Schritt ihrer Feinde auf beinahe prophetische Art und Weise vorhersehen kann. Ihr Haar ist lang, ihre Gestalt überirdisch, wie es sich für eine ordentliche Zauberin gehört. Sie ist die Königin der Berber, die legendäre Königin von Ifrīqiya, so die mittelalterliche arabische Bezeichnung für die ehemalige römische Provinz Afrika.

Aber einen Augenblick! Ich weiß nicht, wie es um Ihr Wissen um die Spätantike bestellt ist – für mich klafft zwischen Kaiser Hadrian und Karl dem Großen ein großes finsteres Loch, daher kurz zur Zusammenfassung:

Zu behaupten, das Römische Reich befände sich im 7. Jahrhundert nach Christus in einer Krise, wäre noch eine dreiste Beschönigung. Im Grunde geht es schon seit Jahrhunderten steil bergab. Außerdem kann von *dem* Römischen Reich nicht mehr wirklich die Rede sein. Ende des 4. Jahrhunderts hat sich dieses in einen West- und einen Ostteil geteilt. Ab der zweiten Hälfte des 5. Jahrhunderts gibt es faktisch nur noch das Oströmische – auch bekannt als das Byzantinische – Reich. Doch auch in der abgespeckten Form hat Byzanz so einige Probleme, seine Stellung zu halten und das immer noch viel zu große Reich effektiv zu verwalten, weshalb die afrikanischen und die italienischen Besitzungen des Reichs einem Exarchen, also einem Offizier des spätrömischen Heeres, unterstellt werden. Es entstehen so das Exarchat von Karthago und das von Ravenna.

Gut, die Basics hätten wir damit. Aber es wird noch ein bisschen komplizierter, denn jetzt kommt noch eine Bedrohung von außen hinzu. Gegen die Islamische Expansion, mit der die Oströmer ab Mitte der 630er-Jahre vehement zu kämpfen haben, ist das Reich nämlich trotz aller Umstrukturierungen nicht gefeit. Diese Expansion, die bis ins 8. Jahrhundert andauert, ist in erster Linie eine militärische, wird jedoch ab dem 9. Jahrhundert eine bis ins 11. andauernde wissenschaftliche und kulturelle Blütezeit des Islam nach sich ziehen. Was des einen Freud ist, ist des anderen Leid, denn die Islamische Expansion wird gerne auch mit dem Ende der Antike gleichgesetzt.

Nachdem es der Stadt Byzanz im 7. Jahrhundert mit letzter Kraft und viel Blut und Schweiß gelingt, die islamischen Angriffe zurückzuschlagen, wenden die Kalifate ihre Kräfte gegen die Besitzungen in Afrika. Das Exarchat von Karthago hat den arabischen Angreifern unter General Hassān ibn an-Nuʿmān jedoch noch weniger entgegenzusetzen und verliert schon bald die Kontrolle über Ifrīqiya.

Und da wären wir an dem Punkt, an dem die Geschichte der großen Zauberin beginnt. Es ist nämlich dieses Machtvakuum, in das nun jene Frau stößt, über deren Leben uns im Grunde nur wenige wirklich belastbare Fakten überliefert sind. Hat sie tatsächlich in ihrer Jugend einen Tyrannen geheiratet und diesen dann ermordet, um ihr Volk von dessen

Gewaltherrschaft zu befreien? Hat sie wirklich, angetrieben von ihrer Vorliebe für Wüstenvögel, die ersten zoologischen Studien über diese Tiere angestellt? Letzteres scheint relativ wahrscheinlich. Sicher ist es jedoch nicht wirklich. Was dagegen bekannt ist: Es gelingt dieser rätselhaften Frau mit dem Namen Dihya, die mal als Jüdin, mal als Christin, dann wieder von griechischer Herkunft bezeichnet wird, das Berbervolk unter ihrer Führung zu vereinen. Im Guerillakrieg mit Hilfe einer Taktik der verbrannten Erde gehen ihre Truppen äußerst erfolgreich gegen die islamischen Angreifer vor. Schon bald kommt es zur offenen Konfrontation, denn General Hassān hat Dihya schnell als seine gefährlichste Opponentin ausgemacht.

Die Armeen treffen aufeinander, und Dihya siegt triumphal. Für Jahre ziehen sich Hassāns Truppen ins heutige Libyen zurück, um ihre Wunden zu lecken und Kräfte zu sammeln. Währenddessen werkelt Dihya an einem funktionierenden Verwaltungssystem für einen zukünftigen Berberstaat.

Doch es bleibt al-Kāhina keine Zeit, ihr Reich weiter auszubauen. 701 kehrt Hassān mit frischen Truppen zurück. Alle Bemühungen der Araber richten sich nun gegen Dihya, die noch dazu von einem ihrer Söhne – angeblich ein ehemaliger arabischer Gefangener, den sie nach dem Sieg über Hassāns Truppen adoptiert hat – verraten wird. Außerdem hat das Volk nicht mehr wirklich Lust auf die »verbrannte Erde«-Taktik, die zum großen Teil zu seinen Lasten geht, und lässt in puncto Unterstützung so einiges zu wünschen übrig. Doch fällt Dihya tatsächlich mit dem Schwert in der Hand? Wird sie in der Schlacht enthauptet? Stirbt sie auf der Flucht? Oder vergiftet sie sich selbst, als die Lage aussichtslos erscheint?

Legendär ist auf jeden Fall der ihr zugeschriebene Monolog, in dem sie kurz vor ihrem Tod Hassān ibn an-Nuʿmān ihre äußerst beeindruckende Racheankündigung ins Gesicht schleudert: Ihr Volk werde sich jetzt vielleicht unterwerfen lassen, doch irgendwann werde die Erinnerung erwachen und die Spuren im Sand der Zeit erneut suchen. Bei dieser poetischen Vergeltungsdrohung ist die Zauberin angeblich schon 127 Jahre alt. Wieder so eine Geschichte...

Doch egal, was mit ihr geschehen ist, eines ist gewiss: Al-Kāhina war ein regelrechtes *badass*, das in Nordafrika völlig zu Recht Kultstatus genießt – und zwar nicht nur unter Feministinnen.

Grace O'Malley
Galway Girl

Geboren wird Grace O'Malley, auf gut Irisch: Gráinne Ní Mháille, im Jahr 1530 weit draußen auf dem Meer. Also angeblich. Man weiß ja, wie das so ist mit dem Wahrheitsgehalt von Legenden. Ob es in einer dunklen, stürmischen Nacht war, ist nicht überliefert. Doch auch so kann man sich vorstellen, welch bewegtes Leben der Tochter eines irischen Clanoberhaupts bevorsteht.

Es folgt das übliche Programm. Grace will mit ihrem Vater auf große Fahrt gehen, er weigert sich. Schließlich ist sie eine Frau. Sie schneidet sich die Haare ab und darf mit. Er bringt ihr Navigieren bei, sie unterstützt ihn bei seinen Kaperfahrten. Nicht dass die O'Malleys echte Piraten wären, Gott bewahre, aber man muss das Beste aus dem machen, was der liebe Gott einem gibt. Und das wären im Fall der O'Malleys das Land mit seinem Vieh darauf und eben das Meer. Also überfallen die an der Westküste Irlands lebenden O'Malleys gern einmal ein paar kleinere schottische Inseln oder lassen sich von vorbeifahrenden Schiffen die sichere Passage gut bezahlen.

Doch Grace ist nicht etwa nur fluchender, spielender, trinkender Seemann, sie ist auch hochgebildet. Neben ihrer Muttersprache Gälisch spricht sie Latein, Französisch, Spanisch und Griechisch. Englisch beherrscht Grace nicht, dabei wäre das bitter notwendig, denn die Engländer verstärken ihre Bemühungen, Irland vollständig unter ihre Herrschaft zu bringen, immer mehr. Schon während Grace' Kindheit hat Heinrich VIII. sich zum König von Irland krönen lassen. Die irischen Clanoberhäupter wissen den englischen Invasoren nur wenig entgegenzusetzen. Sie sind allzu zerstritten, um eine geschlossene Front gegen England zu bilden, das immer mehr Clanoberhäupter durch das Zugeständnis von Privilegien auf seine Seite ziehen kann. Auch die O'Malleys gehören zu den so umworbenen, doch sie lehnen ab. Nicht aus Patriotismus. Sie ziehen es einfach vor, ihr eigenes Ding zu machen.

Mit 16 heiratet Grace Donal O'Flaherty, an dessen Seite ihre zahlreichen Talente zur vollen Blüte kommen. Inzwischen hat sich Galway als irisches Handelszentrum in englischer Hand etabliert, und so manches englische Schiff muss auf dem Weg dahin dem Ehepaar O'Flaherty seinen Zoll entrichten. Außerdem fährt die draufgängerische Grace mit ihren Nussschalen bis in den Mittelmeerraum, um von dort Gewürze, Seide und andere Luxusgüter mit nach Irland zu bringen – natürlich unverzollt. Gleichzeitig kommt es, heißblütig wie die Iren sind, regelmäßig zu Fehden zwischen den Clans. Immer wieder gibt es die eine oder andere Streitigkeit zu schlichten – mal mehr, mal weniger erfolgreich. Letzteres ist wohl der Fall, als Donal im Kampf mit einem verfeindeten Clan erschlagen wird.

Grace gelingt es noch, die Stellung zu halten, sie muss dann allerdings ihren Platz als Interimsclanoberhaupt räumen. So will es das gälische Recht. Dieses erlaubt ihr allerdings auch,

Grace O'Malley

alles, was sie mit in die Ehe gebracht und sich in deren Verlauf »erarbeitet« hat, mit nach Hause auf den Sitz der O'Malleys zu nehmen, wo Grace nun die Familiengeschäfte übernimmt, die sie ebenso erfolgreich führt wie jene in den Jahren ihrer Ehe. Langsam wird Grace, die sich neu verheiratet, aber ihre Angelegenheiten weiter höchstpersönlich regelt, zu einem echten *pain in the ass* der Engländer, die sogar ein Kopfgeld auf sie aussetzen. Mehr und mehr verschärft sich Grace' Situation, vor allem als Sir Richard Bingham, der Statthalter in Galway, beginnt, massiv gegen sie vorzugehen. Sie wird gefangen genommen, inhaftiert und kann auf ungeklärte Weise wieder entkommen. Doch die Schlinge zieht sich zu. Schiffe, Vieh, Land werden beschlagnahmt. Grace schreibt einen Brief an Königin Elisabeth I. und fährt schließlich selbst nach England. Nicht von Frau zu Frau, sondern von Herrscherin zu Herrscherin will sie mit ihr sprechen.

Gegen die Empfehlungen all ihrer Berater gewährt Elisabeth Grace 1593 eine Audienz. Vielleicht weil sie die Frau sehen will, die genau wie sie in einem männerbeherrschten Feld so erfolgreich ihren Mann steht. Grace spricht Latein, präsentiert sich als stolze Herrscherin, deren einziges Auskommen die Seeräuberei ist. Elisabeth ist beeindruckt, und Bingham erhält die Weisung, die Gängelungen gegenüber Grace einzustellen. Gefangene Familienangehörige von Grace werden wieder freigelassen, Grace darf weiter kapernd die Küste entlangschippern – aber nun unter englischer Flagge. So wirklich seltsam ist das nicht, Francis Drake hat im Auftrag der Krone schon vor Jahren spanische Schiffe ausgenommen. Wie gut also, dass Grace Kämpferin und keine Patriotin ist. Während Elisabeth weiterhin versucht, Irland ganz unter ihre Herrschaft zu bekommen, wurstelt Opportunistin Grace, die zwischendurch auch gern mal die irischen Rebellen unterstützt, wenn es sich mit ihren Interessen deckt, fleißig vor sich hin, bis zu ihrem Tod 1603. Diesmal auf ihrem Schloss. Wir wollen es ja nicht übertreiben mit der Legendenbildung.

Harriet Beecher Stowe
Ein Buch wie eine Waffe

Es ist der Beginn der bis heute verlustreichsten Auseinandersetzung, die jemals von den USA geführt worden ist, als die Konföderierten (eine Gruppe von Staaten, die sich im Februar 1861 von der Union, den United States of America, losgesagt haben) am 12. April 1861 mit dem Beschuss von Fort Sumter beginnen. Über 750 000 Menschen fallen dem Sezessionskrieg zum Opfer, neuere Untersuchungen gehen inzwischen sogar von bis zu 850 000 Opfern aus. Allein bei der mehrtägigen Schlacht von Gettysburg, einem Wendepunkt des Krieges, sterben über 50 000 Soldaten. Bei der Schlacht von Cold Harbor fallen während einer nur 30-minütigen Offensive allein auf Seiten der Union 7000 Männer. Es ist ein Gemetzel.

Als Harriet Beecher Stowe an Thanksgiving 1862 Präsident Lincoln vorgestellt wird, begrüßt dieser sie angeblich mit den Worten: »Sie sind also die kleine Frau, deren Buch diesen großen Krieg verursacht hat.« Im Scherz gesprochene Worte, doch in der Tat hat Stowe mit *Onkel Toms Hütte* ein Buch geschrieben, das wie kein anderes zuvor auf unfassbar emotionale und packende Art und Weise die alte Frage nach der Rechtmäßigkeit der Sklaverei stellt. Allein im ersten Jahr verkauft sich das 1852 erschienene Buch über 300 000-mal und bewegt das amerikanische Volk derart, dass sogar Menschen, die bis zu diesem Zeitpunkt mit der Antisklavereibewegung herzlich wenig am Hut gehabt haben, plötzlich beginnen, über die Rechte der versklavten Schwarzen nachzudenken – und bereit sind, dafür zu kämpfen. *Onkel Toms Hütte* wird zur Bibel der in diesen mörderischen Krieg ziehenden Unionssoldaten, und tatsächlich ist die Bibel bis heute das einzige Buch, das sich in den USA häufiger verkauft hat.

Die Sklavenfrage ist das Thema, um das herum sich der große Streit zwischen Union und Konföderierten entzündet. Dabei geht es nicht nur um die Frage, für wen die in der Unabhängigkeitserklärung verbrieften Menschenrechte gelten, sondern auch um das Recht der Selbstbestimmung der Staaten innerhalb der Union. Mit der Geschichte von Onkel Tom gibt Stowe dem Konflikt ein Gesicht. Es ist im Kern die Geschichte eines Sklaven, der zu Beginn des Buches mit seinen Besitzern eigentlich gut auskommt. Doch wenn es finanzielle Probleme gibt, dann sind die Sklaven eben doch nicht besser als ein Pferd oder ein Tisch. Tom wird verkauft, wieder in gute Hände. Ihm wird sogar die Freiheit versprochen, doch der plötzliche Tod hindert Toms neuen Herrn daran, sein Versprechen einzulösen. Erneut wird Tom verschachert, an einen Mann, der versucht, ihn zu brechen, ihm seinen starken christlichen Glauben auszutreiben. Erfolglos. Sterbend verzeiht Tom seinem Mörder.

Wie wichtig Harriet Beecher Stowe der christliche Glaube ist, spürt man auf jeder Seite des Buches. Das überrascht nicht, schließlich wird sie 1811 als Tochter eines Theologen geboren, ihr Bruder wird sich als Prediger einen Namen machen. Harriet erhält eine hervorragende Ausbildung – an einer

Schule, die ihre älteste Schwester gegründet hat und an der sie später selbst unterrichtet.

1836 heiratet sie den Theologen und Sklavereigegner Calvin Ellis Stowe, aus der Ehe gehen sieben Kinder hervor. Gemeinsam mit ihrem Mann reist Harriet immer wieder in den Süden und sieht dort das Leid und das Elend der ihren Besitzern ausgelieferten Schwarzen. Angesichts des »Fugitive Slave Law« wächst Harriets Abscheu gegenüber der Sklaverei immer mehr. Mit diesem von den Südstaaten durchgedrückten Gesetz wird es unter Strafe gestellt, einem entflohenen Sklaven zu helfen. In die Nordstaaten geflüchtete Sklaven, die sich nun endlich in Sicherheit glauben, müssen an ihre Herren im Süden zurückgegeben werden. Ein Szenario wie aus einem B-Horrormovie. Und die Nordstaatler müssen auf diese Art plötzlich bei einer Sache mitmachen, die vielen zutiefst zuwider ist. Handeln sie im Sinne mildtätiger Nächstenliebe, werden sie zu Verbrechern.

Harriet, die schon in den Anfangsjahren ihrer Ehe immer wieder Geschichten und Gedichte verfasst und veröffentlicht, beschließt, ein Buch über das Leid der Schwarzen zu schreiben. Es entsteht *Onkel Toms Hütte*. Die Südstaaten reagieren mit Gegenromanen, in denen das gute Miteinander von Plantagenbesitzern und Sklaven demonstrativ herausgestellt wird. Stowe antwortet darauf mit einem Sachbuch, in dem sie alles, was sie in *Onkel Toms Hütte* geschrieben hat, mit Zahlen und Fakten belegt. Das Buch selbst wird in den Folgejahren dramatisiert. Hunderte von Theatergruppen reisen mit dem Stück nicht nur durch die USA, auch in London kommt es zur Aufführung.

Indes schreibt Stowe weiter, einen zweiten Roman gegen

die Sklaverei, aber auch Gedichte, Naturbetrachtungen. 1896, im Alter von 85 stirbt sie in Hartford. Eine Frau, die wir besser nicht als die Frau im kollektiven Gedächtnis behalten sollten, deren Buch »diesen großen Krieg verursacht hat«, sondern als jene, die den Anfang vom Ende der Sklaverei einläutete. Am 18. Dezember 1865 wird die Sklaverei in den USA offiziell verboten. Dem ausbeuterischen Wirtschaften der Südstaatler, deren Reichtum und Erfolg zum großen Teil, wenn nicht gar ausschließlich, auf die kostenlose Arbeitskraft der Sklaven fußen, wird somit ein Ende gesetzt. Vorüber ist das Ringen um die Emanzipation der Schwarzen damit noch lange nicht. Die Unterdrückung, die Ungleichbehandlung, der Rassismus bestehen fort, in Nord und Süd, mit dem Ku-Klux-Klan, Lynchmorden und abscheulichsten Grausamkeiten. Der lange, kräftezehrende Kampf für die Rechte der Schwarzen dauert bis heute an. Denn auch wenn inzwischen jeder im Bus sitzen darf, wo er möchte: Solche Triumphe sind und bleiben nur Etappensiege.

Rigoberta Menchú
Freiheit nach 500 Jahren

Ausreden verboten! Man muss kein Historiker sein, um auch als völlig desinteressierter Mensch mitbekommen zu haben, wie die *conquistadores,* die spanischen Eroberer, der indigenen Bevölkerung in Nord- und Südamerika zugesetzt haben. Da reichen schon ein ausgeprägter Fernsehkonsum und Disneys *Pocahontas.*

Schon fast 500 Jahre währt die blutige Unterdrückung der Ureinwohner, als die spätere Menschenrechtsaktivistin Rigoberta Menchú am 9. Januar 1959 als Angehörige der Quiché-Maya in Guatemala geboren wird. Ob Rigoberta tatsächlich acht Monate im Jahr als Hausmädchen und Hilfsarbeiterin auf den Fincas der Reichen in der Küstenregion gearbeitet hat, weit entfernt von den kargen Feldern ihrer Familie im Hochland, ist unklar. Der Anthropologe David Stoll konnte in Menchús Biografie einige Ungereimtheiten feststellen. Kritiker nehmen das gerne als Vorwand, um Rigoberta und ihr Denken und Wirken im Ganzen zu hinterfragen. Was sie dabei jedoch übersehen: Die »Gesamterzählung« von der Unterdrückung der Ureinwohner stellte Stoll niemals infrage. Außerdem gewiss: Menchú erlebt die brutalen Übergriffe auf die indigene Bevölkerung im guatemaltekischen Bürgerkrieg am eigenen Leib – Kämpfe, in denen es um Grundbesitz, um fossile Ressourcen und eben auch um die Ausmerzung der indianischen Kulturen geht. Denn das Indigene ist noch immer das Fremde, das sich den »neuen« Herren entzieht. Außerdem stehen die Indios unter Generalverdacht, die linken Rebellen zu unterstützen, die sich unter anderem für eine gerechtere Landverteilung einsetzen. Deshalb greift die Militärregierung auch nicht ein, als Übergriffe seitens der Großgrundbesitzer auf die indigene Bevölkerung bekannt werden – und später nimmt das Militär die Sache gar selbst in die Hand: Es kommt zu Massakern, zur Auslöschung ganzer Dörfer. Unzählige Menschen werden Opfer generalstabsmäßig geplanter Säuberungsaktionen.

Menchú selbst besucht diverse Klosterschulen und kommt dort mit Ideen in Berührung, die ihr weiteres Denken wesentlich beeinflussen: Freiheit für alle, die Vorstellung, dass auch Frauen Rechte haben könnten. Durchaus keine abstrusen Wolkenkuckucksheims-Ideen. Sie und ich würden jederzeit dafür unterschreiben. Aber wären wir mutig genug, aus unserem bequemen Lesesessel aufzustehen und dafür zu kämpfen? In Guatemala macht man sich damit – egal, ob Mann oder Frau – keine Freunde. Auch Rigobertas Vater tritt für diese Ideale ein. Er wird immer wieder verhaftet, ja sogar gefoltert. Die Tochter schließt sich schon bald seinem Kampf an. Gemeinsam mit Vater und Bruder tritt sie 1979 dem CUC bei, dem Comité de Unidad Campesina, eine Art Landarbeitervereinigung. Noch im selben Jahr wird ihr Bruder ermordet. Die Täter: staatliche Sicherheitskräfte. Ihre Mutter wird verschleppt, ihre Leiche nie gefunden. Wer schert sich auch um den »Mord« an irgendeiner Indigenen! Ihr Vater gehört zu einer CUC-Gruppe, die in Guatemala-Stadt die spanische Botschaft besetzt. Sein Ziel: Er will die Aufmerksamkeit der Öffentlichkeit auf die militärische Unterdrückung der Kleinbauern im Hochland lenken. Aber um welchen Preis! Die Polizei stürmt die Botschaft und legt Feuer. Rigobertas Vater stirbt – mit ihm 36 weitere Menschen.

Doch Rigoberta kämpft weiter. Und zwar gewaltfrei. Das macht sie zu einer Ausnahmeperson in einem von blutigen Kämpfen zerrissenen Land. Im Alter von gerade einmal 23 Jahren ruft sie gemeinsam mit anderen Aktivisten die Organisation zur Dokumentation und Anklage von Menschenrechtsverletzungen ins Leben. Sie will darauf aufmerksam machen, welches Unrecht der indigenen Bevölkerung in Guatemala widerfährt. Schon 1981 flüchtet sie nach Mexiko. Hier erscheint 1983 ihre Biografie, die sie zu einer internationalen Berühmtheit macht.

Menchú nutzt diese Popularität. Sie tut Gutes und redet darüber, um auch noch andere Menschen dazu zu überreden, Gutes zu tun. Sie macht auf die Unterdrückung der Indios in ihrer Heimat aufmerksam. Sie spricht vor der UNO, wird Teil der CUC-Führung und setzt sich für eine stärkere Beteiligung der indigenen Bevölkerung an den politischen Entscheidungsprozessen ein.

Es ist das Jahr 1992, und Menchú befindet sich gerade auf einer Protestveranstaltung gegen die Freudenfeiern, die naiv unkritisch anlässlich des 500. Jubiläums der Entdeckung Amerikas stattfinden, als sie die Nachricht erreicht, dass sie mit dem Friedensnobelpreis ausgezeichnet werden soll. Wenn das kein Grund zur Freude ist auf einer Protestveranstaltung gegen Freudenfeiern!

Das Geld nutzt Menchú zur Gründung einer Stiftung mit dem Ziel der Unterstützung der indigenen Bevölkerung – in ihrer Heimat und weltweit. Der Name der Stiftung: der ihres Vaters, der in diesem Kampf sein Leben gelassen hat. Außerdem gründet sie eine Kette von Apotheken, die im ganzen Land die medizinische Versorgung verbessern sollen. Menchú wird UNESCO-Sonderbotschafterin zur Förderung einer Kultur des Friedens und der Rechte indigener Menschen. Im Club of Rome debattiert sie gemeinsam mit führenden Experten unterschiedlichster Disziplinen über eine nachhaltigere Zukunft. 2007 stellt Menchú sich für das Amt des guatemaltekischen Präsidenten zur Wahl. Sie erreicht nur drei Prozent, doch das ist kein Grund zu klagen, denn ihr Anliegen ist eher ein symbolisches. Sie will sagen: Auch wir gelten etwas. Auch wir haben etwas zu sagen. Hört uns an. Und vielleicht gibt es trotz der vielen Rückschläge tatsächlich Hoffnung für die indigene Bevölkerung in Guatemala, was ein Beispiel von 2017 zeigt, bei dem es den Indios nach jahrelangem Kampf gelungen ist, das umstrittene Staudammprojekt eines europäischen Konzerns zu verhindern.

Nun ja, nach über 500 Jahren der Unterdrückung.

Xanthippe
Die Wahrheit über den Hausdrachen

Meine *Bravo*-Jahre sind ja nun schon seit geraumer Zeit vorbei, und heute werden solche Themen sowieso im Internet diskutiert, aber ich glaube, ein Klassiker unter den besorgten Fragen verliebter Mädchen ist immer noch aktuell – und zwar:

Wie schaffe ich es, dass seine Freunde mich mögen?

Vielleicht hätte die im 5. Jahrhundert vor Christus mit Sokrates verheiratete Xanthippe, die – glaubt man Sokrates' Schüler Xenophon – eine in ihrer Zanksucht wahrhaft unerträgliche Frau war, einmal einen Blick in die einschlägigen Magazine werfen sollen. Ich bin mir ziemlich sicher, dass sie in den Top 10 der Beziehungstipps den Hinweis gefunden hätte: »Mach ihn nicht vor seinen Freunden runter.« Doch gerade das gehört anscheinend zu Xanthippes Spezialitäten, die gern mal ordentlich die Sau rauslässt, wenn Sokrates Besuch hat.

Sokrates wiederum schätzt und rechtfertigt, wie man bei Xenophon nachlesen kann, sein Zuhause mit der aufbrausenden Frau als idealen Übungsplatz für den Umgang mit Menschen im Allgemeinen. Schließlich suche man sich auch ein wildes Pferd und nicht etwa ein sanftes, wenn man seine

Reitkünste perfektionieren wolle. Wenn er die schlimmste aller Frauen aushalten könne, dann werde er jeden Menschen ertragen können.

Zeitgenössische Quellen zu Xanthippe gibt es außer Xenophon keine – dafür aber zahlreiche spätere, zum Teil einfach zur rhetorischen Übung frei erdichtete Lästereien über Sokrates' bessere Hälfte, die Xanthippe zu einer kleinen Berühmtheit machen. Kein Wunder, dass sie es daher zu diversen Sprichwörtern und Reimen bringt, wie »Xanthippe war ein böses Weib, der Zank war ihr ein Zeitvertreib«.

Aber vielleicht hat die liebe Xanthippe ja auch ihre Gründe. Der Name (gelbes Pferd) deutet nämlich möglicherweise darauf hin, dass sie aus adeliger Familie stammt. Ein »hippos«, also Pferd, im Namen ist im alten Griechenland ein ziemlich sicherer Hinweis darauf. Hat da die angesehene Xanthippe nicht das Recht, wütend zu sein, nachdem sie an einen Herumtreiber geraten ist, der ständig philosophierend durch die Gegend sandelt und dabei seine häuslichen Pflichten (ja, die haben auch Männer!) vernachlässigt? Oder hat die Mutter dreier Söhne schlichtweg Angst, dass sich Sokrates mit seiner großen Klappe wieder irgendwelchen Ärger zuzieht? Der Schierlingsbecher gibt ihr letztlich recht. Wegen seiner angeblichen Missachtung der Götter und der Verführung der Jugend wird Sokrates schließlich zum Tode verurteilt.

Man sollte also durchaus nicht so streng sein mit Xanthippe. Auch Sokrates versucht ja, das Ganze eher humorvoll zu sehen. Als Xanthippe nach einer Schimpftirade durchs Fenster auch noch den Nachttopf über ihm auskippt (wirklich dran ist an dieser Anekdote wahrscheinlich leider wenig), soll er geschmunzelt haben: »Nach so einem Donnerwetter war ein Regenguss ja zu erwarten.« Und ist das augenzwinkernde Verständnis für die Schwächen des Partners nicht manchmal der Ausdruck allergrößter Liebe? Da wird es Xanthippe ganz egal gewesen sein, was das alte Lästermaul Xenophon und alle anderen über sie denken – übrigens auch kein schlechter Rat für die vielleicht nicht mehr *Bravo* lesende, aber sicherlich nicht weniger verunsicherte Teenagergeneration der Gegenwart.

Sophie Scholl
*»Man muss etwas machen,
um selbst keine Schuld zu haben.«*

Manchmal ist es ein einziger Moment, eine impulsive Handlung, die ein Leben verändern, ein Leben beenden kann. Bis zu diesem Augenblick ist die Weiße Rose, darunter Sophie Scholl, im Kampf gegen das Nazi-Unrecht mit viel Vorsicht vorgegangen. Nie kauften die Freunde ihre Briefmarken, die sie für den Versand der Flugblätter benötigen, am gleichen Ort oder in auffällig großen Mengen. Sie haben Freunden Pakete mit Flugblättern in andere Städte mitgegeben, sind selbst mit Koffern voller Briefe in andere Städte gefahren, um diese dort einzuwerfen und so den Eindruck einer großen, reichsweit agierenden Bewegung zu erwecken: »Aufruf an alle Deutsche!«

Doch dann geschieht etwas mit Sophie: »In meinem Übermut oder meiner Dummheit habe ich den Fehler begangen, etwa 80 bis 100 solcher Flugblätter vom zweiten Stock der Universität in den Lichthof herunterzuwerfen.«

Weshalb ihr Bruder und sie überhaupt mit einem Koffer voller Flugblätter in die Münchner Universität gekommen sind, um die Flugblätter auf den Fluren zu verteilen, ist unklar. Brennt ihnen der Boden unter den Füßen? Werden sie langsam ungeduldig? Hans und Sophie werden von einem Hausmeister erwischt und festgehalten. Vier Tage später sind die beiden tot.

Sophie Scholl ist noch fast ein Kind, als 1933 die Nazis an die Macht kommen. Vieles begeistert und fasziniert sie und ihre Geschwister an deren Vorstellungen, vor allem das Gemeinschaftsideal, das sie im Bund Deutscher Mädel lebt und genießt. Aber so ganz versteht sie die Sache dann doch nicht: Warum darf sie am Lagerfeuer nicht Heinrich Heine vorlesen? Warum darf ihre jüdische Freundin nicht mitmachen? Vieles, was sie hier erlebt, verstößt gegen ihre christlich-freiheitlichen Werte, in denen sie von ihren Eltern erzogen worden ist. Sophie beginnt zu zweifeln. Ihr Bruder Hans schließt sich gar der inzwischen verbotenen Bündischen Jugend an, weshalb er und seine Geschwister 1937 für einige Stunden verhaftet werden. 1940 versucht Sophie, durch eine Ausbildung zur Kindergärtnerin dem Reichsarbeitsdienst zu entgehen – doch erfolglos. Ihre Seele hungert in dieser Zeit, über ihre christliche Lektüre machen sich die anderen Mädchen lustig.

1942 schließlich wird Sophie zum Studium in München zugelassen – Biologie und Philosophie. Zu diesem Zeitpunkt haben Hans Scholl, der bereits in München studiert, und sein Freund Alexander Schmorell bereits vier »Flugblätter der Weißen Rose« verfasst. Nachdem die beiden von einem Einsatz mit ihrem Freund Willi Graf als Sanitäter an der Ostfront zurückgekehrt sind, schließt Sophie sich ihnen gemeinsam mit Willi Graf an. In der Folgezeit kommen noch weitere Unterstützer dazu. Das fünfte Flugblatt, an dem auch der Professor Kurt Huber mitgearbeitet hat, mit der Überschrift »Aufruf an alle Deutsche!«, hat eine Auflage von 6000 bis 9000 Exemplaren. Während die Freunde tagsüber normale Studenten mimen, stehen sie nachts an der Druckmaschine und fertigen Flugblatt um Flugblatt. Sie fordern zum Widerstand auf, wollen die breite Masse erreichen: »Mit mathematischer Sicherheit führt Hitler das deutsche Volk in den Abgrund. Hitler kann den Krieg nicht gewinnen, nur noch verlängern! Seine und seiner Helfer Schuld hat jedes Maß unendlich überschritten. Die gerechte Strafe rückt näher und näher!« Doch ein wirklich durchschlagender Erfolg bleibt aus – vorerst –, denn mit der Schlacht von Stalingrad, die sich bis in den Februar 1943 hinzieht, beginnt sich in den Köpfen der Menschen etwas zu drehen. In diese Kerbe schlägt das sechste Flugblatt, jenes, das Hans und Sophie zum Verhängnis wird:

Kommilitoninnen! Kommilitonen!
Erschüttert steht unser Volk vor dem Untergang der Männer von Stalingrad. Dreihundertdreißigtausend deutsche Männer hat die geniale Strategie des Weltkriegsgefreiten sinn- und verantwortungslos in Tod und Verderben gehetzt. Führer, wir danken dir! Es gärt im deutschen Volk: Wollen wir weiter einem Dilettanten das Schicksal unserer Armeen anvertrauen? Wollen wir den niedrigsten Machtinstinkten einer Parteiclique den Rest unserer deutschen Jugend opfern? Nimmermehr!

Bei ihrer Vernehmung leugnet Sophie zunächst alles. Als sie erfährt, dass ihr Bruder geständig ist, bekennt sie sich voll zu allen Taten. Gemeinsam versuchen Hans und Sophie alle Schuld auf sich zu nehmen und ihre Freunde, Mittäter und Unterstützer, deren es inzwischen so einige gibt, zu schützen –

leider erfolglos. Christoph Probst, der Verfasser des siebten Flugblatts, das Hans zu diesem Zeitpunkt in der Tasche trägt, wird gemeinsam mit den beiden angeklagt. Ruhig und gefasst antworten Sophie und Hans vor Gericht auf alle Fragen, die ihnen gestellt werden. Ihr Pflichtverteidiger ist der Rede nicht wert. Als ihr Vater Robert Scholl aufgewühlt das Wort für seine Kinder ergreifen will, wird er des Saals verwiesen. Doch die Stimme der Freiheit verstummt nicht. Nach dem Urteilsspruch weist Hans angeblich auf die Richterbank: »Heute hängt ihr uns, und morgen werdet ihr es sein!« Tod durchs Fallbeil lautet das Urteil – für alle drei Angeklagten. Christoph Probst ist Vater dreier Kinder, das jüngste vier Wochen alt. Seine Frau leidet am Kindbettfieber. Doch die Richter kennen keine Gnade. Sophies Wunsch erfüllt sich, sie hat verlangt, keine geringere Strafe als ihr Bruder zu bekommen.

Am 22. Februar 1943 werden die drei hingerichtet. Die Wärter, die von der Ruhe der drei beeindruckt sind, gewähren ihnen eine letzte gemeinsame Zigarette. Keine Stunde zuvor haben die Eltern, die vom Hinrichtungstermin so wenig ahnen wie Sophie und Hans, die beiden im Gefängnis Stadelheim besucht. »Ihr werdet in die Geschichte eingehen«, soll der Vater ihr noch zugeflüstert haben. »Es lebe die Freiheit!«, sind Hans letzte Worte – Sophie ist in diesem Augenblick schon tot.

Das sechste Flugblatt gelangt nach Großbritannien, wird dort nachgedruckt und aus Flugzeugen über Deutschland abgeworfen. Zu Tausenden flattert es auf das Land herab wie die Blätter im Lichthof der Münchner Universität.

Phoolan Devi
Mein ist die Rache

Alle 15 Minuten wird in Indien eine Frau vergewaltigt, alle 30 Minuten ein Kind. Im Durchschnitt fallen in der Hauptstadt Neu-Delhi täglich vier Frauen einer Vergewaltigung zum Opfer. Die Ursachen: ein immer noch existentes Kastenwesen, bei dem Frauen der unteren Kasten mehr oder weniger als Freiwild betrachtet werden, außerdem ein nach westlichen Maßstäben haarsträubendes Frauenbild. Zahlreiche Mädchen werden nach der Geburt getötet – wenn sie nicht vorher bereits abgetrieben worden sind. Erst die Heirat, erst die Geburt eines Sohnes verschafft einer Frau ein gewisses Ansehen. Wird sie vergewaltigt, wirft das nicht etwa ein schlechtes Licht auf den Vergewaltiger, sondern vielmehr auf sie selbst und ihre Familie, entsprechend gering ist auch heute noch die Bereitschaft, Vergewaltigungen anzuzeigen.

Das ist das Bild, das sich uns 2018 bietet – und es unterscheidet sich nur wenig von jener Welt, in die Phoolan Devi am 10. August 1963 in Gorha Ka Puwa hineingeboren wird. Sie und ihre Familie gehören einer der niedrigsten Kasten an. Doch es kommt noch schlimmer. Phoolan ist eine von drei Töchtern, die Familie hat nur einen einzigen Sohn – auch für finanziell Bessergestellte ein Todesurteil, schließlich muss für Töchter Mitgift gezahlt werden. Die Mutter klagt, was sie getan habe, um so gestraft zu werden. Darüber hinaus befindet sich der Vater in einem Streit mit seinem Bruder um ein Stück Land, das eigentlich die Familie ernähren soll. Während der Bruder, der sich das Land unter den Nagel gerissen hat, ein gutes Leben führt, lässt er Phoolan Devis Familie darben.

Doch die Devis haben »Glück«. Für Phoolan findet sich ein Ehemann. Er ist Mitte 30 und Witwer, deshalb erwartet er von seiner zukünftigen Frau keine hohe Mitgift. Phoolan ist zu diesem Zeitpunkt unfassbare elf Jahre alt. Entgegen seinen Versprechungen, sie vorerst nur für die Arbeit einzusetzen, dauert es nur wenige Tage, bis der Mann Phoolan bedrängt und vergewaltigt. Sie versucht zu fliehen und wird von den Nachbarn an den Haaren zurück zu ihrem Mann gezerrt. Doch Phoolan entkommt abermals, ins Dorf ihrer Eltern, zu ihrem Mann will sie nicht zurück. Dass sie damit ein Leben in Schande auf sich nimmt und im Dorf als Freiwild gilt, ist ihr klar, doch alles ist besser, als zu ihrem Peiniger zurückzukehren.

Fortan kann Phoolan sich nirgendwo mehr sicher fühlen. Auch aus anderen Dörfern kommen Männer, Angehörige höherer Kasten, um sich an ihr zu vergehen. Sie zerren sie von der Straße weg, vergewaltigen sie im Haus ihrer Eltern. Als sie mit 14 auf Drängen ihres Onkels unter einem Vorwand verhaftet wird – der eigentliche Grund ist, dass sie ihren Vater im Grundstücksstreit aufwiegelt –, wird sie in ihrer Zelle von zahlreichen Polizisten vergewaltigt.

Viele Jahre dauert Phoolans Martyrium – bis sie anfängt zurückzuschlagen. Einen Fremden, der von dem »allgemeinverfügbaren« Mädchen gehört hat und sie mit eindeutigen Absichten nach »dieser Phoolan« fragt, schlägt sie mit einem Ast nieder und halb tot. Erst ist da die Angst angesichts dieser Tat. Doch als Phoolan merkt, dass sie von ihm keine Rache zu befürchten hat, erkennt sie, dass Furcht und Schrecken die beste Verteidigung sind. Sie will sich nicht mehr wegducken. Sie droht. Sie erzählt anderen Dorfbewohnern: »Ich habe eine Waffe.« Bald sieht sie nicht mehr Abscheu, sondern Angst in den Augen der anderen.

Diese neue Stärke gibt ihr auch die Kraft, ihren Vater weiter in Sachen Grundstück zu bearbeiten und zu bestärken. Ihr Onkel hat davon nun endgültig die Nase voll und engagiert eine Bande, welche die lästige Phoolan ausschalten soll. Sie wird entführt, doch ein Wunder geschieht. Einer der Männer verliebt sich in sie. Er tötet den Bandenchef, heiratet Phoolan, und gemeinsam übernimmt das Paar die Führung der Gruppe. Bonnie und Clyde à la Bollywood. Als die Bande in den Hinterhalt einer rivalisierenden Gruppe gerät, wird Phoolans Mann getötet und sie in das Heimatdorf des gegnerischen Bandenchefs geschleppt, wo sie drei Wochen lang vergewaltigt wird. Phoolan fleht um ihren Tod – doch das Schicksal kennt keine Gnade. Schließlich gelingt ihr die Flucht.

Nachdem sie ihre eigenen Männer wieder um sich versammelt hat, wird sie nun alleinige Anführerin der Bande. Was am Folgenden wirklich wahr ist und was der Legendenbildung geschuldet, ist unklar. Stiehlt sie tatsächlich von den Reichen und verteilt ihre Beute an die Armen? Ist sie wirklich die Rächerin der Vergewaltigten und schneidet jedem Untäter, den sie in die Finger bekommt, den Penis ab? Gewiss ist, dass sie 1981 in das Dorf Behmai, das Dorf, in dem sie drei Wochen lang vergewaltigt worden ist, zurückkehrt, um die ultimative Rache zu üben. Gemeinsam mit ihren Leuten metzelt sie über 20 Männer nieder. Ihre Tat geht als das »Massaker von Behmai« in die Geschichte ein.

Ein Kopfgeld von 10 000 Dollar wird auf Phoolan ausgesetzt, doch die Banditenkönigin bleibt unauffindbar, allen Bemühungen zum Trotz. Erst 1983 stellt sie sich. Ihr ist eine Begrenzung ihrer Haftstrafe auf acht Jahre und ein Stück Land für ihre Familie versprochen worden. Tatsächlich muss Phoolan elf Jahre in Haft bleiben, bis sie schließlich begnadigt wird. Ein wirklicher Prozess wird ihr nie gemacht – vermutlich haben die Obrigkeiten Angst vor den Enthüllungen, die sicherlich kein gutes Licht auf Polizei und Behörden geworfen hätten. Was aber in der Haft prompt erledigt wird: Als Phoolan starke Unterleibsblutungen erleidet, wird ihr die Gebärmutter entfernt. Bitte nicht noch mehr Phoolans!

1994 wird Phoolan Devi entlassen und zieht für eine Partei der unteren Kasten ins indische Parlament ein. Ihr politisches Handeln ist umstritten. Obwohl sie sich bemüht, etwas zu verändern, gilt sie gern auch als Marionette der Mächtigen. Am 25. Juli 2001 wird Phoolan vor ihrem Wohnhaus in Neu-Delhi erschossen. Der Täter: ein Mann, der Rache sucht für das Massaker von Behmai.

Später wird der Mann zu einer lebenslänglichen Strafe verurteilt – die Anklage hatte seinen Tod gefordert. Geändert hat sich seitdem wenig, allen Demonstrationen, aller politischen Diskussion zum Trotz. Der bekannteste Fall: die Gruppenvergewaltigung einer Studentin in einem Bus 2012. Und noch 2017 wurden Eltern einer fünfjährigen Tochter, die von zwei

15-Jährigen vergewaltigt worden war, von der Polizei einfach wieder nach Hause geschickt.

Man gab ihnen Schmerztabletten mit.

Bertha von Suttner
Eine Chance für den Frieden

»›Lies laut‹, bat sie. ›Ich habe nicht zu Ende lesen können.‹
Ich tat nach ihrem Wunsche.
›Liebste Schwester! Gestern hatten wir eine heiße Schlacht – das wird eine große Verlustliste geben. Damit du – damit unsere arme Mutter nicht aus dieser das Unglück erfährt und damit du sie langsam vorbereiten könntest (…), schreibe ich dir lieber gleich, dass zu den für das Vaterland gefallenen Kriegern auch unser tapferer Bruder Karl zählt.‹
Ich unterbrach mich, um die Freundin zu umarmen.
›Bis dahin war ich gekommen‹, sagte sie leise.
Mit tränenerstickter Stimme las ich weiter.
›Dein Mann ist unversehrt und so auch ich. Hätte die feindliche Kugel doch lieber mich getroffen: Ich beneide Karl um seinen Heldentod – er fiel zu Anfang der Schlacht, und weiß nicht, dass diese wieder – verloren ist. Das ist gar zu bitter. (…) Das war ein mörderischer Tag – mehr als tausend Leichen – Freund und Feind – bedeckten die Walstatt. Ich habe unter den Toten so manches liebe, bekannte Gesicht erkannt – das ist unter anderen auch der arme –

(hier mußte die Seite umgewendet werden), der arme Arno Dotzky –‹.
Ich fiel ohnmächtig zu Boden.«

Der erfahrene Leser kann sich bereits denken, um wen es sich bei dem armen Arno Dotzky handelt, von dessen Tod die Ich-Erzählerin, die Gräfin Martha Althaus, so hart getroffen wird. Es ist der geliebte Mann der 19-Jährigen, die daraufhin überzeugte Pazifistin wird. Und damit nicht genug. Noch viel Schmerz hat Martha Althaus im Kontext von vier Kriegen zu ertragen. Tod und Leid, nicht Heldenruhm sind das, was der Krieg mit sich bringt, das ist die Botschaft des Romans *Die Waffen nieder!*, den Bertha von Suttner 1889 im Alter von 46 Jahren veröffentlicht. Allein bis 1905 erreicht das Buch 37 Auflagen. Erst Jahrzehnte später löst *Im Westen nichts Neues* Bertha von Suttners Roman als wichtigstes Werk der Antikriegsliteratur ab.

Dabei ist der Roman durchaus kein Produkt des Zufalls. Schon seit Jahren ist Bertha von Suttner überzeugte Pazifistin – spätestens seitdem sie 1876 in Paris Alfred Nobel kennengelernt hat, für den sie zwei Wochen als Privatsekretärin arbeitet. Nobel ist besessen von der Idee, eine Waffe oder ein Mittel zu entwickeln, das eine derartig »massenvernichtende Wirkung« hat, dass Krieg dadurch »für immer unmöglich gemacht würde«. Doch es dauert noch eine ganze Weile, bis Bertha tatsächlich eine aktive Kämpferin für den Frieden in Europa und der Welt wird.

Nach Paris gekommen ist Bertha, damals noch Gräfin Kinsky von Wchinitz und Tettau, überhaupt erst, weil sie nach dem Tod ihres Vaters und da ihre Mutter auch das letzte

Geld am Roulettetisch verzockt hat, sich selbst ein Auskommen suchen muss. Nachdem bei ihrer letzten Anstellung als Gouvernante ein Techtelmechtel mit dem Sohn des Hauses, Arthur, aufgeflogen ist, bleibt ihr nur die Flucht nach Paris.

Als Nobel schon bald wieder zurück nach Schweden muss, trifft Bertha eine folgenschwere Entscheidung: Sie kehrt zurück nach Wien zu ihrem Arthur. Schon am 12. Juni 1876 heiraten die beiden. Arthur wird enterbt, fast zehn Jahre gehen die beiden nach Georgien, wo sie Unterstützung einer ehemaligen Roulettepartnerin von Berthas Mutter, Fürstin Ekaterina Dadiani von Mingrelien, erhalten. Dennoch leben die beiden am Existenzminimum und halten sich mit Übersetzungen und journalistischen Arbeiten, unter anderem über den Russisch-Türkischen Krieg, über Wasser. All die Jahre hält Bertha Kontakt zu Alfred Nobel, der immer weiter an seiner Erfindung arbeitet – Kriege jedoch gibt es weiterhin.

1885 kehren Bertha und Arthur nach Wien zurück, wo der Bruch mit Arthurs Familie gekittet wird. Die Pazifismusidee, die schon so lange in Bertha gärt, nimmt nun langsam Gestalt hat. Sie tritt in Kontakt mit den großen Pionieren der Friedensbewegung – in der festen Überzeugung, dass es eine Zukunft ohne Kriege geben kann. Konflikte sollen dann nicht auf den Schlachtfeldern, sondern von international anerkannten Schiedsgerichten geklärt werden. Ein Gedanke, der nicht neu ist – zu dessen Bekanntheit und Popularität Bertha von Suttner und ihre Mitstreiterinnen jedoch maßgeblich beitragen werden. Ihre Botschaft formuliert Bertha ganz bewusst in Romanform – auf diese Art und Weise will sie eine möglichst breite Masse erreichen. Und ihr Plan geht auf. *Die Waffen nie-*

der! schlägt ein wie eine ..., nun ja, Bombe. Das Buch wird in 16 Sprachen übersetzt.

1891 gründet von Suttner die Österreichische Gesellschaft für Friedensfreunde, wenig später die Deutsche Friedensgesellschaft. Auf dem Weltfriedenskongress wird Bertha zur Vizepräsidentin des Internationalen Friedensbüros gewählt. Daneben gibt Bertha eine pazifistische Zeitschrift heraus – der Titel: *Die Waffen nieder!* –, in der sie die meisten Artikel höchstpersönlich verfasst. Sie organisiert Friedenskonferenzen, reist durch die ganze Welt und wirbt für ihre Überzeugungen. Während sie von einer USA-Reise, wo die Friedensidee unter anderem aufgrund der großen Tradition religiös motivierter Pazifisten bereits viel weiter gediehen ist, wie elektrisiert zurückkommt, wird in Europa gern über die »Friedensbertha« gewitzelt. Dichter schreiben abfällige Verse über die Frau, die echten Männern das Kämpfen verbieten will, doch Bertha ficht das nicht an. All die Anfeindungen zeigen nur, dass sie gehört wird – auch wenn niemand zu begreifen scheint ...

1905 schließlich erhält Bertha den Friedensnobelpreis, den einer gestiftet hat, der schon lange begriffen hat: ihr Freund Alfred Nobel, dessen Tod 1896 sie sehr getroffen hat und der mit diesem Preis vermutlich ausdrücklich an sie gedacht hat. Es dauert jedoch fünf Jahre, bis sich die Jury dazu durchringen kann, eine Frau damit auszuzeichnen.

1914, kurz vor dem Ausbruch des Ersten Weltkriegs, vor dem Bertha kassandragleich ihr halbes Leben lang gewarnt hat, stirbt sie in Wien an einem Krebsleiden. Es macht ziemlich traurig, wenn man sich fragt, worüber sie und Alfred Nobel sich auf ihrer Wolke wohl mehr grämen: Darüber, dass nicht einmal eine noch viel größere, vernichtendere Waffe als sein läppisches Dynamit für das Ende aller Kriege gesorgt hat? Oder darüber, dass im 21. Jahrhundert all die mühselig erkämpften völkerrechtlichen Errungenschaften der letzten beiden Jahrhunderte immer mehr ausgehöhlt werden?

Es sind schlechte Zeiten für Pazifisten.

Boudicca
Die Rächerin der Briten

Vielleicht hätten sie den keltischen Stamm der Trinovanten nicht aus ihrer Hauptstadt vertreiben sollen, um dort eine Veteranenkolonie für ausgeschiedene Legionäre zu errichten. Und möglicherweise hätten sie dort nicht mit dem Bau eines Tempels zu Ehren von Kaiser Claudius beginnen sollen, den sie auf diese Art und Weise den Kelten als eine Art neuen Gott aufzwingen wollen. Vielleicht hätten sie auch nach dem Tod ihres Klientelkönigs Prasutagus, des Anführers des keltischen Stamms der Icener, nicht einfach dessen Reich okkupieren und die Bevölkerung versklaven sollen. Vor allem, nachdem Prasutagus sein Reich zur einen Hälfte Nero und zur anderen seinen Töchtern vermacht und diese damit gewissermaßen unter den Schutz des Kaisers gestellt hatte. Ganz sicher aber hätten sie nicht Prasutagus' Töchter vergewaltigen und seine Frau auspeitschen lassen sollen.

Ja, die Römer haben sich so einiges erlaubt in Britannien, kaum 60 Jahre nach der Geburt Christi. Völlig verständlich also, dass sich die keltischen Stämme der Icener und Trinovanten gegen die imperialen Truppen erheben. Allen voran: die Frau des Prasutagus. Das ist die Dame, die oben ausgepeitscht und deren Töchter vergewaltigt wurden. Die will jetzt verständlicherweise Rache. Ihr Name ist Boudicca – und seid gewarnt, ihr Römer: »Bouda« ist das keltische Wort für Sieg!

An der Spitze einer Schar, die Zehntausende zählt, zieht Boudicca gegen die ehemalige Hauptstadt der Trinovanten, das heutige Colchester, das die Aufständischen innerhalb kürzester Zeit komplett zerstören. Noch heute dient Archäologen »Boudiccas Zerstörungshorizont«, eine unübersehbare, bis zu eineinhalb Meter dicke Schicht verbrannten Materials, zur zeitlichen Einordnung von Fundstücken bei Ausgrabungen. Da hat eine Frau mal wieder gründliche Arbeit geleistet.

Doch die vollständige Zerstörung einer Stadt ist Boudicca und ihren Truppen nicht genug. Sie ziehen weiter – gegen Londinium und das heutige St Albans – beides Siedlungen in Gebieten, die den beiden keltischen Stämmen zuvor nicht gehört haben. Doch Boudiccas Rache kennt keine Grenzen. Die Römer sind auf dieses Chaos denkbar schlecht vorbereitet. Sie führen derzeit mit einem Großteil ihrer Truppen im Norden von Wales einen Feldzug gegen die Insel Mona, eine Hochburg der Druiden, sodass sie den plündernden Horden Boudiccas kaum etwas entgegenzusetzen haben – und Horden sind es wirklich. Immer mehr Aufständische schließen sich Boudicca an. Sie bringen in Wagen ihre Frauen und Kinder mit. Die Felder bleiben unbestellt. Wer will sich um die Landwirtschaft kümmern, wenn der Sieg über die Besatzer endlich zum Greifen nah ist?

Doch als die Römer sich wieder gefangen haben, kommt Masse nur bedingt gegen Klasse an – selbst wenn Boudiccas Streitmacht tatsächlich, wie antike Quellen behaupten, die ja gut und gerne mal ein bisschen aufrunden, über 200 000 Menschen umfasst haben sollte. Gaius Suetonius Paulinus, der Statthalter Britanniens, stellt Boudiccas Truppe schließlich auf offenem Feld. So können deren Kämpfer ihre bewährte Guerillataktik nicht einsetzen, und weil ihnen nichts Besseres einfällt, stürmen sie einfach geradeaus. In Wurfnähe werden die ersten von den Speeren der römischen Gegner umgemäht. Als den Verbliebenen nach aufreibendem Kampf klar wird, dass sie chancenlos sind, verstellen ihre eigenen Wagen mit Frauen und Kindern, die sie am Schlachtfeldrand zwecks Motivation und Belustigung aufgestellt haben, ihnen den Fluchtweg. Gnadenlos werden die Aufständischen von den römischen Besatzern niedergemetzelt. Auch Frauen und Kinder werden nicht verschont.

Boudicca jedoch, die Große mit dem durchdringenden Blick, der rauen Stimme, dem rötlichen Haar, das ihr bis zur Hüfte reicht, von einer Intelligenz, wie sie bei Frauen nicht häufig zu finden ist – so die antiken Quellen –, setzt ihrem Leben selbst mit Gift ein Ende. Oder stirbt sie, wie andere Quellen behaupten, vor Kummer über die Niederlage? Eines ist jedoch sicher: Ihren römischen Häschern entgeht sie.

Und diese zweifeln nun doch sehr an ihren Methoden. Nero, der Sensible – den kennen wir ja schon –, erwägt während der Krise gar, seine Truppen komplett aus Britannien abzuziehen. Nach dem Sieg über Boudicca ersetzt er zumindest Suetonius durch einen weniger harten Hund, allerdings verfällt Rom nach einigen Jahren der friedlichen Besatzung wieder in den Expansionsmodus...

Boudicca jedoch gerät in Vergessenheit und wird erst in der Frühen Neuzeit wiederentdeckt. Ihre Verehrung im viktorianischen Zeitalter ist dabei gleichzeitig eine Hommage an ihre Namensvetterin, Königin Victoria (»victory« = Sieg) –

ironischerweise die Galionsfigur eines Imperialismus, gegen den Boudicca so vehement gekämpft hat, wobei es vermutlich auf die Stoßrichtung ankommt. Ich lehne mich einmal ein bisschen aus dem Fenster und behaupte: Andere Völker hätte auch Boudicca sicherlich gern unterworfen. Nur mit dem Selbstunterworfenwerden hatte sie es nicht so. Überrascht bei einer Frau wie ihr nicht wirklich.

Waris Dirie

»Die Tage des Menschen sind wie Gras; er blüht wie eine Blume auf dem Feld« Psalm 103,15

Gerade einmal fünf Jahre alt ist Waris Dirie, als ihre Mutter, eine somalische Nomadin, sie an der Hand nimmt und mit ihr in die Wüste hinausläuft. Dort draußen wartet eine alte Frau auf die beiden, eine abgebrochene Rasierklinge in der Hand. Mit der Klinge, die ganz braun ist – vom Rost?, vom Blut anderer Mädchen? –, beschneidet die Alte Waris' äußere Genitalien, die Wundränder werden vernäht, nur durch eine kleine Öffnung können noch Urin und Menstruationsblut abfließen. Alles andere wird nach und nach dickes Narbengewebe verschließen. Wie gut, dass ihre Mutter mit Waris ganz weit in die Einsamkeit gegangen ist – so kann niemand das Mädchen schreien hören. Um sich zu wehren, ist Waris zu jung.

Neun Jahre später soll Waris mit einem Mann verheiratet werden, so alt, dass er ihr Großvater sein könnte. Sich wehren kann Waris immer noch nicht. Aber sie kann weglaufen. Also flieht sie, allein, durch die Wüste, ein Gewaltmarsch um ihr Leben. In Mogadischu findet sie Unterschlupf bei ihrer Großmutter, doch schon bald muss sie weiterziehen. Ihre Flucht wird nicht gutgeheißen, Teile der Familie strecken die Finger nach ihr aus. Waris hat Glück, ein Onkel von ihr sucht ein Dienstmädchen – und nicht für irgendwo. Er ist Botschafter Somalias in London und nimmt sie mit nach Europa. Doch der Friede ist nicht von Dauer. Als ihr Onkel England später wieder verlassen muss, fasst Waris einen folgenschweren Entschluss: Sie läuft davon, taucht unter, putzt in einem Fast-Food-Restaurant, lebt zeitweise auf der Straße. Es ist ein hartes Leben, und doch ist es ein Leben in Freiheit und Selbstbestimmung.

Waris ist 18, als sie von einem englischen Fotografen entdeckt wird. An der Seite von Naomi Campbell schafft sie es in den legendären Pirelli-Kalender. Campbell ist zu diesem Zeitpunkt noch ebenso unbekannt wie sie. Es ist für beide der Startschuss zu einer Karriere, wie sie nur im Zeitalter der Supermodels möglich ist. Kaum eine große Marke, für die Waris nicht modelt oder wirbt, L'Oréal, Chanel, Cartier – dabei ist auch immer Waris' so ungewöhnlicher Werdegang ein großes Thema. Ein Mädchen aus einem Nomadenvolk auf den Covern der glamourösesten Zeitschriften unserer Zeit? BBC erzählt 1995 in der Dokumentation *A Nomad in New York* die Geschichte von Waris' Flucht, berichtet sogar darüber, wie sie nach Somalia reist, um ihre Mutter zu treffen. Doch über eine Sache spricht Waris nicht ...

Erst 1997, auf dem Höhepunkt ihrer Karriere, erzählt Waris in einem Interview mit *Marie Claire* von ihrer Beschneidung. Fortan nutzt sie ihre Berühmtheit, um für das Ende der weiblichen Genitalverstümmelung zu kämpfen, der täglich geschätzt 8000 Mädchen zum Opfer fallen. Denn endlich ist Waris Dirie stark genug, um sich zu wehren – und gar für andere einzutreten. 1998 erscheint ihr erstes Buch, das sich millionenfach verkauft. Es folgen weitere Bestseller. Waris wird UN-Sonderbotschafterin, gründet die Desert Flower Foundation in Wien, hält zahlreiche vielbeachtete Reden und sorgt auf diese Art und Weise unter anderem dafür, dass die EU den Kampf gegen die weibliche Beschneidung auf ihre Agenda setzt. Für ihren Kampf wird Waris mit zahlreichen Preisen ausgezeichnet. Michail Gorbatschow verleiht ihr den Woman's World Award, von Nicolas Sarkozy wird sie in die Französische Ehrenlegion aufgenommen.

Fast ein Happy End – wären da nicht ihre eigenen Dämonen, mit denen Waris zu kämpfen hat. So hat sie nicht nur ganz grundsätzliche Probleme, sich in die westliche Kultur einzufügen, sie kämpft auch mit aller Kraft gegen ein Alkoholproblem. Und doch verliert sie ihr großes Ziel nie aus den Augen: Nie wieder soll ein Mädchen erleben, was sie erlebt hat, wenn sie es irgendwie verhindern kann.

Aber der Weg dahin ist hart, in ihrer Heimat gilt ein unbeschnittenes Mädchen für viele als unrein, es stinkt. Das muss sich auch Waris' eigenes Patenkind immer wieder anhören, dessen Mutter Waris finanziell unterstützt, damit diese ihre Tochter nicht beschneiden und regelmäßig ärztlich untersuchen lässt. Doch allen Rückschlägen zum Trotz gibt Waris nicht auf, schließlich bedeutet ihr Name »Wüstenblume« – eine Blume, die selbst härteste Bedingungen nicht am Blühen hindern können.

Teuta
Trotzkopf will sich durchsetzen

Was ist das Besondere an Teuta, jener illyrischen Königin, die auch heute noch in Albanien als Namensvetterin zahlreicher Mädchen fungiert?

Ihre Herrschaftsdauer ist es schon mal nicht. Die ist nämlich ziemlich kurz. Nach dem Tod ihres Mannes Agron übernimmt Teuta als Stellvertreterin ihres minderjährigen Stiefsohns die Herrschaft über ihr Volk – allerdings nur für wenige Jahre, von etwa 230 bis 228 vor Christus.

Auch auf eine besonders hervorragende militärische Bilanz können sich eingefleischte Teutafans nicht herausreden. Ab dem Zeitpunkt, als Rom 229 vor Christus gegen Illyrien mobilmacht, dauert es nicht lang, bis die von Teutas Statthalter Demetrius verwaltete Insel Korfu widerstandslos an die Römer übergeben wird. Wobei Demetrius sich der Einfachheit halber gleich auch als Berater im Kampf gegen Teuta zur Verfügung stellt – als Belohnung darf er Korfu weiter verwalten, nur eben für die Römer. Als diese schließlich mit ihrer Flotte bei Apollonia im heutigen Mittelalbanien landen, ist es nur eine Frage der Zeit, bis Teuta und ihre Truppen kurz vor der Hauptstadt Shkodra endgültig besiegt werden und einen schmachvollen Frieden akzeptieren müssen. Teuta behält zwar die Herrschaft über Shkodra, das ist aber auch schon alles. Also auch nichts mit kriegerischen Erfolgen. Vielleicht ist es einfach ihr Widerspruchsgeist, dem Teuta ihren hohen Stellenwert im kollektiven Gedächtnis verdankt?

Die Römer haben durchaus einen Grund, weshalb sie Teuta überhaupt den Krieg erklären, schließlich sind sie ja keine Unmenschen, die hilflosen jungen Müttern wegnehmen, was ihnen ge… Wobei, wie war das mit Boudicca? Egal, zurück zu Teuta. Das Seefahrervolk der Illyrer schlägt nämlich in den letzten Jahren mehr als nur ein bisschen über die Stränge. So fahren die Illyrer nicht nur plündernd zwischen Butrint, einer Stadt im Süden Albaniens, und Korfu hin und her, immer häufiger fallen auch römische Kaufleute in die Hände der illyrischen – sprechen wir es doch einfach aus – Piraten. Rom wird das irgendwann zu dumm, man schickt zwei Gesandte zu Teuta nach Shkodra, die zum einen Entschädigungszahlungen fordern, zum anderen eine Einstellung der Piraterie. Teuta hört sich die Argumente freundlich an, nur um das römische Anliegen schließlich rundheraus zurückzuweisen: Nach illyrischem Gesetz sei Piraterie eine legitime Form des Handels, die sie ihrem Volk also nicht untersagen könne. Und mal ehrlich: Warum sollte sie auch? Schließlich zahlen die Piraten fleißig Steuern und der Staatssäckel will gefüllt sein.

So abgeblitzt, scheint sich einer der Gesandten nicht gerade durch Höflichkeit hervorgetan zu haben. Entsprechend befiehlt Teuta nach Gesprächsende, das Schiff der beiden Gesandten zu überfallen. Der unhöfliche stirbt sofort, der andere wird nur eingesperrt. Meine Mutter hatte recht: Gute Umgangsformen können sich manchmal im wahrsten Sinne des Wortes als überlebenswichtig erweisen.

Den Rest der Geschichte kennen Sie schon. Roms Rache. Die schmähliche Niederlage und eine Teuta, von der man im Grunde nicht mehr viel hört. Und doch macht sie diese kurze Geschichte der Auflehnung, des Stolzes und des Trotzes zu einer Frau, an die man sich nicht nur in Albanien noch heute zu Recht erinnert.

Jane Addams
Eine Heimat für alle

Eine Sozialarbeiterin? In diesem Buch? Was soll daran besonders sein? Ist das nicht der typischste aller Frauenberufe? Miese Arbeitszeiten? Noch miesere Bezahlung? Ja. Eine Sozialarbeiterin – und zugleich Friedensnobelpreisträgerin und »gefährlichste Frau Amerikas«, die das US-Justizministerium überwachen lässt, weil es von ihrer Seite Landesverrat fürchtet. Eine echte Macherin also, aber Jane Addams braucht eine ganze Weile, bis sie weiß, welchen Weg sie in ihrem Leben einschlagen will ...

1860 in Cedarville, Illinois, geboren, studiert Jane nach dem College zunächst Medizin, doch ihre angeschlagene Gesundheit – in ihrer Kindheit ist sie an Knochentuberkulose erkrankt, weshalb sie seitdem an Rückenschmerzen leidet – zwingt sie schon kurze Zeit später, ihr Studium aufzugeben. Als ihr Vater 1881 stirbt, kommt zum körperlichen Schmerz der seelische hinzu. Jane fällt in eine tiefe Depression, von der sie sich nur langsam erholt.

Zwei Jahre später bricht Addams mit ihrer Stiefmutter zu einer Europareise auf. Doch Antwort auf die Frage, was sie mit den nächsten 50 Jahren anfangen soll, erhält sie auch hier nicht. Erst als sie kurze Zeit später mit ihrer Schulfreundin

Ellen Gates Starr ein weiteres Mal nach Europa reist, kommt ihr die Erkenntnis: Nach dem Vorbild der Toynbee Hall in London will sie mitten in den Elendsvierteln Chicagos, wo in jener Zeit desolate Zustände herrschen, ein Haus erwerben, in dem sie selbst wohnen wird und das gleichzeitig den Armen und an den Rand Gedrängten als Zufluchtsort dienen soll.

Am 18. September 1889 eröffnet Addams gemeinsam mit Starr das Hull House, das Addams vom Erbe ihres geliebten Vaters gekauft hat. In der Millionenstadt Chicago, in der Ende des 19. Jahrhunderts Immigranten über drei Viertel der Bevölkerung ausmachen, bietet das Hull House Sprachkurse an, um den Neuankömmlingen die Integration zu erleichtern. Junge Mütter erhalten Babykurse zur Neugeborenenpflege, um die Kindersterblichkeit zu reduzieren. Es gibt eine Musikschule, in der übrigens auch der spätere »King of Swing« Benny Goodman Musikunterricht erhält, außerdem eine Bibliothek, eine Turnhalle, ein Schwimmbad, eine Kunstgalerie und vieles mehr. Hull House wächst sich zu einer regelrechten Siedlung aus. Wer bereit ist, seine Arbeitskraft für die Gemeinschaft zur Verfügung zu stellen, wer also Kinder im Kindergarten betreut, in der Suppenküche hilft oder Musikunterricht gibt, der darf kostenlos im Hull House wohnen. Außerdem Teil des Hull-House-Konzepts: die »friendly visitors«, Menschen, die es besser getroffen haben im Leben und die ihr Wissen, ihr Können mit den Armen teilen möchten, so zum Beispiel die Wissenschaftlerin Alice Hamilton, übrigens die erste Frau, die an der Harvard University gelehrt hat. Echte Frauenpower also.

Mit der Zeit weitet sich Addams Engagement immer weiter aus. Endlich hat sie etwas gefunden, für das sie wirklich brennt. Ihr geht es nicht mehr nur darum, das Elend der Armen zu lindern, indem sie ihnen im Hull House beisteht und von hier aus gegen Kinderarbeit, für den Acht-Stunden-Tag und gegen die Macht der Konzerne kämpft. Sie will auch die tiefer liegenden Ursachen bekämpfen: Hunger und Krieg. Wesentlicher Ansatz bei diesem Vorhaben: den Frauen in Entscheidungsprozessen mehr Mitspracherechte einzuräumen. Ganz konkret heißt das: Frauen sollen endlich wählen dürfen.

In zahlreichen nationalen und internationalen Organisationen kämpft Addams für ihre Überzeugungen. Als 1914 der Erste Weltkrieg ausbricht, ist sie diejenige, die am lautesten gegen den Kriegseintritt Amerikas 1917 protestiert – was sie für das Justizministerium prompt zur besagten »gefährlichsten Frau Amerikas« macht. Nach Kriegsende ist wiederum sie es, die in weiser Voraussicht die harten Bedingungen des Versailler Vertrags infrage stellt. Entsprechend beginnt Addams' Ansehen in den USA in diesen Jahren erheblich zu schwinden. Der Engel der Armen, der 1910 noch als erste Frau die Ehrendoktorwürde der Yale University verliehen bekommen hat, wird nun misstrauisch beäugt, gefürchtet, ausgespitzelt. Dass sie sich für den Kampf gegen den nach Kriegsende ganz Europa quälenden Hunger einsetzt, macht das Ganze nicht besser.

Den Schweden ist das egal: 1931 erhält Addams den Friedensnobelpreis, gemeinsam mit Nicholas Murray Butler, für ihr soziales Engagement. Selbst abholen kann sie den Preis nicht – sie hat sich von einem Herzinfarkt nie wieder ganz erholt.

1935 verstirbt Addams nach einer Krebsoperation in den Armen ihrer Partnerin Mary Rozet Smith, die sie bereits 1890 kennengelernt hat. Die Partnerschaft hat Addams zeit ihres Lebens als Ehe bezeichnet. Noch so ein Punkt, in dem sich Addams als wahre Visionärin erwiesen hat.

2012 wird Hull House geschlossen. Die nüchterne Erklärung: finanzielle Probleme. Das kennt man ja als Sozialarbeiter.

Johanna von Orléans
Freiheit bis in den Tod

Ich denke, es ist das Beste, wir blenden hier einfach aus, dass der Front National die Jungfrau von Orléans zu seiner ganz persönlichen Nationalheldin machen will und statt des Internationalen Tags der Arbeit am 1. Mai lieber einen eigenen Jeanne-d'Arc-Gedächtnistag einlegt. Das ist ja das Erstaunliche an Johanna, dass sie im Grunde von allen Seiten instrumentalisiert werden kann – und das tatsächlich auch wird. Von Nationalisten (»Wider die Eindringlinge von außen!«), der Résistance (»Für ein freies Frankreich«), Royalisten (»Es lebe die Königsmacherin«) und Monarchiegegnern (»Nieder mit den Johanna-Verrätern!«). Doch machen wir uns stattdessen lieber selbst ein Bild von dieser kämpferischen, willensstarken Frau.

Geboren wird Johanna vermutlich am 6. Januar 1412 in Domrémy im heutigen Lothringen als Tochter eines wohlhabenden Bauern. Es herrscht Krieg, der Hundertjährige, zwischen Frankreich und England um die französische Krone, wobei das Ganze natürlich streng genommen nicht wirklich ein Nationenkrieg ist, sondern auf beiden Seiten französische Parteien wie zum Beispiel die Armagnacs und Burgunder beteiligt sind. Schon früh hat das gläubige Mäd-

Johanna von Orléans

chen Visionen. Stimmen mahnen sie, keusch zu leben und regelmäßig den Gottesdienst zu besuchen. Nach und nach kristallisieren sich die Sprecher heraus – der heilige Michael und die zwei Märtyrerjungfrauen, die heilige Margareta und die heilige Katharina. Mit der Zeit wandeln sich die Forderungen: Es geht nicht mehr nur um das persönliche Glaubensleben des Mädchens, sondern um nicht weniger als die Freiheit Frankreichs. Johanna soll die Engländer, die große Teile Nordfrankreichs besetzt halten, aus dem Land vertreiben und Karl VII. zu seiner rechtmäßigen Krönung verhelfen.

Wie Johanna das hinkriegen soll, weiß sie nicht. Aber göttlicher Auftrag ist nun mal göttlicher Auftrag. Sie ist gerade einmal 17 Jahre alt, als sie beim Stadtkommandanten der Festung Vaucouleurs, Robert de Baudricourt, vorstellig wird. Johanna wird abgewiesen. Erst beim dritten Versuch erhält sie eine Audienz und kann Baudricourt überzeugen, ihr ein Empfehlungsschreiben für Karl VII. auszustellen. Wobei Baudricourt vermutlich gar nicht anders kann – durch ihre ständige Präsenz ist Johanna schon fast eine kleine Berühmtheit. Mit einer Eskorte geht es durchs Feindesland. In Chinon angekommen, wird Johanna, glaubt man der Legende, auf die Probe gestellt: Karl verkleidet sich, doch sie erkennt ihn trotzdem als den König. Die Stimmen weisen ihr den Weg.

Wie sie jedoch Karl letztlich überzeugen kann, ihre Unterstützung anzunehmen, ist unklar. Möglicherweise lässt sie ihn an einer ihrer Visionen teilhaben. Vielleicht kann er auch schlichtweg, wie schon Robert de Baudricourt, dem Druck der Johanna-Fans nicht standhalten. Auf sein Placet erfolgt angeblich eine mehrwöchige Prüfung durch Geistliche – und durch Hofdamen. Denn – das weiß ja jedes Kind – nur bei einer echten Jungfrau kann man wirklich sicher sein, nicht aus Versehen auf eine Teufelsbündnerin hereinzufallen. Johanna besteht auch diesen Test, bekommt eine Rüstung und eine wilde Schar aus ehemaligen Räubern zugeteilt und darf sich daranmachen, Orléans, einen strategisch wichtigen Punkt in diesem Krieg, zu befreien.

Es gelingt ihr, mit ihrer Truppe in die Stadt einzudringen. Von den Mauern herab fordert sie die Engländer auf, sich kampflos zu ergeben – sonst werde sie sie niedermachen. Die Engländer lachen, und Johanna hält Wort. Mit ihrer »unorthodoxen« Art zu kämpfen, nämlich einfach drauflozustürmen, überrumpelt sie den Feind, der ganz andere Kampftaktiken gewöhnt ist. Trotz einer Schulterverletzung hält Johanna sich mutig auf ihrem Pferd. Die Soldaten werden durch ihr tapferes Vorbild zu Höchstleistungen angetrieben. Ob Johanna selbst kämpft und tötet, ist unklar. Die einen sagen nein, andererseits wird Johanna schließlich unter anderem wegen Mordes verurteilt (denn, wie ebenfalls jedes Kind weiß, dürfen nur echte Soldaten Leute straffrei töten).

Was jedoch wichtiger ist: Der Triumph von Orléans ist ein vorläufiger Durchbruch im Hundertjährigen Krieg. Johanna begleitet Karl VII. nach Reims zu seiner offiziellen Krönung und darf dort sogar die Siegesstandarte halten. Vermutlich hat auch hier die rasend anwachsende Johanna-Fanbase ihre Hand im Spiel. Es ist der Höhepunkt ihres Schaffens – doch Johanna hat noch einiges vor, schließlich haben die Stimmen ihr aufgetragen, *ganz* Frankreich von den Engländern zu befreien. Sie will gegen Paris ziehen. Karl aber, der mit seiner Krönung sein Ziel erreicht hat, zögert, sie weiter zu unterstützen. Wozu will er sich von diesem durchgeknallten Mädchen

Johanna von Orléans

noch bringen lassen? Das gibt den mit den Engländern verbündeten Burgundern in Paris Zeit, sich für den Kampf zu rüsten. Als Johanna nach Paris kommt, erlebt sie eine herbe Niederlage. Bei einer weiteren sieglosen Schlacht bei Compiègne wird Johanna schließlich gefasst und von den Burgundern an die Engländer verkauft, die ihr prompt mit Hilfe der katholischen Gerichtsbarkeit in Rouen einen Hexenprozess anhängen – Mordanklage, siehe oben, inklusive. Obwohl Johanna bei ihrer Verteidigung ganz auf sich allein gestellt ist, zeigt sie ein beeindruckendes rhetorisches Talent und lässt sich auch von Fangfragen nicht ködern. Doch angesichts der Drohung mit dem Feuertod packt sie die Angst. Sie widerruft, nur um wenige Tage später wieder als Ketzerin angeklagt zu werden.

Am 30. Mai 1431 wird sie schließlich öffentlich verbrannt. Ihre Gebeine werden in den Fluss geworfen, um jeglichem Reliquienkult das Wasser abzugraben. Reliquien gibt es dennoch – sie stellen sich später als Katzenknochen oder Überreste einer vorchristlichen Mumie heraus. Der Johanna-Verehrung tut das keinen Abbruch, vor allem nachdem sie auf Drängen ihrer Mutter in einem weiteren Prozess 24 Jahre später rehabilitiert worden ist. Das ist auch in Karls Interesse – von einer Hexe zum König gemacht worden zu sein, ist sicherlich nichts, was er sich gerne nachsagen lässt. 1431 jedoch, als Johanna ihn am dringendsten gebraucht hat, war ihm sein eigener Hintern wichtiger. Dennoch gelingt es ihm in den Folgejahren, die Engländer ganz aus Frankreich zu vertreiben. Ich behaupte mal, dass er das ohne die Vorarbeiten seiner Johanna nicht geschafft hätte. Und damit hat sie ihr Ziel doch irgendwie erreicht – leider um einen sehr hohen Preis.

Rosa Luxemburg
Die rote Rosa

Hätte ich dieses Buch vor 40 Jahren als DDR-Bürgerin geschrieben, wie anders hätte es dann ausgesehen, welche anderen Damen hätten dann als Beispiele dafür herhalten müssen, wie Frauen die Welt auf den Kopf stellen? Eine wäre jedoch ganz sicherlich auch in diesem Buch dabei gewesen: Rosa Luxemburg. Die war in der DDR nämlich so etwas wie eine Nationalheilige. Kaum eine Stadt kommt ohne eine Rosa-Luxemburg-Straße aus. Jährlich findet – allerdings schon seit Weimarer Zeiten – eine Liebknecht-Luxemburg-Demonstration statt, um an die großen und schändlich ermordeten Gründer der Kommunistischen Partei zu erinnern. Und jedes Schulkind der DDR konnte beim Kampflied der Arbeiterpartei mitträllern: »Auf, auf zum Kampf, zum Kampf! Zum Kampf sind wir bereit! Dem Karl Liebknecht, dem haben wir's geschworen, der Rosa Luxemburg reichen wir die Hand.«

Eine DDR-Ikone also in diesem Buch? Aber klar – denn Rosa Luxemburg hat so einiges mehr zu bieten als das, was die DDR-Führung aus ihr machen wollte, die nur die ganz offizielle systemgetreue Lesart zulässt – Luxemburgs Kritik an der Russischen Revolution gehört dazu selbstredend nicht. Allerdings hatten die DDR-Oberen damit keinen Erfolg: Die

Binsenweisheit aus Rosas 1922 postum veröffentlichter Schrift *Die russische Revolution* – »Freiheit ist immer Freiheit der Andersdenkenden« – wird im Januar 1988 zur Losung der Oppositionellen, die die heilige Liebknecht-Luxemburg-Prozession nutzen, um gegen den deutschen Arbeiter-und-Bauern-Staat zu demonstrieren.

Dennoch wäre es natürlich ein Fehler, die 1871 geborene Rosa Luxemburg völlig unkritisch durch die, äh, rosarote Brille zu betrachten. Als »demokratische Kommunistin«, wie manch einer das heute gerne mal tut, ist Luxemburg durchaus nicht zu bezeichnen. Zwar lehnt sie das russische Vorbild mit einer Herrschaft nur weniger Revolutionäre ab, sie fordert jedoch eine andere Art der Diktatur: die des Proletariats. Und in dieser Diktatur liegen ihr alle Formen unrevolutionärer Veränderung fern. Auf demokratischem Wege eingeleitete Reformen – das sind für Luxemburg nur faule Kompromisse. Dennoch ist es beeindruckend, welche zentralen politischen Grundsätze Rosa Luxemburg formuliert, die auch heute – oder gerade heute – unseren politischen Betrieb erheblich bereichern und erneuen würden, so sich denn irgendjemand daran hielte ...

Dass sie gegen den Opportunismus der Politiker, gegen persönliche Polemik, die nur das Fehlen von Sachargumenten überdeckt, wettert, hört sich eigentlich wie eine Selbstverständlichkeit an. Doch ihr Appell ist gerade im Hinblick auf die letzte Bundestagswahl oder das Tagesgeschäft des aktuellen US-Präsidenten von geradezu frappierender Aktualität. Daneben verurteilt Luxemburg jeden Nationalismus, versucht (selbst Polin!) polnische Unabhängigkeitskämpfer von ihren Zielen abzubringen und vielmehr die Arbeiter zu einer länderübergreifenden Zusammenarbeit ganz im Sinne von Marx (»Proletarier aller Länder, vereinigt euch!«) zu bewegen. Das ist unabhängig von nationalistischen Dummheiten wie Brexit und »America First« auch aus heutiger Sicht deshalb klug, weil die national organisierten Gewerkschaften daran scheitern, dass sie im internationalen Welthandel als Interessenvertreter der Arbeiter praktisch wirkungslos sind. Und dann eben jenes Zitat, das die DDR zum Wanken und schließlich zum Einsturz brachte: »Freiheit ist immer Freiheit der Andersdenkenden.« Manchmal sind es scheinbare Selbstverständlichkeiten, die das Bestehende am krassesten infrage stellen.

All diese Ideale sind es auch, die Rosa Luxemburg zeit ihres Lebens antreiben, für die sie zeit ihres Lebens kämpft. Schon am Gymnasium in Warschau, das damals zum russischen Zarenreich gehört, engagiert sie sich in der marxistischen Gruppe »Proletariat«, die jedoch bald staatlich verfolgt und aufgelöst wird, weshalb sie der Nachfolgergruppe, die kreativerweise »Zweites Proletariat« heißt, beitritt. Bald muss Luxemburg nach Zürich fliehen, wo sie studiert und zugleich weiterhin politisch und publizistisch tätig ist. Später geht es für Rosa nach Berlin, wo sie eine Scheinehe eingeht, um mit der so erworbenen deutschen Staatsbürgerschaft der SPD beizutreten. Sie glaubt, hier am besten für die Interessen des Proletariats eintreten zu können.

Doch obwohl Luxemburg an der SPD-Parteischule unterrichtet und sich durch ihre fundierten und zugleich spitzzüngigen Artikel und ihre leidenschaftlichen Reden schon bald einen Namen macht, eckt sie ständig an – sowohl in der Partei als auch in der Gesellschaft. Immer wieder wird sie zu

Haftstrafen verurteilt, wegen Majestätsbeleidigung, Anreizung der Bevölkerung zu Gewalttätigkeiten und, und, und. Sie kritisiert die SPD heftig, als die SPD-Reichstagsfraktion zu Beginn des Ersten Weltkriegs einstimmig Kriegskredite bewilligt und so die Mobilmachung erst möglich macht. Ein Schlag ins Gesicht der Antinationalistin und Pazifistin. Schon kurz davor, im Februar 1914, ist Rosa Luxemburg wegen Aufforderung zum Ungehorsam zu 14 Monaten Gefängnis verurteilt worden, weil sie Hunderttausende von Demonstranten zur Kriegsdienstverweigerung aufgerufen hat. Sie wird fast den gesamten Krieg in Haft verbringen. Nachdem sie ihre Strafe abgesessen hat, kommt sie in »Schutzhaft«. Angeblich ist sie eine Gefahr für die Sicherheit des Reiches.

Pünktlich zur Novemberrevolution 1918/19 wird Luxemburg aus der Haft entlassen. Sie tritt nun für die Amnestie aller politischen Gefangenen und gegen die Todesstrafe ein und arbeitet als Redakteurin für die Zeitung des Spartakusbundes, der marxistischen Sozialisten innerhalb der SPD, und ist am 1. Januar 1919 Gründungsmitglied der Kommunistischen Partei Deutschlands. Doch Luxemburgs Freude währt nicht lang. Im Zuge der Niederschlagung des Januaraufstands gerät auch sie unter die Räder. Rosa Luxemburg wird am 15. Januar von Freikorpssoldaten ermordet. Die Freiheit des Andersdenkens fand für sie an der Ecke Nürnberger Straße/Kurfürstendamm ihr ernüchterndes Ende.

Ein Jahr später wird die erste Liebknecht-Luxemburg-Demonstration begangen. Und noch heute ziehen jedes Jahr um den 15. Januar Menschen mit Rosas Worten auf großen Bannern zur Gedenkstätte der Sozialisten auf dem Zentralfriedhof Friedrichsfelde in Berlin.

Malala Yousafzai
Die Taliban und das Mädchen

»Es macht mich traurig, meine Schuluniform anzusehen, meine Schultasche, meine Geometrie-Box. Es durchfuhr mich wie ein körperlicher Schmerz, als ich meinen Schrank öffnete und all das darin liegen sah. Die Jungenschulen öffnen morgen wieder. Aber den Mädchen haben die Taliban verboten, in die Schule zu gehen.« Es ist Sonntag, der 8. Februar 2009, als das pakistanische Mädchen Malala, benannt nach der afghanischen Freiheitskämpferin Malalai von Maiwand, diese Zeilen in ihrem BBC-Blog unter dem Namen »Gul Makai«, »Kornblume«, zunächst auf Urdu, dann auf Englisch veröffentlicht. Malala lebt im Swat-Tal, das seit 2007 von den Taliban besetzt ist. Auch zuvor war die islamisch geprägte Gebirgsregion keine Hochburg der Gleichberechtigung und Toleranz, doch es gab gewisse Freiheiten, Lichtblicke. Schon vor Malalas Geburt 1997 hat ihr Vater eine Mädchenschule gegründet, die auch Malala besucht, als sie heranwächst. Mit den Taliban kommen allerdings neue Regeln: unverschleierte Frauen, Mädchenschulen, bunte Kleider? All das soll es nicht mehr geben. Malalas Vater stellt sich quer, er will seine Schule, sein Lebenswerk, nicht aufgeben. Bei einer Protestveranstaltung gegen die Schulschließungen, zu der ihr Vater Malala

2008 mitnimmt, hält sie ihre erste öffentliche Rede: »Wie können die Taliban es wagen, mir mein Grundrecht auf Bildung zu verwehren?«

Als sich Ende 2008 ein befreundeter BBC-Journalist bei Malalas Vater meldet, er suche ein Mädchen, das über die untragbaren Zustände im Swat-Tal bloggen möchte, hebt Malala die Hand – angeblich, nachdem ein älteres Mädchen aus Angst der Eltern vor den Taliban abgesprungen ist. Malala schreibt über ihre Furcht, ihre Trauer, über ihren Willen, sich nicht unterkriegen zu lassen, während Mädchenschulen geschlossen, in die Luft gesprengt werden.

Immer mehr verschärfen sich die Kämpfe zwischen den Taliban und der pakistanischen Armee. Schließlich muss die Familie fliehen. Erst als die Taliban aus dem Swat-Tal vertrieben sind, kehren die Yousafzais in ihre Heimat zurück, doch die Angst bleibt. Es kommt immer wieder zu Selbstmordattentaten. Gerade für Malala wächst die Gefahr. Nachdem sie in diversen Interviews und Fernsehsendungen an die Öffentlichkeit gegangen ist, wissen die Taliban, wer Kornblume wirklich ist und drohen ihr mit dem Tod. »Aber ein Mädchen werden sie doch nicht töten«, versucht Malala sich selbst zu beruhigen.

Monate und Jahre vergehen. Malala wird für ihr Engagement mit diversen Preisen ausgezeichnet und ist weiterhin in ihrem Kampf für die Bildung von Mädchen öffentlich präsent, als im Oktober 2012 ihr Schulbus von Talibankriegern angehalten wird. »Wer von euch ist Malala Yousafzai?« Die Mitschülerinnen verraten Malala nicht, doch die Blicke, die unwillkürlich zu ihr wandern, geben die Wahrheit preis. Mit einer Pistole schießt ein Mann Malala in Kopf und Hals. Wie durch ein Wunder überlebt das Mädchen, wird schließlich nach Birmingham in eine Spezialklinik ausgeflogen.

Nach drei Monaten sind Malalas Wunden annähernd verheilt – und ihr Kampf geht weiter. Allerdings von England aus. In Pakistan drohen die Taliban ihr weiterhin mit dem Tod. An ihrem 16. Geburtstag spricht Malala vor den Vereinten Nationen über die Macht der Bildung, die die Taliban mehr fürchten als Waffen. 2014 erhält sie gemeinsam mit dem indischen Kinderrechtsaktivisten Kailash Satyarthi den Friedensnobelpreis – sie ist mit Abstand die jüngste Preisträgerin in der Geschichte der Auszeichnung. Sie nutzt das Preisgeld unter anderem dazu, die Gründung von Schulen zu unterstützen. Sie selbst wird UN-Friedensbotschafterin und treibt ihre eigene Ausbildung voran. Aktuell studiert Yousafzai in Oxford. Ihre Fächer: Philosophie, Politik und Wirtschaft. Alles, was man braucht, um den Mädchen in ihrer Heimat und auf der Welt im Kampf für eine bessere Ausbildung beizustehen – egal, in welcher Funktion. Vielleicht als zukünftige Premierministerin von Pakistan? Sollen die Taliban doch drohen!

Quellen und Tipps
zum Nach- und Weiterlesen

Natürlich habe ich all die Informationen, die ich für dieses Buch benötigt habe, nicht in jahrelangen Archivaufenthalten aus den Quellen herausdestilliert, sondern konnte auf die Vorarbeiten zahlreicher Frauen und Männer zurückgreifen.
Dafür möchte ich mich herzlich bedanken!

Die wichtigsten Quellen für die in diesem Buch versammelten Porträts – gerade auch für die verwendeten Zitate –, aber auch Bücher, Filme, Artikel und Domains zum Weiterlesen und Weiterschauen habe ich im Folgenden zusammengetragen. Dabei habe ich mich bei Internetquellen in der Regel auf die Hauptdomain beschränkt. So gibt es zum Beispiel auf *Spiegel Online* zu fast jeder der Frauen in diesem Buch, zu jedem Jubiläum ausführliche Artikel, die ich bei meiner Recherche mit Begeisterung verschlungen habe. Diese alle hier einzeln aufzulisten, würde aber wohl den Rahmen eines Lesebuchs sprengen. Daher meine herzliche Empfehlung: Einfach mal querlesen und entdecken!
An dieser Stelle ein wichtiger Hinweis zu den vielen Informationsangeboten des Internets: Die meisten der von mir angeführten Seiten sind seriös, einige allerdings nicht ganz so.

Gerade im Kontext der bisweilen fast schon mythischen Gestalten kann aber auf manche seemannsgarnspinnende Seite nicht verzichtet werden. Ich möchte sie Ihnen deshalb nicht vorenthalten.

Adler, Emma: Die berühmten Frauen der französischen Revolution 1789–1795. Mit 9 Porträts. Wien 1906.
Arendt, Hannah: Eichmann in Jerusalem. Ein Bericht von der Banalität des Bösen. Piper Verlag GmbH, München 1964.
Arendt, Hannah: Vita activa oder Vom tätigen Leben. Piper Verlag GmbH, München 1967.
Aust, Stefan: Der Baader-Meinhof-Komplex. Hamburg 2017.

Baker, Josephine: Ich tue, was mir paßt. Vom Mississippi zu den Folies Bergère. Aufgezeichnet von Marcel Sauvage. Frankfurt am Main 1980.
Baumann, Katja (Idee und Animation)/Michel, Rainer (Musik): Gisela. Deutschland 2011. Video abrufbar unter: https://vimeo.com/24208392 [Film]
Beauvoir, Simone de: Das andere Geschlecht. Sitte und Sexus der Frau. Aus dem Französischen von Uli Aumüller und Grete Osterwald. Rowohlt Verlag GmbH, Reinbek bei Hamburg 1992.
Besson, Luc (Regie): Johanna von Orleans. Frankreich 1999. [Film]
Beidler, Franz Wilhelm (Autor)/Borchmeyer, Dieter (Herausgeber): Cosima Wagner: Ein Porträt. Richard Wagners erster Enkel: Ausgewählte Schriften und Briefwechsel mit Thomas Mann. Würzburg 2011.
British Broadcasting Corporation (BBC): A Nomad in New York. The Day That Changed My Life. UK 1995 [Film]

Christine de Pizan: Das Buch von der Stadt der Frauen. München 1990.
Christine de Pizan: Der Sendbrief vom Liebesgott. Graz 1987.
Clauss, Manfred: Kleopatra. München 2010.

Dampier, Phil/Walton, Ashley: Duke of Hazard: The Wit and Wisdom of Prince Philip. Lewes 2006.

Defoe, Daniel: Umfassende Geschichte der Räubereien und Mordtaten der berüchtigten Piraten. Frankfurt am Main 1982.

Des Jardins, Julie: The Madame Curie Complex: The Hidden History of Women in Science. New York 2010.

Díaz del Castillo, Bernal: Denkwürdigkeiten des Hauptmanns Bernal Diaz del Castillo oder Wahrhafte Geschichte der Entdeckung und Eroberung von Neuspanien (Mexiko). Stuttgart 1965.

Domröse, Sonja: Frauen der Reformationszeit: Gelehrt, mutig und glaubensfest. Göttingen 2010.

Feig, Paul (Regie): Taffe Mädels. USA 2013. [Film]

Feuerbach, Paul Johann Anselm Ritter von: Merkwürdige Verbrechen (in aktenmäßiger Darstellung). München 1963.

Gavron, Sarah (Regie): Suffragette – Taten statt Worte. Großbritannien 2015. [Film]

Gebhardt, Heinz: Die Lola-Montez-Story: Wie Bayerns König Ludwig I. von einer Tänzerin aus Irland gestürzt wurde. Grünwald 2017.

Goethe, Johann Wolfgang von: Poetische Werke: Autobiographische Schriften. T.2. Den Text besorgte Gerhart Baumann. In: Gesamtausgabe der Werke und Schriften in 22 Bänden, Band 9. Stuttgart 1953.

Goscinny, René und Uderzo, Albert: Asterix. Band 2. Asterix und Kleopatra. Stuttgart 1992.

Hamann, Brigitte (Hrsg.): Kaiserin Elisabeth: Das poetische Tagebuch. (Fontes rerum Austriacarum. Österreichische Geschichtsquellen). Wien 2008.

Quellen und Tipps

Johnson, Charles: A General History of the Robberies and Murders of the Most Notorious Pirates. London 2002.

Kern, Liliana: Die Zarenmörderin. Das Leben der russischen Terroristin Sofja Perowskaja. Hamburg 2013.
Kerr, Alfred: Schauspielkunst. Berlin 1904.
Klagsbrun, Francine: Lioness – Golda Meir and the Nation of Israel. New York 2017.
Klarwill, Victor von: Fugger-Zeitungen: ungedruckte Briefe an das Haus Fugger aus den Jahren 1568–1605. Wien 1923.

Leach, Mike/Levy, Buddy: Geronimo. Leadership Strategies of an American Warrior. New York 2015.
Luxemburg, Rosa: Politische Schriften. Frankfurt am Main 1967.

Maathai, Wangari: Afrika, mein Leben. Erinnerungen einer Unbeugsamen. Köln 2008.
Martin von Troppau: Chronicon Pontificum et Imperatorum. Herausgegeben von Anna-Dorothee von den Brincken. München 2014. (Online-Edition)
Müller, Olaf: »Madame de Staël und Weimar. Europäische Dimensionen einer Begegnung.« In: Seemann, Hellmut (Hrsg.): Europa in Weimar. Visionen eines Kontinents. Jahrbuch der Klassik Stiftung Weimar 2008. Göttingen 2008, S. 279–297.

Nebel, Julian: Adele Spitzeder. Der größte Bankenbetrug aller Zeiten. München 2017.
Nietzsche, Friedrich: Also sprach Zarathustra. Chemnitz 1883–1891.

Panzer, Marita A.: Lola Montez: Ein Leben als Bühne. Regensburg 2014.
Plutarch: Plutarchi vitae parallelae. Leipzig 1820/21.

Rose, Phyllis: Josephine Baker oder wie eine Frau die Welt erobert. Eine Biographie. Wien 1990.

Ruckaberle, Axel (Hrsg.): Metzler-Lexikon Weltliteratur. 1000 Autoren von der Antike bis zur Gegenwart. 3 Bände. Stuttgart 2006.

Schütze, Oliver (Hrsg.): Griechische und römische Literatur: 120 Porträts. Stuttgart 2006.
Stoll, David: Rigoberta Menchú and the Story of All Poor Guatemalans. Boulder 1999.
Suttner, Bertha von: Die Waffen nieder! Dresden u. a. 1897.

Thiers, Louis Adolphe: Geschichte der französischen Revolution. Leipzig 1838.
Tollmien, Cordula: »›Sind wir doch der Meinung, daß ein weiblicher Kopf nur ganz ausnahmsweise in der Mathematik schöpferisch tätig sein kann ...‹ Emmy Noether 1882–1935, zugleich ein Beitrag zur Geschichte der Habilitation von Frauen an der Universität Göttingen«. In: Göttinger Jahrbuch 38, 1990, S. 153–219.
Turnbull, Stephen: Samurai Women 1184–1877 (Warrior). London 2012.

Unterreiner, Katrin: Die Habsburger. Porträt einer europäischen Dynastie. Wien/Graz/Klagenfurt 2011.

Vandenberg, Philipp: Die Frühstücksfrau des Kaisers: Vom Schicksal der Geliebten. Gladbach 2014.

Wenck, Alexandra-Eileen: »Verbrechen als ›Pflichterfüllung‹? Die Strafverfolgung nationalsozialistischer Gewaltverbrechen am Beispiel des Konzentrationslagers Bergen-Belsen.« In: Die frühen Nachkriegsprozesse. Hrsg. KZ-Gedenkstätte Neuengamme, Red.:

Kurt Buck. Beiträge zur Geschichte der nationalsozialistischen Verfolgung in Norddeutschland, Heft 3. Bremen 1997.

Westdeutscher Rundfunk (WDR): Die Großen Kriminalfälle. Die Rache der Marianne Bachmeier. Deutschland 2005. [Film]

Westdeutscher Rundfunk (WDR)/Vincent Television GmbH: Menschen bei Maischberger. ARD-Talksendung vom 6. September 2005, mit den Gästen Nina Hagen und Jutta Ditfurth. Videoausschnitt abrufbar unter: https://www.youtube.com/watch?v=tyhHLqXzAeY [Film]

Ziegler, Günter M.: Mathematik – Das ist doch keine Kunst! München 2013.

https://www.abendblatt.de | *Hamburger Abendblatt*

http://www.abendzeitung-muenchen.de

http://www.ancient-origins.net | Englischsprachige Geschichtsseite, die ihrer eigenen Aussage nach »Pop Archaeology« betreibt.

https://awpc.cattcenter.iastate.edu | Archives of Women's Political Communication der Iowa State University, das unter anderem Golda Meirs Rede vom Januar 1948, die den jüdischen Staat erst möglich machte, auf Englisch bereitstellte. Die Übersetzung stammt von mir.

http://www.badassoftheweek.com | Der Name ist Programm – auch stilistisch ...

https://www.bad-gandersheim.de | Homepage der »Roswithastadt«. Hier finden sich lesenswerte Zusammenfassungen der Werke Hrotsvits.

http://www.bbc.com | Homepage der britischen Rundfunkanstalt BBC, auf der sich unter anderem auch der großartige Blog von Malala Yousafzai findet.

https://www.berliner-kurier.de

http://www.bertha-benz.de

http://bertha-benz-fahrt.de

https://www.bibelwissenschaft.de | Das wissenschaftliche Bibelportal der Deutschen Bibelgesellschaft

https://www.bibleserver.com | Hier finden sich zahlreiche Bibelübersetzungen übersichtlich dargestellt. Der Ausschnitt zur badenden Susanna stammt von dieser Seite. In diesem Fall habe ich mich für die Einheitsübersetzung von 2016 entschieden.

https://www.biography.com | Biografien noch und nöcher …

http://www.bpb.de | Homepage der Bundeszentrale für politische Bildung, auf der sich zum Beispiel die Flugblätter und die Protokolle zu den Verhören der Weißen Rose finden.

http://www.br.de | Bayerischer Rundfunk

https://www.britannica.com | Homepage der *Encyclopaedia Britannica*

https://christianhistoryinstitute.org | Homepage des Instituts für Christliche Geschichte in Pennsylvania

https://www.cicero.de | Magazin für politische Kultur

http://www.cosmopolitan.de | Ja, die *Cosmopolitan* braucht man für so ein Buch auch.

http://derstandard.at

https://de.qantara.de | Nachrichtenseite. Ein Projekt, an dem auch das Goethe-Institut, das Institut für Auslandsbeziehungen und die Bundeszentrale für politische Bildung beteiligt sind. Das Projekt will zum Dialog mit der islamischen Welt beitragen und wird vom Auswärtigen Amt der Bundesrepublik Deutschland gefördert.

http://desertflowerfoundation.org | Homepage der Stiftung von Waris Dirie

https://www.destatis.de | Homepage des Statistischen Bundesamtes, auf der es unfassbar viele interessante Statistiken zu entdecken gibt, zum Beispiel die Zahlen zum Thema »Frauen in der Wissenschaft«, die ich im Kontext von Emmy Noether vorgestellt habe.

Quellen und Tipps

https://www.deutsche-biographie.de | Die von der Historischen Kommission bei der Bayerischen Akademie der Wissenschaften herausgegebene *Neue Deutsche Biographie* (NDB)

http://www.deutschlandfunk.de

https://www.dhm.de | Homepage des Deutschen Historischen Museums

https://diefreiheitsliebe.de | Portal für – wie die Seite selbst titelt – kritischen Journalismus.

https://diestoerenfriedas.de | Feministischer Blog

http://www.dieterwunderlich.de | Dieter Wunderlich hat selbst einige höchst lesenswerte Bücher zum Thema außerordentliche, eigensinnige, unerschrockene, wagemutige Frauen geschrieben. Auf seiner Homepage stellt er Auszüge daraus vor.

http://www.diss.fu-berlin.de | Auf dieser Seite der Freien Universität Berlin können wissenschaftliche Arbeiten eingesehen werden, so zum Beispiel von Professor Jan Philipp Reemtsma zum Thema »(Un)Gerechtigkeitsgefühle und (Un)Rechtsgefühle«, in der es auch um Marianne Bachmeier geht.

http://www.emma.de

http://www.fembio.org | Die Seite des gemeinnützigen Vereins FemBio Frauen-Biographieforschung e. V., der sich der Aufklärung der Gesellschaft über ihre »bessere Hälfte« widmet, bietet zahlreiche spannende Frauenbiografien.

http://www.focus.de

http://www.frauenmediaturm.de | Homepage des Archivs und Dokumentationszentrums zur weiblichen Emanzipation

http://frauen-und-reformation.de | Angebot des Vereins Evangelische Frauen in Deutschland e.V.

http://gallica.bnf.fr | Onlinebibliothek der französischen Bibliothèque nationale und ihrer Partner. Hier findet sich zum Beispiel auch Olympe de Gouges' *Erklärung der Rechte der Frau und Bürgerin.*

http://www.gelderblom-hameln.de | Homepage von Bernhard Gelderblom über die Geschichte der Stadt Hameln, darunter auch der Bergen-Belsen-Prozess, bei dem auch Irma Grese zu den Angeklagten gehörte.

http://www.geo.de

http://www.geschichtsquellen.de | Angebot der Bayerischen Akademie der Wissenschaften; ein bibliografisches und quellenkundliches Nachschlagewerk auf digitaler Grundlage zu den erzählenden Geschichtsquellen des mittelalterlichen Deutschen Reiches für die Zeit von etwa 750 bis 1500.

http://www.hagalil.com | Deutsch-jüdisches Nachrichtenmagazin

http://www.hannah-arendt-gesellschaft.de

https://www.hdg.de | Homepage des Hauses der Geschichte der BRD

https://www.heiligenlexikon.de | Ökumenisches Heiligenlexikon des evangelischen Pfarrers Joachim Schäfer

http://www.historic-uk.com | Eine Mischung aus Reiseführer und Geschichtsseite

http://www.historyoffighting.com | Ein Blog über alle möglichen Arten des Kampfes …

https://www.hna.de | *Hessische/Niedersächsische Allgemeine*

http://www.kaiserin.de | Onlinesammlung von Frauenbiografien

http://kath.net | Homepage für katholische Nachrichten

http://www.kathpedia.com | Selbsterklärend, oder?

http://www.kinderzeitmaschine.de | Klar, eigentlich ist die von Bianca Bonacci, Sabine Gruler und Kirsten Wagner betriebene Seite für Kinder gedacht, aber sie ist extrem hilfreich, um viel zu komplizierte Zusammenhänge irgendwie doch zu verstehen.

http://www.kleio.org | Das Steckenpferd der Hobbyhistorikerin Maike Vogt-Lüerssen bietet spannende »Alltags- und Frauengeschichte« und ist auf jeden Fall einen zweiten Blick wert.

http://www.lindau-nobel.org | Jedes Jahr treffen sich in Lindau etwa

Quellen und Tipps

30 Nobelpreisträger, um sich mit den führenden Wissenschaftlern der Zukunft auszutauschen – das ist die Seite dazu. Hier zum Beispiel nachzulesen: die viel ausführlichere Erklärung zu Maria Goeppert-Mayers magischen Zahlen.

https://www.mdr.de | Mitteldeutscher Rundfunk

http://www.mgh.de | Monumenta Germaniae Historica, Angebot des Deutschen Instituts zur Erforschung des Mittelalters in München

http://murderpedia.org | Sagt der Name nicht alles?

http://www.navigator-allgemeinwissen.de | Eine von Kristin Gansewig, Manfred Zorn und Jörg Zorn betriebene Seite, die in großartiger Frage-Antwort-Form zahlreiche Allgemeinwissensfragen beantwortet. Zum Beispiel die bei Hildegard von Bingen relevante Frage, wieso denn Barbarossa ständig Gegenpäpste einsetzt.

http://www.ndr.de | Norddeutscher Rundfunk

https://netzfrauen.org | Seite über und für den Kampf für Frauen- und Menschenrechte

https://www.noz.de | *Neue Osnabrücker Zeitung*

https://www.n-tv.de

https://www.nzz.ch | *Neue Zürcher Zeitung*

http://olympe-de-gouges.info

http://www.outlawlegend.at | Gesetzlose noch und nöcher ...

http://gutenberg.spiegel.de | Eine hervorragende Quelle für gemeinfreie Texte

http://www.planet-wissen.de | Homepage des TV-Magazins »Planet Wissen«

http://www.piraten-spektakel.de | Allerhand Spektakuläres über Piraten

http://www.rafinfo.de | Privat betriebene Homepage mit Informationen zur Roten Armee Fraktion

http://www.rheinische-geschichte.lvr.de | Vom Landesverband Rheinland betriebene Homepage mit zahlreichen Informationen zur ... ja, Rheinischen Geschichte.

http://www.sacred-texts.com | Englischsprachige Sammlung von Quellentexten über Mythologie, Religion, Folklore …

http://www.scinexx.de | Online-Wissensmagazin

http://www.serienkillers.de | Eine aus einem Projekt der Universität Gießen entstandene Homepage über Serienkiller

https://www.shz.de | *Schleswig-Holsteinischer Zeitungsverlag*

http://www.spiegel.de

https://www.stern.de

http://www.sueddeutsche.de

https://www.swr.de | Südwestrundfunk

http://www.tagesschau.de

http://www.tagesspiegel.de

http://theconversation.com | Britische Nachrichtenseite

http://thefemalesoldier.com | Homepage der britischen Schriftstellerin Callum Rae über die Frau als Kriegerin

https://www.theguardian.com

http://www.theology.de | Homepage des Theologen und Pfarrers Otto W. Ziegelmeier

http://www.thewayofthepirates.com | Noch mehr Piraten!

https://www.tofugu.com | Aus einem Collegeprojekt hervorgegangene Homepage über Japan für englischsprachige Leser

https://www.tz.de | Münchner Boulevardblatt *Tageszeitung*

https://www.uni-mannheim.de | Homepage der Universität Mannheim, auf der zum Beispiel die Faksimile-Ausgaben von Anna Maria von Schürmanns Schriften zu finden sind.

http://w2.vatican.va/content/vatican/it.html Homepage des Vatikans. Hier lässt sich unter anderem die Generalaudienz von Papst Benedikt XVI zu Juliana von Norwich vom 1. Dezember 2010 nachlesen.

https://www.welt.de

http://www.wienerzeitung.at

http://wirfrauen.de | Linksfeministische Seite über Frauenthemen

Quellen und Tipps

http://wirtschaftswundermuseum.de

https://de.wikipedia.org | Onlinelexikon, das die Schwarmintelligenz nutzt; die großartige Arbeit von Wikipedia kann man ganzjährig mit Spenden unterstützen. Das gilt natürlich auch für viele andere der hier angeführten Seiten und Organisationen.

https://de.wikisource.org | Auch hier finden sich zahlreiche gemeinfreie oder unter einer freien Lizenz stehende Texte zur Onlinelektüre.

http://www.wissen.de | Online-Wissensmagazin

http://www.women-in-history.eu | Angebot des »Arbeitskreises Frauengeschichte« am Zentrum für Allgemeine Wissenschaftliche Weiterbildung (ZAWiW) der Universität Ulm

https://www.zdf.de | Zweites Deutsches Fernsehen

http://www.zeit.de

http://www.zeno.org | Deutschsprachige Volltextbibliothek, hier findet sich zum Beispiel *Also sprach Zarathustra*, der so viel mit Isadora Duncan gemein hat.

100 Rebellinnen von A-Z

Addams, Jane 416 ff.
Agnodike 96 ff.
Agrippina die Jüngere 207 ff.
Amalsuntha 198 ff.
Arendt, Hannah 346 ff.
Artemisia I. 132 ff.

Bachmeier, Marianne 275 ff.
Baker, Josephine 39–43
Barry, James (i. e. Margaret Ann Bulkey) 84 ff.
Báthory, Elisabeth 235 ff.
Benz, Bertha 121 ff.
Bernhardt, Sarah 58–63
Bly, Nellie 171–175
Boleyn, Anne 44–48
Borgia, Lucrezia 111 ff.
Boudicca 406 ff.

Calamity Jane (i.e. Martha Jane Cannary Burke) 142 ff.
Christine de Pizan 283 ff.
Corday, Charlotte 369 ff.
Curie, Marie 286 ff.

d'Aubigny, Julie 29 ff.
de Beauvoir, Simone 338 ff.
de Gouges, Olympe (i. e. Marie Gouze) 327 ff.
de Pompadour, Madame (i. e. Jeanne-Antoinette Poisson) 194 ff.
de Staël, Germaine 301–305
Devi, Phoolan 396 ff.
Dietrich, Marlene 361 ff.
Dihya 373 ff.
Dirie, Waris 410 ff.
Duncan, Isadora 156 ff.

Earhart, Amelia 135 ff.
Elisabeth I., Königin 115 ff.
Elisabeth II., Königin 213 ff.
Elisabeth von Österreich-Ungarn 99–103

Ethelfleda 226 ff.

Fazekas, Susanna 278 ff.

Gentileschi, Artemisia 152 ff.
Goeppert-Mayer, Maria 323 ff.
Grese, Irma 256 ff.
Grumbach, Argula von 159 ff.

Hagen, Nina 163 ff.
Harding, Tonya 268 ff.
Hatschepsut 107 ff.
Hausmännin, Walpurga 271 ff.
Hildegard von Bingen 350 ff.
Himiko 191 ff.
Hrotsvit (i.e. Roswitha von Gandersheim) 320 ff.
Hypatia 290 ff.

Johanna von Orléans 420 ff.
Johanna, Päpstin 69–73
Juliana von Norwich 298 ff.
Katharina II., Zarin 179–183
Kleopatra 33–38

Lamarr, Hedy 294 ff.
Lozen 149 ff.
Luxemburg, Rosa 424 ff.

Maathai, Wangari 331 ff.
Malinche (Malintzin) 54 ff.
Margarethe I., Königin 187 ff.

Maria Magdalena 88 ff.
Mata Hari (i. e. Margartha Geertruida Zelle) 83–87
McCarthy, Melissa 145 ff.
Medici, Katharina von 91–95
Meinhof, Ulrike 248–252
Meir, Golda 210 ff.
Menchú, Rigoberta 385 ff.
Messalina 221–225
Montez, Lola (i. e. Maria de los Dolores Porrys y Montez) 49–53

Nitribitt, Rosemarie 64 ff.
Noether, Emmy 306–310

O'Malley, Grace 377 ff.

Pankhurst, Emmeline 365 ff.
Parker, Bonnie 253 ff.
Perowskaja, Sofja Lwowna 357 ff.
Pirckheimer, Caritas (Barbara) 342 ff.

Read, Mary 243–247
Riefenstahl, Leni 138 ff.

Sappho 311 ff.
Scholl, Sophie 392 ff
Schürmann, Anna Maria von 315–319

100 Rebellinnen von A-Z

Semiramis 104 ff.
Spitzeder, Adele 239 ff.
Stowe, Harriet Beecher 381 ff.
Susanna (im Bade) 25 ff.
Suttner, Bertha von 401–405

Teresa von Ávila 167 ff.
Teuta 413 ff.
Thatcher, Margaret 201–206
Tinné, Alexandrine 128 ff.
Tomoe Gozen 125 ff.

Uhse, Beate 21 ff.

Victoria, Königin 74–78

Wagner, Cosima 217 ff.
Ward, Maria 334 ff.
Werler, Gisela 231 ff.

Xanthippe 389 ff.
Yousafzai, Malala 428 ff.

Zenobia von Palmyra 184 ff.
Zheng Shi 259 ff.
Zwanziger, Anna Margaretha 262–267

Um die ganze Welt des
GOLDMANN-*Sachbuch*-Programms
kennenzulernen, besuchen Sie uns doch
im **Internet** unter:

www.goldmann-verlag.de

Dort können Sie
nach weiteren interessanten Büchern *stöbern*,
Näheres über unsere *Autoren* erfahren,
in *Leseproben* blättern, alle *Termine* zu Lesungen und
Events finden und den *Newsletter* mit interessanten
Neuigkeiten, Gewinnspielen etc. abonnieren.

Ein *Gesamtverzeichnis* aller Goldmann Bücher finden
Sie dort ebenfalls.

Sehen Sie sich auch unsere *Videos* auf YouTube an und
werden Sie ein *Facebook*-Fan des Goldmann Verlags!

www.goldmann-verlag.de
www.facebook.com/goldmannverlag